CONVIERTA
sus
ADVERSIDADES
en
OPORTUNIDADES

CONVIERTA
sus
ADVERSIDADES
en
OPORTUNIDADES

David Foster

BUENOS AIRES - MIAMI - SAN JOSÉ - SANTIAGO

www.editorialpeniel.com

Convierta sus adversidades en oportunidades
David Foster

Publicado por
Editorial Peniel
Boedo 25
Buenos Aires C1206AAA - Argentina
Tel. (54-11) 4981-6178 / 6034
e-mail: info@peniel.com

www.editorialpeniel.com
Diseño de cubierta e interior: arte@peniel.com

Las citas de las Sagradas Escrituras han sido tomadas de: NVI (Nueva Versión
Internacional), Dhh (Dios habla hoy), TLA (Traducción en Lenguaje Actual)
y RVR (Reina Valera revisión 1960). También se utilizó la paráfrasis TLB (The
Living Bible).

Impreso en Colombia
Printed in Colombia

Foster, David
Convierta sus adversidades en oportunidades - 1a ed. - Buenos Aires : Peniel, 2006.
Traducido por: Patricia Kremr
ISBN-10: 987-557-101-6   ISBN-13: 978-987-557-101-3
1. Liderazgo I. Kremr, Patricia, trad. II. Título CDD 303.34
208 p. ; 21x14 cm.

Índice

La adversidad no es opcional

Las cosas buenas que pertenecen a la prosperidad son para ser deseadas, pero las cosas buenas que pertenecen a la adversidad son para ser admiradas.

– SÉNECA

L a vida es difícil. Es difícil en el metro, en el centímetro, por día, por hora y algunas veces, por minuto. No debería serlo, pero lo es. El ideal de Dios era un paraíso llamado Edén. En este mundo suntuoso, idílico y perfecto, Él plantó a nuestros padres, Adán y Eva. Y les dio un poder que los separaba de toda la creación de Dios: el poder para escoger. Y las elecciones que entonces ellos hicieron continúan hoy creando problemas para nosotros ahora. Cuando ellos escogieron obrar de su propio modo al desobedecer a Dios, transformaron sus ventajas en adversidades. Desde ese momento, la adversidad no ha sido nunca opcional para alguien.

SOÑEMOS CON UN MUNDO PERFECTO

Debido a que a ninguno de nosotros nos gusta la adversidad, soñamos con un tiempo y un lugar donde la vida pueda ser ordenada como si fuera una comida perfecta. ¿Qué escogería usted si alguien le pasara un "Menú de vida preferida", en el cual pudiese encontrar todo lo que necesita para una vida perfecta?

Quizás usted comenzaría con las cosas elementales: felicidad, salud y suficiente dinero para disfrutar de ambas y no preocuparse por ninguna. Por cierto, querría buenos amigos y una familia que lo ame. Indudablemente, desearía un trabajo significativo en el cual se le pague generosamente, junto con una reputación por su éxito sorprendente; pero, sin embargo, sin sacrificar demasiado tiempo libre para descansar y recrearse. Si usted es una persona audaz, pudiese ordenar un postre de aventuras de la vida real, capaces de llevarlo a lugares exóticos donde pudiera lograr proezas sorprendentes de coraje. Y para entretenimiento después de la cena, pudiera desear estar con los ricos y famosos.

Estoy razonablemente seguro de que escogería algunas de estas cosas... o todas. Pero la única cosa que apuesto que *no* elegiría sería una porción colmada de tiempos difíciles. ¿Quién en su sano juicio sale a buscar problemas? La respuesta es nadie, y no tienen que hacerlo. En el mundo real el problema viene a buscarlo. La vida tiene un modo de volverse difícil de la noche a la mañana, así también como con el tiempo y sin advertencia. El mundo en el cual usted se sienta arriba un día, puede darlo vuelta al día siguiente. No obstante, soñamos con ese mundo seguro y sin riesgos. Navegamos en nuestra búsqueda de un puerto seguro y de aguas agradables.

Nuestra aversión natural a la adversidad, junto con nuestro fuerte deseo de aventura, puede ayudarnos a explicar por qué hemos construido la cultura más preocupada por la seguridad de todos los tiempos. En nuestro afán por evitar el riesgo, hemos terminado conformándonos con la "vida *light*": una rebanada de brío y entusiasmo que siempre quisimos, pero con nada del sabor amargo de la adversidad que va de la mano con un alma aventurera y que vive en un mundo peligroso.

Las lecciones tempranas de la vida sobre cómo andar en una bicicleta de dos ruedas me eran tan naturales como mascar chicle y caminar al mismo tiempo. Ni una vez consideré, ni mis padres insistieron en que usara un casco de seguridad que daba un aspecto algo raro. Sabía que ocasionalmente me caería de la bicicleta y que debía intentar evitar caerme de cabeza. Me di cuenta plenamente de que la vida y el peligro van de la mano y respeté eso, pero no supe lo suficiente como para sentirme paralizado por eso. Meramente acepté que caerse es una parte de la vida, como lo es levantarse después de la caída.

Pero las cosas han cambiado en nuestra sociedad obsesionada por la seguridad. Hoy los padres afectuosos no pensarían en dejar a sus hijos andar en una bicicleta o en una patineta sin coderas, rodilleras, espejos en los manubrios, cinta reflectante en los guardabarros y un timbre en una posición fácil de alcanzar. Y solo por si las dudas, unos pocos padres corajudos pudiesen todavía estar dando vueltas por ahí para que nuestra custodia, el gobierno, exija que los niños de una nación usen cascos.

¡Nos hemos vuelto tan preocupados por la protección que nos armamos hasta los dientes! Los dispositivos de seguridad que advierten, gritan, asustan y piden ayuda cuelgan de nuestros cinturones, se conectan a nuestros autos y computadoras, y se instalan en nuestros hogares. Y aunque yo también evito la adversidad siempre que puedo, no puedo evitar sino preguntarme si no hemos intercambiado el gozo y la aventura que son la vida misma por la comodidad molesta de dispositivos de seguridad de alta tecnología frecuentemente rotos y fácilmente burlados. No me malentienda. Estoy a favor de la seguridad, pero ¿queremos realmente un mundo de seguridad o un mundo seguro para fracasar?

¿QUÉ BIBLIA LEEMOS?

Incluso la religión se ha metido en este asunto. La gente acude en masa para escuchar sermones de buen tiempo pronunciados por predicadores vestidos-de-poder, que prometen la vida buena con Dios. En un intento por volver a los hombres y a las mujeres a Dios y por hacer a Jesús más atractivo, cada domingo del año, los discursos rápidos se centran más en nuestra felicidad que en nuestra santidad. Los feligreses se consiguen una dieta continua de fórmulas de fe y de moralismos religiosos. Reciben pasos superficiales sobre cómo ser más como Moisés, ser más como David, ser audaces y valientes como Juan el Bautista, ser agresivo como Pedro o estratégico como Pablo, o simplemente ser más como Jesús en todo... y la vida, oyen ellos, se volverá más fácil, más saludable, más feliz y lo más importante de todo, más próspera.

Y me pregunto, ¿qué Biblia leen estas personas?

Moisés vivió en exilio en el desierto durante más de cuarenta años. David cometió adulterio y tuvo que huir de uno de sus hijos, quien lo quería muerto. Juan el Bautista perdió su cabeza bajo la espada de un verdugo. Pedro murió crucificado. Pablo fue aprisionado hasta que finalmente los romanos lo mataron. Jesús sufrió la traición, palizas y la crucifixión. *Todos* los que caminaron con Dios por fe atravesaron períodos largos e infernales de adversidad, variando desde la pérdida de comodidades básicas de la persona, hasta correr por su propia vida.

La adversidad no es opcional, ¡especialmente con Dios!

Jesús mismo dijo: *"En este mundo tendréis aflicción"*. Él insistió en que podemos esperar dosis no solo de problemas, sino también de tribulación. La tribulación es problema de esteroides, pero eso es solamente el comienzo. En el mismo suspiro Jesús también dijo: *"... pero confiad, yo he vencido al mundo"* (Juan 16:33, RVR). Quiso decir que un encuentro auténtico con el Vencedor supremo no es una mera opción enriquecedora, sino una necesidad que salva al alma y que transforma los problemas.

Por eso, si este es el caso, entonces ¿dónde están las voces potentes ensalzando las virtudes del poder vencedor –no del poder circulante– del Cristo resucitado? En la actualidad escuchamos de seis maneras rápidas para arreglar lo que está mal, o siete pasos simples para saber sobrellevar el estrés, o diez técnicas sobresalientes para conseguir lo que queremos *ahora*. Pero las soluciones simplistas nunca pueden producir una victoria fácil. En el mejor de los casos, las mismas producen oidores desilusionados que se culpan a sí mismos; y en el peor de los casos, ellos culpan a Dios.

Muchísimos de nosotros anhelamos un tiempo y un lugar que no sea ni cálido ni frío. Nos gusta el clima templado. No nos gusta ni el blanco ni el negro porque nos hemos acostumbrado tanto al gris. No nos gusta transpirar; por eso inventamos el desodorante. ¿Por qué Dios permitiría que alguien invente el paraguas y el ascensor si Él quería que caminemos bajo la lluvia o que subamos escaleras? Hoy tenemos autos que traen CD, sistemas de estéreo y video para que podamos tener todas las comodidades del hogar en la ruta. Algunos autos inclusive tienen computadoras GPS a bordo que lo hacen todo, desde dar instrucciones a un restaurante favorito hasta destrabar las puertas de los autos a aquellos conductores olvidadizos que se dejaron las llaves en el arranque.

¿Y qué nos ha ocurrido en este mundo nuestro obsesionado con la seguridad, con el arreglo fácil y que busca el placer? Nos hemos vuelto personas con vidas de un metro de ancho y un centímetro de grosor, como hielo quebradizo. Sin embargo, la menor cantidad de placer lo agrieta todo. *Nosotros* estamos agrietándonos... y muchos de nosotros nos sentimos contentos con permanecer así.

No obstante, negar la certeza de la adversidad sirve solamente para hacernos más débiles, no más fuertes. Incluso si pudiésemos cerrarnos herméticamente alejados de la enfermedad y la pena, estaríamos evitando parte de los acontecimientos, personas y lugares mismos que Dios quiere usar para moldearnos y hacer de nosotros las personas sorprendentes que tan desesperadamente anhelamos ser. Aquellos a quienes Dios usa poderosamente, Él primero hiere profundamente.

He observado este principio obrando en mi propia vida y en las vidas de incontables de miles de personas. He visto a individuos responder a la adversidad con un coraje y una resistencia sorprendentes. He visto a hombres y a mujeres enterrar sus sueños, sus negocios, sus carreras, e inclusive sus hijos, y que, sin embargo, salen de esas experiencias oscuras con más fe y más determinación que nunca. Al mismo tiempo, he visto a otras personas atravesar experiencias que no parecían ser del todo difíciles y extrañas, pero que, no obstante, esas experiencias las han abatido. Antes que volverse mejores y más fuertes, se vuelven más amargados y débiles. He aprendido que la adversidad, por sí misma, no hace a nadie más fuerte, sino que solamente una respuesta apropiada a la adversidad tiene el poder para darnos una fortaleza sorprendente.

Este libro busca hacer brillar una luz en las sombras de la adversidad; y no simplemente una pequeña luz de vela santa y parpadeante, sino un reflector brillante, vivo y ardiente de esperanza de las enseñanzas de Cristo y la aplicación de su verdad eterna en nuestras experiencias diarias. Todo lo que se encuentra en este libro fluye de una premisa básica:

La adversidad no es una opción; es una realidad de vida. La realidad de la adversidad no es nuestro verdadero problema, sino que más bien las actitudes que adoptamos y las elecciones que hacemos en medio de ella. Esas elecciones y actitudes separan a aquellos que prevalecen de aquellos que no lo hacen.

La adversidad puede ser nuestra aliada. Nos fortalecemos no a pesar de nuestras adversidades, sino debido a ellas. No necesitamos tener temor de ellas sino solamente afrontarlas. Dios nos ha dado poder para asumir el control de nuestras vidas, aunque solo Él conserva el derecho para controlar las condiciones y las circunstancias bajo las cuales vivimos. Él quiere que el temor, la incertidumbre y la duda nos lleven hasta Él. No tenemos un Dios "de la escuela dominical" que habita solamente en la Biblia, sino un Dios que quiere ayudarnos a medida que enfrentamos la adversidad en un mundo real. Mediante la fe, podemos transformar nuestras vidas en el momento en que escogemos una perspectiva distinta.

José demostró esta actitud misma en medio de la traición de sus hermanos. Incluso después de que ellos lo vendieran en esclavitud, les dijo: *"Ustedes pensaron hacerme mal, para lograr lo que hoy estamos viendo"* (Génesis 50:20, NVI).

¿Se ha detenido alguna vez a pensar en que sus debilidades e impedimentos pueden ser de hecho la clave para su utilidad para Dios y para el mundo?

La clave para prevalecer en medio de la adversidad se encuentra en su poder para escoger. Dios le dio poder para escoger su actitud –la manera en que siente–, su aptitud –la manera en que piensa– y sus acciones –sus hábitos diarios–. No permita que alguien vestido de traje y con una sonrisa le venda una fórmula para una vida libre de dolor, libre de estigmas y libre de tensiones. El poder para prevalecer se encuentra en que usted sepa y domine estas tres respuestas y habilidades poderosas. Es en esta búsqueda en la que ahora centraremos nuestra atención.

1

Transforme el arrastrarse en escalar

No siga a donde el camino pueda llevar.
Vaya, en vez, por donde no hay camino, y deje una huella.

– MURIEL STRODE

Encabezando mi lista de "todos mis recuerdos de todos los tiempos", se encuentra el momento en que traje a mi primogénita del hospital a casa. Traía a Errie mientras le hablaba el lenguaje de bebé para hacerla sonreír. ¡Conservo incluso el recuerdo de mecerla hasta que se durmiera!

Pero aunque me encantaba mucho cargarla, ella rápidamente se cansó de eso. A medida que se hacía más fuerte y más audaz, quería gatear. Gatear rápidamente se volvió en levantarse sosteniéndose de una pata de una silla, y levantarse se transformó en trepar. Comenzó subiendo y bajando escaleras, a lo cual pronto después le siguió subir y bajar de los muebles de casa, del auto en el garaje y de los árboles del patio. Trepaba como si tuviera un mecanismo interno para trepar. Un día mi esposa me llamó porque nuestra dulce, preciosa y delicada bebé se había trepado tan alto en una cómoda que el mueble se cayó.

Para su propio bien y para nuestra tranquilidad, le prohibimos treparse, pero de todos modos ella seguía haciéndolo. La amenazamos con castigarla, pero continuó trepándose. Un día traje a casa un pequeño triciclo llamado "Olle", una cosa de plástico amarillo con cuatro ruedas al ras del suelo. Esperaba que le gustara deslizarse en su Olle, pero resultó ser solo una distracción momentánea de su verdadera pasión: trepar.

Al final pudimos solamente idear una solución segura. Pusimos un juego de hamacas para que pudiese al menos tener un lugar seguro para trepar. Esto le encantó. Le dio muchas más maneras creativas para trepar. Así, descubrió maneras de colgarse de la barra alta con sus manos y pies, maneras que algunas veces me dejaban pasmado. Me consolaba pensando en que quizás, siendo mi primogénita, simplemente se sentía aburrida. Pero cuando llegaron la primera

y la segunda hermanita, ¡todas trepaban! Mi esposa y yo regularmente dába-
mos nuestras advertencias, pero nuestras hijas sin prestar atención continuaban con su fanático trepar.

Desde entonces, llegué a la conclusión de que todos los niños nacen con un
mecanismo interno para trepar. ¿Puede ser que nosotros los seres humanos
nos sintamos siempre insatisfechos con gatear o deslizarnos, siempre que tengamos algo a mano para trepar?

DOS DE LOS MEJORES DONES DE DIOS

Mis hijas me enseñaron lo que desde entonces he visto reforzado: Dios nos
creó para trepar. Él nos ha dado a cada uno de nosotros un mecanismo para
trepar y un espíritu ascendente.

Para un niño, trepar parece tan natural como respirar. A pesar de nuestras
ansiedades, nosotros los adultos tendemos a aceptar esa realidad. Pero si consideramos el trepar como un hábito meramente infantil para ser superado, podemos perder talento de nuestra composición.

Cuando era más joven, los adultos de mi vida me instaban a entregar cosas
infantiles para convertirme en un hombre. La gente incluso señalaba a la Biblia para demostrar que tenía razón. Innumerables veces escuché las instrucciones del apóstol Pablo: *"Cuando yo era niño, hablaba como niño, pensaba como niño, razonaba como niño; cuando llegué a ser adulto, dejé atrás las cosas de
niño"* (1 Corintios 13:11, NVI). La gente bienintencionada usaba este versículo para "demostrar" que nada de la infancia debía ser llevado a la adultez. Pero con el tiempo he llegado a entender que Pablo nunca tuvo la intención de
que nos deshagamos de lo mejor de lo que significa ser nacido un escalador.

Dios nos dio un mecanismo para trepar y un espíritu ascendente para pre-
pararnos para prevalecer por encima de la adversidad. Él nos arrojó en este
mundo competitivo, algunas veces oscuro y siempre peligroso, equipados para vivir como victoriosos, no como víctimas. Vemos la diferencia entre aquellos que convierten una adversidad en una ventaja, y aquellos que no lo hacen,
no en sus capacidades, pero en sus responsabilidades.

Un refrán viejo dice: "No hagas una montaña de un grano de arena". Aunque
estoy de acuerdo con esta filosofía, pienso que el peligro más grande es que, en
medio de la adversidad, nos conformemos con mirar al grano de arena y perder
a la montaña por completo. Pero usted y yo *nunca* nos sentiremos satisfechos
con jugar en el barro, cuando la cima nos llama hacia adelante y hacia arriba.

Dentro de cada corazón humano late un impulso increíblemente fuerte por
prevalecer. Para suplir esa necesidad, debemos aprender a usar nuestros dos
mejores dones: nuestro mecanismo para escalar y nuestro espíritu ascendente.
Nunca nos sentiremos satisfechos con conformarnos con menos que pararnos

triunfantemente en la cima de una montaña que vale la pena escalar. Demasiados entierran sus llamados más nobles por impulsos menos honorables. Pero, ¿por qué deslizarse o arrastrarse por encima de un grano de arena de menor resistencia, cuando sabe que la primogenitura que le otorgó Dios lo llama a experimentar la emoción de pararse sobre una montaña que vale la pena escalar? ¿Por qué no mirar la vida desde la cima de un gran pico antes que de un agujero de barro? El antiguo poeta romano Propercio dijo: "Grande es la ruta que escalo, pero la guirnalda que ofrece un esfuerzo más fácil, no vale la pena adquirir". En la realidad, lo fácil no vale la pena.

ENFRENTE LA VIDA COMO ES

Los individuos saludables se esfuerzan por descubrir y definir la realidad que los rodea. Clasificamos a las personas que rechazan hacer frente a la vida, como psicóticas o neuróticas.

Cuando se le pregunta a un psicótico: "¿Cuánto es dos más dos?" él le responde "cinco", "siete" o "diez," porque perdió contacto con la realidad. Por otra parte, si le pregunta a un neurótico: "¿Cuánto es dos más dos?" puede darle la respuesta correcta, "cuatro", pero se queja: "¿Por qué tiene que ser cuatro? ¿Por qué no puede ser algún otro resultado?" Mientras los psicóticos viven en una tierra de fantasía de su propia hechura, los neuróticos ven al mundo como es, y se quedan paralizados en medio de sus realidades difíciles y algunas veces duras. Ellos se sienten *"agobiados y desamparados"*, según las palabras de Jesús (Mateo 9:36, NVI). Su nerviosismo irregular apenas mantiene su carácter impulsivo bajo control. Como lo expresa Alvin Toffler: "Millones de personas están periódicamente hartas". Estos individuos normalmente caen en patrones de estilo de vida, ya sea de arrastrarse o de deslizarse.

LOS ESCALADORES VEN LA VIDA DE UNA MANERA DIFERENTE

Todos quieren prevalecer en la vida, pero no todos lo hacen. Con frecuencia se me pregunta: "¿Qué es lo que hace la diferencia? ¿Por qué algunas personas prevalecen en medio de la adversidad, mientras que otros decaen y fracasan?" La respuesta usualmente proviene de las elecciones que se realizan.

Los escaladores aceptan que aunque no pueden controlar lo que les ocurre, pueden controlar "qué sucede" con lo que les ocurre. Así, asumen el control de su vida al asumir el control de sus elecciones.

Por otro lado, las personas que se arrastran y las que se deslizan –incluso los hombres y las mujeres excepcionales con todas las ventajas del éxito– carecen de esta voluntad básica para escoger. En medio de callejones sin salidas, desvíos o baches secos, regresan a sus hábitos infantiles. ¿Por qué? Quizás disfrutaron de tantas ventajas a lo largo de su vida, que piensan que se merecen un futuro libre de tensiones, libre de estigmas y sin dolor. Tal vez otros los han empujado o forzado durante tanto tiempo, que se enojan e indignan muchísimo cada vez que se enfrentan con algo más grande que una topera.

Pero mientras que cualquiera puede deslizarse justo por encima de una topera, nadie puede deslizarse hacia arriba de una montaña más de lo que puede ir corriente arriba. Los que se deslizan claman por un campo de juego igual –o levemente inclinado a su favor– o de lo contrario, abandonan. Si no pueden deslizarse, se niegan a escalar. Pero clamen como lo hagan y se quejen como puedan, la vida simplemente no se inclinará a su favor. Tanto las personas que se arrastran como las que se deslizan malgastan su vida en búsqueda de vientos favorables y circunstancias perfectas. Pero como lo expresó George Bernard: "La gente que tiene éxito en este mundo, es la gente que se levanta y busca las circunstancias que quiere, y si no puede hallarlas, las crean".

Cuando se les pregunta a los alpinistas por qué arriesgan su salud, su destino e incluso su vida por escalar una montaña, muchos responden con el clásico: "Porque está ahí". Pero los escaladores de la verdadera carrera humana tienen razones más sustanciales para sus esfuerzos. Fue Pascal, el filósofo y matemático francés del siglo XVII, quien dijo: "El corazón conoce razones que la razón desconoce". Él reconoció que Dios creó al corazón para que sea el centro del control humano. No importa cuán grande sea mi cerebro o cuán fuerte mi mano, mi corazón los controla. Y si mi centro de control se daña o se debilita, el resto de mi cuerpo sufre y finalmente se atrofia.

Los escaladores prevalecen porque nunca pierden su corazón. Cuando son empujados, ellos también empujan, no con su mano sino con su corazón. Se niegan a ceder, a retroceder o a resignarse al modo en que son las cosas. No se apoyan en sus emociones, porque saben que las emociones son inconstantes e impredecibles. Desarrollar el músculo del corazón les da la capacidad para responder a las condiciones cambiantes del hecho de escalar. Más bien pronto que tarde, admiten que las cosas son lo que son. Si se enfrentan con una montaña empinada en condiciones amenazantes o sombrías, simplemente reconocen la realidad y escalan.

En comparación, los que se arrastran y se deslizan viven de sus emociones. Ellos consideran a la adversidad como una dificultad injusta. Por lo tanto, actúan como víctimas. Sus emociones fluctuantes desarrollan insinuaciones y percepciones falsas. Están seguros de que la montaña es infranqueable y sus condiciones insoportables, no porque alguna vez hayan visitado una montaña, sino porque escuchan a otros que dejaron de escalar hace mucho tiempo. Los que se arrastran buscan a alguien a quien culpar por el modo en que son las cosas. Stuart Briscoe señaló: "El desánimo viene cuando usted intenta comenzar con lo que deseó tener, pero que no tiene. Y se intensifica cuando insiste con intentar estar en una posición en la cual no está y probablemente nunca estará".[1]

En comparación, los escaladores aceptan la realidad, ajustan su actitud y alinean sus energías para comenzar a actuar basados en lo que es, todo sin descorazonarse ni ahogarse en la autocompasión. De este modo no malgastan su tiempo culpando a Dios, difamando a los demás o avergonzándose.

Los escaladores ven la vida como un don para ser explotado

Salomón nos recuerda: *"Además, a quien Dios le concede abundancia y riquezas, también le concede comer de ellas, y tomar su parte y disfrutar de sus afanes, pues esto es don de Dios"* (Eclesiastés 5:19, NVI).

Cuando mis hijos eran chicos, les gustaba jugar con las cajas que tenían sus regalos de Navidad, así también como con los regalos mismos. Pero a medida que crecían, rompían el envoltorio y abrían las cajas para recibir los regalos que había dentro. Y yo di la bienvenida al cambio. Me hubiera sentido herido si después de toda la preocupación y el gasto por comprarles lo que decían que les gustaba, no jugaban con el regalo ni mostraban gratitud.

Entonces, ¿cómo debe sentirse Dios cuando tomamos este gran don llamado vida y rechazamos desenvolverlo y disfrutarlo?

En la película de 1989 *La sociedad de los poetas muertos*, Robin Williams actúa de profesor de una escuela secundaria privada y exclusiva. En su primer día de clase, lleva a su grupo de alumnos al pasillo para que miren las fotos de graduados fallecidos. Y los motiva a superarse en la vida con las siguientes palabras: "¡Somos alimentos para gusanos, muchachos! Créanlo o no, cada uno y todos los de esta habitación un día dejaremos de respirar, nos enfriaremos y moriremos. Avancen y observen estos rostros del pasado. Ellos eran así como son ustedes ahora; creían que estaban destinados para grandes cosas. Sus ojos estaban llenos de esperanza. Pero vean, señores, esos chicos son ahora fertilizantes de narcisos. Reaccionen. ¿Qué escuchan?" Entonces Robin dice en una voz estremecedora: *"¡Carpe Diem!"* –palabra latina que quiere decir "aprovechar el día"–. "¡Aprovechen el día, chicos! ¡Hagan que sus vidas sean extraordinarias!"

Tal es el mantra de los escaladores: ¡Aprovechen el día y escalen!

Hoy ese es el regalo de Dios para usted. Lo que usted hace es su regalo para Dios y para el mundo que lo rodea. En este mismo momento, a medida que usted lee estas palabras, a medida que su corazón late y a medida que contempla por qué vive en este momento de la historia, no se olvide de disfrutar su propio milagro privado de vida. No permita que la adversidad arruine su hoy al pagar interés por los arrepentimientos del ayer y pedir prestado por adelantado por los problemas del mañana. Planifique a propósito vivir plenamente y bien ahora.

Hoy es el día para comenzar a transformar sus adversidades en ventajas. Justo este momento es el mejor momento para decidir disfrutar este regalo inigualable de Dios denominado "mi vida". Recuerde: el ayer es un cheque cancelado y el mañana es un pagaré, pero el hoy es efectivo en sus manos, el cual debe ser invertido o perdido para siempre. Como lo dijo tan bien William James: "¿Dónde está, dónde, este presente? Ha desaparecido del lugar donde podíamos tomarlo, se ha marchado antes de que pudiésemos tocarlo, se ha ido en el instante de llegar a ser".

Ahora es el tiempo para poner su confianza así también como sus dudas y temores en las manos de Dios. Nunca se arrepentirá de confiar en un Dios bueno que quiere más para usted de lo que alguna vez usted se haya atrevido a querer para sí mismo. En el momento en que usted comienza a ver la vida como un regalo de Dios y a confiar en su plan para su vida, las cosas comienzan a cambiar. La Biblia hace esta promesa: *"Pues Dios no nos ha dado un espíritu de timidez, sino de poder, de amor y de dominio propio"* (2 Timoteo 1:7, NVI). Audaz y valientemente abra este regalo denominado vida, y úselo en su plenitud.

Los escaladores ven la vida como una abundancia para ser explorada

Los escaladores tienen una mentalidad de abundancia; los que se arrastran y deslizan se aferran a una mentalidad de escasez. Los escaladores ven la vida a través de los lentes de la fe, mientras que los otros permiten que el temor los haga cortos de vista. Para ver la diferencia, lo invito a conocer a uno de mis personajes favoritos de la Biblia: Caleb.

Siendo joven, Caleb y otro escalador llamado Josué recibieron órdenes para espiar la Tierra Prometida –junto con otros diez hombres que demostraron ser personas que se arrastraban o deslizaban–. Moisés les ordenó que realizaran un análisis cuidadoso y costo-beneficio para ocupar el nuevo territorio. Les dijo que: *"Exploren el país, y fíjense cómo son sus habitantes, si son fuertes o débiles, muchos o pocos"* (Números 13:18, NVI). Doce hombres se fueron y doce hombres regresaron... pero con dos informes muy distintos.

Todos estuvieron de acuerdo en que la tierra era ciertamente todo lo que Dios había prometido que sería. *"Fuimos al país que nos enviaste –dijeron– ¡y por cierto que allí abundan la leche y la miel!"* (Números 13:27, NVI). Pero la mayoría infundió temor en el corazón de la gente diciéndole que los habitantes se veían demasiado grandes, demasiado fuertes, que eran muchos y que sus ciudades eran muy fortificadas como para que los israelitas alguna vez esperaran obtener una victoria. Ellos veían solamente lo que su modo de pensar de personas que se arrastran y deslizan le permitiría ver: problemas e imposibilidades.

Josué y Caleb presentaron el informe minoritario. Ellos también vieron la abundancia de la tierra, los habitantes formidables y sus ciudades bien defendidas. Pero debido a que pudieron ver con sus corazones y no simplemente con sus cabezas, fue que llegaron a conclusiones sumamente diferentes. Caleb tuvo coraje para plantar el pie directamente en el circo del caos que ese informe negativo había creado, y se atrevió a plantear otra posibilidad: *"Subamos a conquistar esa tierra. Estoy seguro de que podremos hacerlo"* (Números 13:30, NVI). Él sabía cuán difícil sería avanzar, pero no tenía ninguna intención de retroceder en el desierto. Caleb supo entonces lo que sabemos ahora: cualquier cosa que valga la pena tener requiere de una lucha. Reveló su fe y su espíritu luchador cuando dijo: *"Así que no se rebelen contra el SEÑOR ni tengan miedo de la gente que habita en esa tierra. ¡Ya son pan comido! No tienen quién los proteja, porque el SEÑOR está de parte nuestra. Así que, ¡no les tengan miedo!"* (Números 14:9, NVI).

¿Ha notado alguna vez que se necesita solamente una persona negativa para arruinar una reunión o una asamblea? Todo puede estar yendo muy bien, pero permita a una voz negativa surgir dentro del grupo, y todos se sentirán paralizados. Es ahí cuando necesitamos más que nunca a los escaladores. Cuando los que se arrastran ven a Dios solamente a través de los lentes de la adversidad, es donde necesitamos a los escaladores que ven a la adversidad solamente a través de los lentes de Dios.

Cuando Dios le habló a Moisés después de que las personas que se arrastraban presentaran su mensaje, le dijo: *"¿Hasta cuándo esta gente me seguirá menospreciando? ¿Hasta cuándo se negarán a creer en mí, a pesar de todas las maravillas que he hecho entre ellos?"* (Números 14:11, NVI). Aunque Dios prometió que todos los que estuvieron de acuerdo con el informe de los que se arrastraban morirían en el desierto, también prometió que: *"Solamente mi siervo Caleb ha tenido un espíritu diferente y me ha obedecido fielmente. Por eso a él sí lo dejaré entrar en el país que fue a explorar, y sus descendientes se establecerán allí"* (Números 14:24, Dhh).

Note que fue un *espíritu* diferente, no una mente diferente o un mejor plan lo que llevó a Caleb a creer lo que Dios prometió; sabía que Él podría proveer y lo haría. Caleb creía de todo corazón que Dios abriría camino a pesar de las dificultades. Consideró a la Tierra Prometida como una montaña que valía la pena escalarse, sin importar la amenaza.

Como Caleb, los escaladores ven la vida como una abundancia para ser explorada. Jesús dijo: *"Yo he venido para que tengan vida, y la tengan en abundancia"* (Juan 10:10, NVI). La mentalidad no puede ser medida, cuantificada o comerciada en el mercado de materias primas. No es simplemente más de la misma cosa vieja que nunca nos satisfizo y que nunca lo hará.

Nosotros, los estadounidenses, tendemos a ver la abundancia a través de un paradigma del éxito. Para nosotros el éxito significa más. Considere la historia de un turista americano que atracó su bote en un pueblo mexicano pequeñito. Impresionado por la calidad del pescado, le preguntó a un pescador cuánto tiempo le llevó pescarlo.

– No mucho tiempo –respondió el mexicano.

– ¿Por qué no permanecer por más tiempo y pescar más? –preguntó el estadounidense.

El pescador explicó que ya había pescado todo lo que necesitaba.

– ¿Qué hace con el resto de su tiempo? –preguntó el norteamericano.

– Duermo hasta tarde, juego con mis hijos, a la siesta me acuesto con mi esposa y a la noche voy al pueblo a ver a mis amigos, tomo un café, toco la guitarra y canto unas pocas canciones.

El americano apenas podía contenerse.

– Nunca será exitoso de esa manera –protestó–. Usted debería comenzar a pescar por más tiempo todos los días. Entonces puede empezar a vender el pescado extra que atrapa. Con los ingresos, podría comprar un bote más grande. Con el dinero extra que el bote más grande le provee, puede comprar un segundo bote y un tercero, y así sucesivamente hasta tener toda una flota de barcos pesqueros. En vez de vender sus pescados a un intermediario, puede negociar directamente con las plantas procesadoras y quizás inclusive abrir su propia planta. Luego, puede irse de este pequeño pueblo y mudarse a la ciudad de México, Los Ángeles, ¡o incluso a Nueva York! Y desde allí, dirigir su enorme empresa.

– ¿Y cuánto tiempo llevará todo eso? –preguntó el pescador.

– Veinte, quizás veinticinco años –respondió el norteamericano–. Y después de que su negocio se haga realmente grande, ¡puede comenzar a vender acciones y a hacer millones!

– ¿Millones?

– Sí, millones. Y después de eso, ¡podrá jubilarse, vivir en un pueblo pequeñito cerca de la costa, dormir hasta tarde, jugar con sus nietos, atrapar unos pocos peces, dormir una siesta con su esposa y pasarse las noches tomando café y tocando la guitarra con sus amigos!

Algunas personas llaman a esto vida abundante, pero en realidad es otra forma de escalar la montaña equivocada. Jesús expresó esto de esta manera: *"¡No vivan siempre deseando tener más y más! No por ser dueño de muchas cosas se vive una vida larga y feliz"* (Lucas 12:15, TLA).

En su investigación reveladora sobre la adversidad y el logro, Paul Stoltz lo expresó de la siguiente manera: "El éxito puede ser definido como el grado en el cual uno se mueve hacia delante y hacia arriba, progresando en la misión de toda la vida de la persona, a pesar de todos los obstáculos u otras formas de adversidad".[2] El éxito no significa más, tanto como significa escalar la montaña más alta camino a la cima de la abundancia verdadera de Dios.

Los escaladores ven la vida como una aventura para ser disfrutada

Los escaladores viven con una capacidad constante y cabal de curiosidad. Ellos ven la vida como una aventura para ser disfrutada, no como una larga serie de afrentas para ser soportadas. Como lo expresó Soren Kierkegaard, el filósofo danés del siglo XIX: "Si tuviera que desear algo, no debería desear riqueza y poder, sino un sentir apasionado de potencial, ya que el ojo, el cual es siempre joven y ardiente, ve lo posible". Los escaladores no malgastan su tiempo cabalgando o azotando caballos muertos. Ellos optan por la emoción de domar y cabalgar broncos corcoveantes.

Los escaladores ven la vida como una montaña para ser conquistada

Volvamos a nuestro compañero escalador Caleb y avancemos en su vida cuarenta y cinco años. Ahora tiene ochenta y cinco, y ha vivido más que todos sus pares, excepto Josué. Se ha ganado el derecho de no preocuparse, pero Caleb es un escalador verdadero ya que ve la vida como una montaña para ser conquistada.

¡Seguramente Caleb tuvo suficiente entusiasmo como para dos vidas! Él vio a los vínculos egipcios quebrantarse, al Mar Rojo abrirse, a agua fluir de una roca, al maná caer del cielo y la muerte de sus amigos, sin mencionar a Josué, a medida que ellos abandonaban uno a uno por su incredulidad. Un escalador de corazón, Caleb ha sido testigo y ha participado de la entrada triunfal de la nación a la Tierra Prometida. Y ahora, a los ochenta y cinco años, es uno de los primeros en escoger dónde quiere vivir el resto de su vida. ¿Y qué es lo que escogería un escalador? ¡Otra montaña, por supuesto! Le dijo a Josué:

"Y todavía mantengo la misma fortaleza que tenía el día en que Moisés me envió. Para la batalla tengo las mismas energías que tenía entonces. Dame, pues, la región montañosa que el SEÑOR me prometió en esa ocasión. Desde ese día, tú bien sabes que los anaquitas habitan allí, y que sus ciudades son enormes y fortificadas. Sin embargo, con la ayuda del SEÑOR los expulsaré de este territorio, tal cual él ha prometido" (Josué 14:11-12, NVI).

Aquí vemos a un hombre viejo que ha vivido más que todos sus pares, y pidió solamente una última montaña para escalar. Caleb sabía que todos nosotros necesitamos algo que valga la pena hacer para darle significado a nuestra vida.

Como Caleb, quiero ser una fuerza que cambie la vida, que alimente el alma y que eleve el espíritu durante mi corto tiempo aquí. Quiero formar mi mundo, no meramente ser formado por él. Diariamente oro así: "Señor, despiértame antes de que muera", no "si muero antes de despertarme…". Los escaladores se niegan a pasarse la vida siendo normales o haciendo negocio como de costumbre. Hacen un gran esfuerzo y luchan a favor de la oportunidad de cambiar el mundo para bien, para Dios y para siempre.

Fue Ovidio, el poeta del siglo XXI, que dijo: "Feliz es aquel que se atreve a defender con coraje lo que ama".

Muchos eventos importantes de la Biblia se llevaron a cabo sobre montañas o cerca de estas. Dios llamó a Moisés para que lidere a su pueblo para sacarlo de la esclavitud en el Monte Horeb. Después del Éxodo, Dios ordenó a Moisés que reúna al pueblo en el Monte Sinaí para recibir los Diez Mandamientos. Moisés murió y fue sepultado en el Monte Nebo. Elías, uno de los profetas más grande de Israel, venció a los profetas de Baal en el Monte Carmelo.

Gran parte de la vida y del ministerio de Jesús se llevó a cabo en las montañas. Satanás lo tentó en una montaña (Mateo 4:8). Llamamos "el Sermón del Monte" a la sesión de enseñanza más famosa de Jesús (Mateo 5–7). Jesús repetidamente subió a una montaña para orar (Lucas 6:12). Disfrutó de su transfiguración en una montaña (Mateo 17:1-8). Y al final sus enemigos lo crucificaron en un lugar llamado Monte Calvario.

La Biblia también usa al término "montaña" como símbolo de estabilidad (Salmo 30:7). Las montañas representan lugares donde Dios muestra su poder (Salmo 121:1-2), algunas veces a través de su allanamiento. En Isaías 40:4 Dios promete: *"Que se levanten todos los valles, y se allanen todos los montes y colinas"*.

Si usted es un escalador, necesita una montaña apropiada para escalar. Usted no se sentirá satisfecho con nada menos. El psicólogo Abraham Maslow descubrió la misma verdad cuando dijo: "Si usted deliberadamente planifica ser menos de lo que es capaz de ser, entonces le advierto que será infeliz durante el resto de su vida".

TRES COSAS QUE TODOS LOS ESCALADORES NECESITAN

Los escaladores nunca vuelven a arrastrarse o a deslizarse simplemente porque la vida se les vuelve difícil. Nunca escuchará a un escalador sentarse y quejarse sobre cuán injusta o cuán mala es la vida. Los escaladores son campeones de corazón. Ellos son ganadores, no personas que se quejan. Responden a la vida, no reaccionan ante ella. Y todos ellos tienen al menos tres cosas en común.

Todos los escaladores necesitan una perspectiva de escalador

Todos los escaladores saben que la vida puede volverse difícil y peligrosa sin un aviso del momento. Las cosas rara vez salen como fueron planeadas. Pero los escaladores tienen esta perspectiva: si Dios todavía reina en el cielo, y su amor todavía fluye hacia ellos, y ellos permanecen bajo su cuidado, solamente necesitan escalar.

Los escaladores piensan de manera diferente a los demás. Saben que en su centro, en el centro de su ser, resuena el llamado para ascender. ¿Y cómo sabe usted si tiene una perspectiva de escalador? Suponga que le pregunta a un escritor por qué escribe: obtendría una de estas tres respuestas. Si tiene la perspectiva de una persona que se arrastra, dirá: "Escribo por el reconocimiento". Si tiene la perspectiva de alguien que se desliza, dirá: "Escribo por dinero". Y si tiene la perspectiva de un escalador, dirá: "Escribo porque debo hacerlo".

Un escalador escala porque eso es lo que él *es*. Para ser quien es, debe hacer lo que hace: escalar. Si usted trabaja solamente por reconocimiento, nunca habrá reconocimiento suficiente. Si usted vive por dinero, nunca habrá dinero suficiente. Pero si usted escribe pinta, o construye, o enseña o hace otras miles de cosas porque debe hacerlo para ser quien Dios lo creó para que fuera, entonces habrá descubierto el secreto de vivir para su público. Y escalar para su placer es suficiente.

La perspectiva del escalador puede ser resumida en dos palabras: "Seguí escalando". Aunque los escaladores aceptan que rara vez controlan su entorno o sus circunstancias, ejercitan el poder de escoger su actitud y sus reacciones a lo que les sucede… y escalar. Los escaladores escalan en el frío y escalan en el calor, escalan cuando la montaña está empinada e incluso cuando parece no haber camino. ¿Por qué? Porque saben que escalar es lo que Dios creó para que hicieran. "Y si Dios quiere que yo escale –piensan– Él abrirá camino". ¡Por eso escalan!

Compañero escalador, escale cuando parezca estar haciéndolo solo. Escale cuando no pueda ver el camino hacia delante. Escale cuando todo lo que vea hacia atrás sean barrancas y cunetas, y todo lo que vea hacia delante sean acantilados y cornisas amenazantes. Escale, aunque el camino parezca incierto. Escale sabiendo que justo aproximadamente en el próximo giro Dios puede estar esperando con un gran avance. Escale porque la vida es tan preciosa como para malgastarla deslizándose o arrastrándose.

Párese con sus dos pies bien firmes, enfrente la cima y ascienda con la convicción de que Aquel que lo amó lo suficiente como para ponerlo en esa montaña, todavía lo ama. Él le promete poder para escalar: *"Todo lo puedo en Cristo que me fortalece"* (Filipenses 4:13, NVI). Él promete protegerlo mientras escala: *"A las montañas levanto mis ojos; ¿de dónde ha de venir mi ayuda? Mi ayuda proviene del SEÑOR, creador del cielo y de la tierra. No permitirá que tu pie resbale; jamás duerme el que te cuida"* (Salmo 121:1-3, NVI). Y Él le garantiza que al escalar, *"No han sufrido ninguna tentación que no sea común al género humano. Pero Dios es fiel, y no permitirá que ustedes sean tentados más allá de lo que puedan aguantar. Más bien, cuando llegue la tentación, él les dará también una salida a fin de que puedan resistir"* (1 Corintios 10:13, NVI).

¡Siga escalando!

Los escaladores necesitan la montaña correcta

Usted no encontrará a un escalador oliendo alrededor de una topera o jugando en un pozo de barro. Los escaladores reconocen que la diferencia entre las toperas y las montañas no se encuentra en su nivel de dificultad, sino en su trascendencia. Los escaladores no buscan lo fácil, sino que deben saber que sus esfuerzos valen la pena el sacrificio. Como seres humanos plenamente vivos, entienden que la vida no consiste en conseguir más y más grandes cosas. Los escaladores tienen la capacidad de admirar sin la necesidad de adquirir. Buscan algo mucho más que el éxito. Quieren trascendencia.

En el álbum absolutamente exitoso de 1987 *Joshua Tree*, producido por el súper grupo U2, aparece un single titulado *"Todavía no encontré lo que estoy buscando"*. La canción clama por trascendencia. Uno de sus versos dice: "He escalado las montañas más altas, he corrido por los campos (...) pero todavía no encontré lo que estoy buscando".

Este podría ser el clamor de nuestra generación.

Cuando escalo, quiero una montaña que sea trascendente. ¿Y cómo reconozco esa trascendencia? Para uno, alcanzar la cima hará una diferencia en la vida de los demás. No quiero subir penosamente a una montaña que no muestre ninguna promesa de impactar positivamente a los hombres y mujeres. Los escaladores saben que la montaña "de más cosas", o la montaña del "auto más grande", o la montaña de la "casa más linda", o incluso la montaña de la "oficina de la esquina", simplemente no valen la pena una buena parte de sus vidas. Ellos se niegan a abrirse camino hacia la cima de una montaña que no vale la pena escalar.

Por supuesto, los escaladores se desalientan como todas las demás personas. También se cansan, se lastiman, se aburren y, a veces, pierden el ánimo. ¿Cómo siguen avanzando? Recordándose que están escalando hacia una cima que, una vez que es alcanzada, harán que el dolor y el sacrificio hayan bien valido el esfuerzo.

Recuerde esto: si algo que hace no ama a algo, no eleva algo, no construye algo, no aprecia algo y no da placer a Dios, eso no es sino una topera, un montón de barro o un montón de estiércol. Por otro lado, las montañas que vale la pena escalar están hechas de oro puro.

Los escaladores necesitan de las compañías correctas para escalar

En su libro de gran éxito de ventas *Good to Great [De buenos a grandes]*, Jim Collins afirma que es más importante tener las personas correctas en su vida u organización, que tener una visión y una dirección persuasiva.

Los líderes de buenos a grandes entendieron tres verdades simples. En primer lugar, si usted comienza con "quién" antes que con "qué," puede adaptarse más fácilmente a un mundo cambiante. Si las personas se suben a un ómnibus, primeramente es debido a dónde va. ¿Qué ocurre si baja unos diez kilómetros por la ruta y necesita cambiar de dirección? Usted tiene entonces un problema. Pero si las personas están en un ómnibus debido a quién más se encuentra en él; entonces es mucho más fácil cambiar de dirección: "Hey, me subí al ómnibus debido a quién más estaba en él; por eso, si necesitamos cambiar de dirección para ser más exitosos, está todo bien para mí".

En segundo lugar, si usted tiene a las personas correctas en el ómnibus, el problema de cómo motivar y controlar a la gente desaparece en gran manera. Las personas correctas no tienen que ser muy controladas o entusiasmadas, porque ellas mismas estarán motivadas por su impulso interno de producir los mejores resultados y de ser parte de crear algo grande.

En tercer lugar, si usted tiene las personas equivocadas, no importa si descubre la dirección correcta; usted *aún* no tendrá la gran compañía. Una visión grande sin personas grandes es irrelevante.

Anhelo compañías para escalar. ¿Sabe lo que hacen las compañías para escalar? Lo alientan en el momento correcto, hacen exactamente lo que usted necesita, cuando lo necesita y son cuidadosas de no criticarlo despiadadamente, porque ellas también están escalando. Estas compañías saben que escalar es difícil.

Como escalador, necesito las personas correctas en "mi ómnibus". El axioma bíblico: *"No se dejen engañar. Las malas compañías corrompen las buenas costumbres"* (1 Corintios 15:33, NVI) sigue siendo verdad. Usted reflejará el comportamiento de las personalidades dominantes que lo rodean. Si está rodeado de un grupo de personas negativas y quejosas, usted también se convertirá en una persona negativa y quejosa. Pero si se apega a escaladores llenos de fe y esperanza, usted también llegará a estar colmado de fe y esperanza.

CREADOS PARA AVANZAR

Usted es un escalador nato. Y todos los escaladores saben que la adversidad no es una elección.

Su vida le presentará abundantes excusas para conformarse con arrastrarse o deslizarse, pero Dios le ha dado dos dones muy especiales. Usted tiene un mecanismo para escalar en su corazón y un deseo de logro alto y noble en su espíritu. No fue creado para retroceder, sino para avanzar. Tiene poder para prevalecer contra todas las dificultades a medida que aprende a transformar sus adversidades en ventajas, al usar su poder de elección que Dios le otorgó. Usted es una persona poderosa y, con la ayuda de Dios, puede construir algo hermoso de las cenizas de cualquier adversidad.

Los escaladores saben que el carácter se desarrolla, no en la calma de un campamento base, sino en los vientos huracanados de la adversidad. Bajo condiciones normales, usted pudiese ser bueno, pero nunca será grande. Los buenos tiempos y las condiciones agradables no exigen que usted extraiga del pozo profundo de la virtud y del carácter. El carácter da poder para escoger un curso de acción virtuoso bajo circunstancias adversas, y ese poder para escoger el camino correcto bajo el fuego representa la forma más alta de control humano.

Seguramente encontrará muchas oportunidades para renunciar y acampar. Cuando usted atraviesa un infierno, es posible detenerse y oler el humo. En realidad, puede volverse un experto en humo y en todos sus efectos devastadores. Puede jugar el rol de víctima y culpar a las circunstancias, a la gente o incluso a Dios. Hay tantas razones plausibles de temor y fracaso como hay personas en el mundo y días en nuestras vidas. Pero no es para esto que usted fue creado, y en lo profundo de su corazón, lo sabe.

Usted no puede escaparse del deseo de escalar algo, conquistar algo, lograr algo, ganar algo, soportar algo y, al final, plantar su propia bandera de victoria en la cima de una vida bien vivida. La vida es demasiado corta y los intereses son demasiados altos para que usted se conforme con poner excusas todo el tiempo y echar la culpa.

La elección es suya, siempre solamente suya. Y esa elección es su poder. No puede ser pasada a alguna otra persona. No puede ser reservada para otro día. Usted tiene el poder para cambiar su vida. Y ese poder comienza haciendo una elección que conduzca a una actitud.

Con la actitud correcta y la ayuda de Dios, puede aprender a transformar la pena en alegría, el temor en fe, los "no puedo" en "puedo", el celo en gozo, los arrepentimientos en resoluciones. Recuerde las palabras inmortales de sabiduría de Homero, el poeta griego del siglo XVIII a.C.: "Es del hombre luchar pero del cielo dar éxito". Y lea las palabras de Patricia Neal, una actriz que ganó un Oscar, quien señaló mientras luchaba por recuperarse de un derrame cerebral debilitante: "Una actitud mental fuerte y positiva creará más milagros que cualquier droga milagrosa".

¿Por qué algunas personas hallan una forma de prevalecer y conquistar, mientras que otras fracasan? Dios le dio un don muy especial al nacer, un mecanismo para escalar. Se lo dio porque usted iba a necesitarlo. Jesús dijo: *"Yo les he dicho estas cosas para que en mí hallen paz. En este mundo afrontarán aflicciones, pero ¡anímense! Yo he vencido al mundo"* (Juan 16:33, NVI).

La adversidad no es opcional. Cuando esta llega a usted, como más que seguramente lo hará, puede consolarse con que al menos no está solo en su lucha. Es la realidad de la adversidad y de la dificultad la que hace tan sorprendente la invitación de Jesús: *"Venid a mí todos los que estáis trabajados y cargados, y yo os haré descansar"* (Mateo 11:28, RVR).

Dios está preparado para que lo sin sentido cobre sentido, y para dar poder a los impotentes. Y no solo nos da la victoria sobre nuestras adversidades, sino que también las usa para hacernos mejores y más fuertes. Dios nos dio un mecanismo para escalar y un espíritu ascendente, para que podamos llegar a la cima de nuestro potencial, ese lugar hacia el cual viajamos durante toda nuestra vida.

2

Transforme la pena
en alegría

El descubrimiento más grande de mi generación es que los seres
humanos pueden cambiar sus vidas modificando sus actitudes de mente.

– WILLIAM JAMES

Para la mayoría de las personas, conducir consiste en ir de un lugar a otro.
Pero para mí, el valor de veinte dólares de nafta puede significar doscientos dólares en terapia.

Casi todos mis "momentos eureka" han llegado después de unas pocas horas de soledad detrás de una rueda. Me resulta sorprendente cómo el subconsciente puede desatar nudos mentales y resolver problemas emocionales durante un desplazamiento de rutina diaria.

Esta es la razón por la que quise estar solo en un viaje reciente de ruta. Mi mamá me pidió que fuera a revisar una lápida nueva que había puesto en la tumba de mi padre. No tenía ni tiempo ni gana de realizar ese viaje, pero por respeto a sus deseos y a su recuerdo, conduje durante dos horas hacia el norte. Solo y con tiempo para reflexionar sobre mi pasado, mi mente se centró en mi infancia y en lo que parecían días más simples y más sanos. Hoy parece un tiempo idílico; el período antes de la pérdida y la pena diluyó mi entusiasmo y mi celo por la vida. ¡Cómo deseo ser ese niño ingenuo e inocente otra vez!

Como la mayoría de asentamientos de condado de Kentucky, mi pueblo natal giraba alrededor de una plaza céntrica. Antes de que los Súper Wal-Marts del mundo llegaran al pueblo, servía como un centro de comercio, y permanecía como una colmena perpetua de actividad. Hoy todo eso es simplemente varias hileras de edificios viejos vacíos u ocupados por oficinas de gobierno local o estatal.

A medida que conducía alrededor de la cuadra, vi la vieja joyería de los Slinkers, donde compré el anillo de compromiso para mi esposa. Hoy este negocio permanece abandonado. Al lado se encuentra el viejo salón de billar, donde pasaba la mayor parte de mis tardes sin preocupaciones. En el extremo no-reste de la cuadra, tomé la derecha y subí por la Avenida Washington Oeste. En un tiempo, la mayoría de la aristocracia de nuestro pequeño pueblo vivía sobre esta calle. Crucé por varias casas grandes, blancas sobre blancas y al es-tilo sureño, y por montones de hierros trabajados, recientemente pintados. Al final de la ruta y a la derecha estaba la estación de trenes arruinada; a la iz-quierda, la entrada a nuestro cementerio de la ciudad. Mientras pasaba por sus portones grandes e imponentes de hierro, sentí que me sobrevino una tristeza familiar. De repente recordé lo que había intentado olvidar durante más de un año: mi papá murió demasiado pronto, con demasiadas cosas sin decirse en-tre nosotros.

Conduje de mala gana hacia la tumba de mi padre. La lápida –una majes-tuosa losa de granito gris– muestra de un lado solamente la inscripción sim-ple de nuestro apellido en letras mayúsculas. Del otro lado se encuentra el nombre completo de mi padre, Wilton Edward Foster, junto a los años de su nacimiento y su muerte. No hay nada ornamentado u ostentoso en esto.

Mi momento "eureka" vino cuando vi grabado en la piedra, entre las dos fe-chas, un guión simple. Y entonces, eso me impactó. Toda la vida de mi padre había sido reducida en un guión. La gente que pasaba podía leer su nombre, cuando nació y cuando murió, pero nada sobre su vida. Me preguntaba si ne-cesitaba pararme ahí y decir al que pasaba: "¡Soy parte de su guión! Él me en-gendró, peleó en la segunda guerra mundial e hizo otro montón de cosas en ese guión". En vez de sentirme triste porque mi padre había muerto, mi alma se inundó de alegría porque él había vivido. Debido a que él vivió en su guión, estoy vivo ahora en el mío.

También me sorprendió que mi padre no está tanto muerto como termina-do. Él está acabado en su guión; pero yo todavía estoy trabajando en el mío. ¡Sí, Dios! Justo ahí en el cementerio, rodeado de restos y recordatorios de muerte, me hice plenamente vivo. Me sucedió que incluso mientras me para-ba en la tierra de los muertos, estaba por reingresar a la tierra de los vivos. Me estoy por ir de aquí –pensé–, pero estos van a permanecer en este lugar.

Y en un instante el viaje que había temido se transformó en un descubri-miento. Finalmente, pude ver ante mí una elección clara. Pude transformar mi pena en alegría al mirar este acontecimiento de manera distinta. Podía estar más contento por haber tenido a mi padre que enfadado, porque él se había ido.[1]

Cuando alguien le preguntó a Michael Jordan, el mito del basquetbol, cómo enfrentó el asesinato trágico de su padre, dijo: "Estoy agradecido por haber te-nido a mi padre durante mis primeros treinta y seis años de vida. Lo tuve en mis años de formación. Lo tuve cuando realmente lo necesité".

Como Michael, puedo ser agradecido o aborrecible. Así puede ser usted también.

LA VIDA EN EL GUIÓN

A medida que salía del cementerio esa tarde, me tomé un tiempo extra para leer unas pocas lápidas cercanas. El viejo cementerio contiene restos de soldados de ambos lados de la Guerra Civil. Una inscripción me llamó la atención: Asa Lewis, un joven soldado confederado matado el día siguiente a la Navidad, 1862. Cayó en la batalla del Río Stones en Murfreesboro, Tennessee. La inscripción decía: "Demostró más que una gallardía común." Cuando volví a casa, busqué la palabra *gallardía*. La misma describe a una persona de una valentía enérgica y conspicua. Y pensé: eso quiero que se diga de mí. Cuando mis hijos y mis nietos se paren junto a mi tumba y opinen sobre mi guión, quiero que sean capaces de decir de mí: "En este guión, él supo de la ganancia y de la pérdida, de la victoria y de la derrota; pero a pesar de todo eso, prevaleció. Él escogió vivir noblemente. Decidió transformar la pérdida en ganancia, la amargura en bendición y la pena en alegría".

Eso es lo que quiero que se diga de mí, y estaría dispuesto a apostar que eso es también lo que usted quiere que se diga de usted.

Pero para tener eso, para ganarlo, dejar tal legado detrás requerirá de una comprensión de lo que implica superarse en un mundo real de lados, situaciones y estaciones opuestas.

Se vive la vida entre dos lados opuestos

Todos los seres humanos sienten la tensión entre lo que es y lo que debería ser. Por un lado, hay vida como debería ser; por otro, está la manera en la que las cosas son en realidad.

Desde la cuna y hasta la tumba, oímos que deberíamos ser más, hacer más, tener más y dar más. Usted puede caminar con una cojera de comparaciones falsas que las personas importantes de su vida hayan hecho entre lo que usted es, y lo que piensan que debería ser. Esto comienza con comparaciones inocentes entre hermanos y luego se traslada a toda la familia.

Siendo adulto, uno aprende a aceptar que la vida no es siempre de la manera en que debería ser. Está su carrera, el modo en que debería ser y el modo en que en realidad es. Está su esposo, cómo debería ser y cómo es él. Está su esposa, la manera en que debería ser y cómo es ella. Esto es simplemente la vida en el guión, ¿cierto? A usted se lo ha comparado y medido desde el día en que nació, de tal manera que pudiera pensar de sí mismo como la suma total de maneras en que se lo ha estimado o en que se ha quedado atrás.

Las personas hablan de "los viejos tiempos aquellos" cuando las cosas eran más como debían ser. ¿Pero existió eso alguna vez? Si es así, nunca lo descubrí. Todos nosotros, desde el día en que nacemos hasta el día en que morimos, vivimos con discrepancias entre lo que soñamos que sería la vida y lo que la vida es en realidad. Queremos un mundo de ecuanimidad y de justicia; sin embargo, tenemos una vida menos noble y así, menos satisfactoria.

No obstante, todavía anhelo la tierra de mis sueños, un lugar donde el bien siempre triunfa sobre el mal y todos viven siempre felices desde entonces. Los cantantes de pop David Crosby y Phil Collins escribieron y sacaron una canción en la década del 80 denominada "Héroe". Ellos cantan del antihéroe que mata al dragón con su espada, ¡solo para darse vuelta y matar a la doncella con su beso! ¿Cómo puede ser esto? Un verso ilustra la paradoja bellísimamente:

La razón por la que ella lo amaba era la razón por la que yo lo amaba también, porque él nunca se preguntó lo que estaba bien o estaba mal. Él simplemente sabía. Simplemente sabía. Y nosotros nos preguntamos, sí nosotros nos preguntamos, ¿cómo se logra entender esto cuando el héroe mata a la doncella con su beso... con su beso?

Un cuento claramente traza la línea entre el bien y el mal; pero en el mundo real las cosas se vuelven confusas. Usted descubrió que en el primer día mismo, todo el infierno se desató en su mundo que de lo contrario era simple. Para algunos, es el recuerdo de no ser elegido para un partido de fútbol amateur. Para otros, es no ser nominado para el cortejo de regreso o no formar parte del equipo de básquetbol. Para otros incluso es ser abofeteado por la noticia espantosa de que su papá se ha muerto de un ataque cardíaco masivo, o susurros entre sus padres a medida que intentan darle la mala noticia de que mamá tiene cáncer, o inclusive peor, que sus padres se están divorciando y los observa peleándose por usted como si fuera parte de los bienes maritales. Lo descubrimos de diferentes maneras y en distintos tiempos, pero el mensaje es siempre el mismo: la vida en el guión puede ser cielo un día e infierno el próximo. El hombre postmoderno todavía expresa la confesión antigua de Job:

"Pocos son los días y muchos los problemas, que vive el hombre nacido de mujer. Es como las flores, que brotan y se marchitan; es como efímera sombra que se esfuma" (Job 14:1-2, NVI).

Se vive la vida en una serie de situaciones

Las situaciones se crean cuando usted se encuentra entre las maneras en que son las cosas y la manera en que estas deberían ser.

El cáncer es una situación. No es de la manera en que debería ser; por eso es que lo llamamos enfermedad. El divorcio es una situación. La pérdida de un trabajo es una situación. La muerte de un hijo es una situación. Un accidente automovilístico –todo desde un choque en el guardabarros hasta un choque frontal– es una situación de la vida real, inevitable e innegable.

Y aunque las situaciones difieren en gran manera en tamaño y en severidad, las elecciones centrales que las inducen siguen siendo siempre las mismas. ¿Me hará esto amargado o mejor? ¿Seré capaz de permanecer quieto el tiempo suficiente para que Dios me muestre lo bueno que puede provenir de esta situación? ¿Renunciaré y volveré a arrastrarme y a deslizarme, solamente porque la perspectiva de escalar parece insoportable? La elección es siempre mía y solo mía para tomarla. W. Clement Stone una vez señaló: "Para cada desventaja hay una ventaja correspondiente". Y el apóstol Pablo dijo:

> *"Sé bien lo que es vivir en la pobreza, y también lo que es tener de todo. He aprendido a vivir en toda clase de circunstancias, ya sea que tenga mucho para comer, o que pase hambre; ya sea que tenga de todo o que no tenga nada. Cristo me da fuerzas para enfrentarme a toda clase de situaciones"* (Filipenses 4:12-13, TLA).

Pablo afirmó que en cada situación tuvo que realizar elecciones. ¿Qué de la persona que se hace más fuerte, más decidida, más afectuosa, más fiel y más compasiva cuanto más presión se le aplica? ¿Y por qué pueden un grupo de circunstancias, aparentemente similares, hacer solamente lo opuesto en otra persona?

Una joven de dieciséis años le dijo a su padre:

– Papi, mi vida no es una maldición tras otra, sino que es una maldición todo el tiempo. ¿Qué voy a hacer?

Su padre sabio la llevó a la cocina y puso tres ollas con agua para que hirviesen. En una puso una zanahoria, en otra un huevo y en la otra café molido. Después de unos minutos, se dio vuelta y explicó:

– El agua caliente hizo puré a la zanahoria, y al huevo, huevo duro. Uno puede permitir que el agua caliente de los tiempos difíciles lo ablanden, como es el caso de la zanahoria, o lo endurezcan, como sucedió con el huevo.

Luego se dirigió hacia la tercera sartén con el café y continuó:

– O uno puede cambiar el agua en algo delicioso, como el caso del café. El café necesita del agua caliente para liberar su sabor y aroma. Querida – ¡sé el café!

El agua caliente no es meramente una realidad de vida, sino una necesidad. Sin ella, uno nunca será plenamente lo que Dios se propuso que fuera.

Se vive la vida en una serie de estaciones

La Biblia lo expresa de esta manera:

> *"Todo tiene su momento oportuno; hay un tiempo para todo lo que se hace bajo el cielo: Un tiempo para nacer y un tiempo para morir; un*

tiempo para plantar, y un tiempo para cosechar; un tiempo para matar, y un tiempo para sanar; un tiempo para destruir, y un tiempo para construir; un tiempo para llorar, y un tiempo para reír; un tiempo para estar de luto, y un tiempo para saltar de gusto" (Eclesiastés 3:1-4, NVI).

El tiempo cambia con cada estación a medida que la primavera se vuelve en verano, el verano en otoño, e inevitablemente el otoño en invierno. De modo similar, la vida va del nacimiento al crecimiento, la madurez, la decadencia y la muerte. Dios ordenó todo el proceso y este ha ocurrido desde el tiempo de Adán.

Como otras cosas de la vida, la mayoría de nosotros tenemos una estación favorita. Prácticamente a casi todos les gusta la primavera y el otoño. Algunos se desviven por el calor sofocante del verano, pero a pocos les encanta el invierno, cuando las cosas permanecen latentes o muertas.

Pregunta: ¿Es necesaria cada estación? Respuesta: ¡Sí! El secreto está en no hacer que sus estaciones se confundan.

El invierno es un tiempo de preparación. La primavera es el tiempo de plantar. El verano es el tiempo de arar y desmalezar. El otoño es la estación de la cosecha, e incluso esta está regulada por lo que se ha logrado en las tres estaciones anteriores.

Usted no puede permitirse dejar que las heridas, el quebranto o el aburrimiento de donde usted está justo en este momento, le roben la oportunidad de responder constructivamente. Lo que usted hace en los momentos más grandes de pérdida y de angustia, determinará si habrá gozo después. La manera en que responda en esta estación, cuenta para siempre. Por eso, sea sabio y hágase estas pocas preguntas:

- ¿Es este un tiempo de reposo que Dios me dio para tener un nuevo sueño y hacer un nuevo plan para el futuro? Algunas veces nos fijamos tanto en nuestras pérdidas, que pasamos por alto las posibilidades nuevas que se nos abren.
- ¿Es este un tiempo para arar un suelo nuevo y plantar nuevos cultivos?
- ¿Es este un tiempo para conservar la fe y creer en lo que ya planté?
- ¿Es este un tiempo para cortar las malezas? Si lo es, entonces es verano y la cosecha está simplemente muy próxima.

Incluso hoy podemos beneficiarnos del aliento que Pablo les dio a los primeros cristianos: *"No nos cansemos de hacer el bien, porque a su debido tiempo cosecharemos si no nos damos por vencidos"* (Gálatas 6:9, NVI).

¡MÉTASE EN EL JUEGO!

Le guste o no, la vida en el guión incesablemente e inexorablemente se mueve de un lado a otro, de situación en situación y de estación en estación. La marcha para algunos dura más que para otros, pero el viaje es seguro y el destino cierto. Como dijo Johann Goethe, el poeta, novelista y científico del siglo XVIII: "El arte es largo; la vida, corta; el juicio difícil; la oportunidad transitoria". Toda y cada forma de adversidad trae una gran oportunidad para ser aprovechada para aquellos que saben cómo.

Hace no mucho tiempo observaba a mi hija Paige jugar en dos encuentros consecutivos de fútbol entre los mismos equipos. Bien en el segundo tiempo, las chicas se sentían acaloradas y cansadas. Tenían solamente una jugadora extra, por eso los reemplazos eran pocos y distantes uno del otro. Una chica en particular se estuvo quejando durante todo el partido, pero solamente estaba parada, inflexible y quejándose del calor y la fatiga, y sobre cuánto tiempo había jugado. Ella quería salir. Necesitaba tomar agua. "¡Sáquenla –pensé–, solamente para que se calle!"

Justo en ese momento algo extrañamente sorprendente ocurrió. La misma pequeña con una letanía de quejas recibió de lleno un codazo en la boca de parte de una de sus adversarias, la que intentaba rodear la línea de defensa para acercarse a la línea de gol con la pelota. A medida que su cabeza se recuperaba, fue como que si alguien le hubiera arrojado una vara sobre la cabeza. Ella se limpió la sangre del labio y vi una mirada de determinación atravesar su rostro, bajó su cabeza y salió detrás de la ofensora como si sus zapatos se hubieran prendido fuego. No solo corrió a su adversaria y la humilló, sino que también corrió a pleno durante el resto del partido. Sus quejas se evaporaron en el acaloramiento de la batalla, y se volvió una jugadora apasionada, alerta y totalmente comprometida.

Ahora también he visto a otras personas recibir la misma bofetada, y que inmediatamente sufren de un bajón y lloran. ¿Por qué algunas personas prosperan, no importa lo que les ocurra, mientras que otras meramente intentan sobrevivir? ¿Es el talento? ¿La crianza o el trasfondo? Aunque estoy seguro de que todas estas cosas ayudan, las mismas no explican plenamente por qué algunas personas desarrollan una mentalidad de víctima y otras, frecuentemente con menos ventaja y más adversidad, terminan siendo vencedoras. Para hallar la respuesta, usted tiene que ir más allá del talento y el trasfondo, y tener una actitud.

LA ACTITUD DETERMINA LA ALTITUD

Dos versículos de la Biblia revelan por qué algunas personas fracasan y otras tienen éxito. Uno de ellos dice: *"Porque cual es su pensamiento en su corazón, tal es él"* (Proverbios 23:7, RVR). El segundo versículo refuerza al primero: *"Por sobre todas las cosas cuida tu corazón, porque de él mana la vida"* (Proverbios 4:23, NVI).

La clave para su éxito o fracaso se encuentra en la condición de su corazón. Su actitud se origina en su corazón, y su poder para escoger reside en su actitud. Por lo tanto, su actitud expone su verdadero yo, ya sea fuerte o débil. Revela, además, su integridad interna, o carencia de la misma. Su actitud es más honesta y más consistente que sus palabras. Nunca puede ser ocultada durante mucho tiempo, y siempre será expresada. La misma funciona como el megáfono de su alma y predice su futuro mejor que cualquier otra cosa. Ella puede ser su mejor amiga o su peor enemiga.

La actitud puede no serlo todo, pero estoy convencido de que está más cerca de lo que alguna vez llegaremos a comprender que separa a los ganadores de los que se quejan, y a los victoriosos de los víctimas. La actitud afecta los resultados diarios más que cualquier otro factor, más que el intelecto, más que el talento y más que el privilegio.

Usted no puede cambiar dónde nació, sus padres o la familia en la que nació. Usted puede ser capaz de modificar su apariencia, pero no puede intercambiar cosas como el coeficiente intelectual y los talentos naturales por una versión mejor y más grande. La educación y el entrenamiento pueden abrirle algunas puertas, pero no pueden cambiar su pasado, hacerlo más alto o más atlético, o cambiar la realidad de que algunas personas lo traten injustamente.

No obstante, con la actitud correcta, puede transformar la adversidad en una ventaja. Usted tiene poder para usar la desilusión como el material de construcción para edificar la paciencia. Puede usar la oposición como una oportunidad para desarrollar la perseverancia. El peligro puede transformarse en coraje y el dolor en ganancia, todo a través del poder de una actitud correcta. Usted no puede hacer que la gente lo ame o que cumpla sus promesas. No puede controlar las estaciones de la pérdida o del sufrimiento. Pero puede y debe tener control de su actitud.

Me he pasado la vida observando no solo la naturaleza humana, sino también el desempeño humano, y abrazo firmemente las palabras de la Declaración de la Independencia:

> Sostenemos que estas verdades sean manifiestas, que todos los hombres fueron creados iguales, que están dotados por su Creador con ciertos derechos inalienables, que entre estos están la vida, la libertad y la búsqueda de la felicidad…

¿Son todos los hombres *realmente* creados iguales? Ciertamente, no todos los hombres son igualmente felices, o buenos, o productivos, o afectuosos o fuertes. Cualquiera puede ver brechas verdaderamente notables entre las vidas de, digamos, un Adolf Hitler y una Madre Teresa. Por eso, si creemos que todos los hombres son creados iguales, entonces ¿cómo explicamos las diferencias entre los seres humanos en la calidad y en las contribuciones de sus vidas?

A medida que Benjamín Franklin concluía un discurso conmovedor sobre las garantías de la Constitución, un abucheador gritó:

– ¡Ah!, esas palabras no quieren decir absolutamente nada. ¿Dónde está toda esa felicidad que usted dice que nos garantiza?

Franklin sonrió y respondió:

– Mi amigo, la Constitución garantiza al pueblo americano solamente el derecho de *buscar* la felicidad; usted tiene que alcanzarla por sí mismo.

¿Qué separa a aquellos que "la alcanzan" de aquellos que meramente y locamente la persiguen?

Estando bajo presión, algunas personas reaccionan emocionalmente, mientras que otros responden desde una reserva profunda de fortaleza. Los que reaccionan son víctimas por definición. Los que responden son victoriosos por elección. Mientras que las víctimas son vencidas por las circunstancias, los victoriosos vencen a pesar de ellas. Los primeros renuncian al poder al reaccionar ante los eventos, mientras que los segundos retienen el poder desarrollando responsabilidades. Los victoriosos transforman su actitud en una aliada. Las víctimas usan su actitud como un ancla alrededor de su cuello, que los arrastra.

Las actitudes son de dos tipos básicos: el derecho y la gratitud. Si usted transforma la pena en alegría, su actitud es lo que hizo posible la transformación. La actitud es todo al prevalecer en contra de la adversidad. Siempre y cuando las cosas sigan siendo optimistas y agradables, cualquiera puede fingir una actitud positiva; pero bajo estrés, la verdadera condición del corazón sale a la superficie, buena o mala, débil o fuerte. Ponga un corazón pequeño y necesitado bajo presión, y emergerá una actitud de derecho. Haga caminar a una persona con un corazón fuerte a través del infierno, y obtendrá un resultado totalmente diferente.

La actitud de la persona que se arrastra: derecho

La actitud de una persona que se arrastra dice: "Usted –y todos los demás del mundo– me deben". Esta actitud busca sus derechos sin pensar en las responsabilidades.

Dicha actitud alimentó el intento descarado de Satanás de dirigir una rebelión en el cielo en contra del mismo trono de Dios, lo cual dio como resultado su expulsión. Esa misma actitud llevó a Adán y a Eva a desafiar abiertamente a Dios, lo cual causó su expulsión del Huerto del Edén. La mentalidad más horrorosa y condenatoria que abriga el corazón humano, es la actitud de derecho. Considérela un virus espiritual, un ácido corrosivo y corrompedor del alma. La misma no conoce de alegría, no trae paz y no tiene en cuenta la redención.

Piense en la actitud de derecho como un ancla viejo y oxidado encadenado a un hombre orgulloso y arrogante. Esa actitud revela un corazón vacío que nunca puede ser llenado, y que nunca se sentirá satisfecho. Estimula el impulso insaciable por más y desarrolla una creencia casi incurable de que no importa lo que usted tenga, eso nunca será suficiente. Aunque pudiese tener todo lo que acompaña al éxito, todavía sigue sintiéndose vacío.

Las personas más desdichadas del mundo no son aquellas que sufrieron grandes pérdidas, sino las que tuvieron todo lo que alguna vez quisieron, salvo la capacidad para disfrutarlo. Un hombre que lo supo todo sobre semejantes tragedias escribió: *"Hay un mal que he visto en esta vida y que abunda entre los hombres: a algunos Dios le da abundancia, riquezas y honores, y no les falta nada que pudieran desear, pero es a otros a quienes les concede disfrutar de todo ello. ¡Esto es absurdo y un mal terrible!"* (Eclesiastés 6:1-2, NVI.).

Aquellos que sufren de la actitud de derecho perdieron la capacidad de admirar sin la necesidad correspondiente de adquirir. Tienen todas las razones para ser agradecidos, pero nada de poder para ser apreciativos. Saben el precio de todo, pero el valor de nada. Consumen todo sin pensar en devolver algo, ni siquiera incluso un "gracias". La persona con un corazón desagradecido cree que todo lo que Dios hace para él es demasiado poco, y cualquier cosa que él haga para Dios es muchísimo. El derecho es el clamor del alma huérfana y del corazón abandonado.

¿Y cuál es la única cura para una actitud de derecho? Una actitud de gratitud.

La actitud del escalador: gratitud

Aquellos que tienen un corazón agradecido pueden soportar cualquier cosa, incluso la pérdida de todo, incluido la vida misma.

Hace varios años miré una entrevista con un agonizante Arthur Ashe, el primer americano de origen africano en ganar el Gran Slam de tenis. Ashe contrajo sida por una transfusión de sangre, y el entrevistador le preguntaba si él alguna vez se sintió tentado a preguntar: "Dios, ¿Por qué yo?" Ashe respondió sin dudar:

– No, nunca hice esa pregunta porque tampoco la hice cuando estaba parado en Wimbledon sosteniendo el trofeo del campeonato por encima de mi cabeza.

¡Qué actitud! Qué acto de clase y qué ejemplo de ganador verdadero. Ashe supo lo que el resto de nosotros estamos todavía aprendiendo. Consideró un regalo todo lo de la vida. El talento sorprendente que lo hizo campeón de tenis también lo hizo ganador en el partido de la vida. Se sentía agradecido por lo que se le había dado, no lleno de aborrecimiento por lo que estaba perdiendo. Amaba la vida y saboreaba cada momento, incluso aquellos que no podía explicar.

Una actitud de gratitud puede tomar un garaje muy usado y transformarlo en un nido de amor. Puede tomar un trabajo de salario mínimo y transformarlo en la oportunidad de toda una vida. Puede tomar una noticia triste de un cáncer, y transformarlo en un viaje de sanidad y descubrimiento.

Este tipo de actitud es lo que lo hizo a Job un niño adoptivo para los escaladores. Cuando nos encontramos con Job por primera vez en la Biblia, vemos a un hombre fabulosamente rico y exitoso, con una familia grande y afectiva. Disfrutaba del respeto de sus compañeros, de la admiración de su familia, de las bendiciones de Dios... y de la ira del diablo.

Satanás vio a Job como un amigo de Dios, pero solamente cuando las cosas le iban bien. Por eso, desafió a Dios a una contienda, con Job como conejillo de Indias. Satanás pensaba que Job amaba a Dios solamente por lo que le había sido dado. Si Dios permitía que las cosas de la vida de Job fueran quitadas, afirmaba Satanás, Job revelaría su verdadero corazón y maldeciría a Dios. Dios permitió que Job fuera probado. ¿Por qué? El Nuevo Testamento nos dice el propósito de dicha prueba: *"Pues ya saben que cuando su fe es puesta a prueba, ustedes aprenden a soportar con fortaleza el sufrimiento. Pero procuren que esa fortaleza los lleve a la perfección, a la madurez plena, sin que les falte nada"* (Santiago 1:3-4, Dhh).

Aunque Dios le permitió a Satanás que probara a Job, estableció límites. Satanás podía quitarle a Job las cosas de su vida, pero no su misma vida. Dios dijo: *"Todas sus posesiones están en tus manos, con la condición de que a él no le pongas la mano encima"* (Job 1:12, NVI). Con las directrices firmemente claras, comenzó la prueba de la vida de Job. Cuatro veces en el lapso de un día Job oyó malas noticias. En primer lugar, fueron quitados todos sus bueyes y criados. En segundo lugar, fueron quitados todas sus ovejas y criados. En tercer lugar, fueron quitados todos sus camellos y criados. Y finalmente, Job recibió palabra de que todos sus hijos –siete hijos y tres hijas– murieron en un inusitado accidente de la naturaleza.

¿Quién podría imaginar que el hombre descrito como el más grande entre los pueblos del oriente podría sufrir la pérdida de toda su fortuna y todos sus diez hijos en una tarde? Pero entonces Job hizo algo totalmente extraño según los principios de hoy. La Biblia dice: *"Al llegar a este punto, Job se levantó, se rasgó las vestiduras, se rasuró la cabeza, y luego se dejó caer al suelo en actitud de adoración"* (Job 1:20, NVI). No me parecen extrañas en absoluto las dos cosas que Job hizo primero. La gente en los días de Job habitualmente mostraba su angustia de ese modo y, por lo tanto, Job no era diferente.

Lo que me parece extraño es su actitud. Él cayó al suelo, no en una actitud de ira, amargura o incluso enojo, sino en actitud de *adoración*. ¿No es esta una respuesta insólita ante la pérdida de todo por lo que uno trabajó durante toda una vida para acumular? Sin embargo, Job se inclinó y adoró a Dios. Lo que dijo después reveló lo que Dios solamente podía haber sabido y lo que Satanás estaba tan ansioso por descubrir. En una postura de humildad y un espíritu de gratitud, Job declaró: *"Desnudo salí del vientre de mi madre, y desnudo he de partir. El Señor ha dado; el Señor ha quitado. ¡Bendito sea el nombre del Señor!"* Y la Biblia comenta: *"A pesar de todo esto, Job no pecó ni le echó la culpa a Dios"* (Job 1:21-22, NVI). No eche de menos este clamor del corazón de Job. Su confesión en medio de la pérdida demostró que Satanás es lo que siempre fue: un mentiroso. Job en realidad *amaba* a Dios, ¡imagínese eso! No lo amaba meramente por la riqueza y la salud que tenía, como lo había sugerido Satanás. Amaba a Dios por quién Él es y no meramente por lo que le dio. Job consideraba todo lo que tenía como un préstamo de Dios; por eso, nunca adoptó una mentalidad de propietario. Sabía que nunca podía permitirse que lo que Dios le había dado, sin importar cuán cercano o querido fuera eso, tomara el lugar de Dios.

Job reveló en su pérdida lo que creía en su ganancia: "Dios es el dador y yo soy quien lo recibe". Todo lo que Dios ha dado, la vida alguna vez lo devolverá. Nada de lo que usted tiene hoy le ha sido dado para permanecer. El único regalo permanente que Dios le ha dado es el regalo de sí mismo y su amor incesante. Esta realidad había tomado el corazón de Job mucho tiempo, antes de que se hiciera rico. Job transformó su pena en alegría al escoger ser agradecido antes que aborrecible.

Job creyó en su vida lo que otros han aprendido durante su vida: *"Toda buena dádiva y todo don perfecto descienden de lo alto, donde está el Padre que creó las lumbreras celestes"* (Santiago 1:17, NVI). Él también personificó el mandamiento bíblico de: *"Den gracias a Dios en toda situación, porque esta es la voluntad para ustedes en Cristo Jesús"* (1 Tesalonicenses 5:18, NVI). Dios no le pidió que diera gracias por todo lo que le había ocurrido. Job no se sentía contento con la pérdida de su riqueza, de su salud y de sus hijos. Pero incluso en su pena, podía conservar la alegría. Él se entristeció por sus pérdidas –no era súper humano– pero conservaba una alegría sobria de corazón. Confiaba en que Dios haría que cobre sentido aquello que parecía una situación sin sentido. Creía que Dios lo amaba, lo cual significaba que nada podría alcanzarlo sin pasar primero por el corazón amoroso de Dios.

Pero no se equivoque. La actitud de gratitud, la cual demostró Job, ni se logra ni se mantiene fácilmente. Durante los últimos treinta y cinco años como pastor, he visto que los problemas de Job han visitado al pueblo moderno. Los he visto despertarse con todo a la mañana... y acostarse sin nada a la noche. He visto a creyentes con recursos modestos transformar la pérdida en alegría mientras celebraban la bondad de Dios en vida y muerte. He visto a otros con todas las ventajas de la riqueza y la educación, desplomarse por el peso aplastante de la tristeza, debido a la pérdida de lo que siempre pensaron que se merecían y que nunca pensaron que perderían.

Las personas que adoptan una actitud de gratitud, no dejan de creer en los milagros cuando todos alrededor suyo se han dado por vencido y han tomado el consejo de la esposa de Job: *"¡Maldice a Dios y muérete!"* (Job 2:9, NVI).

La respuesta revolucionaria de Job al consejo de su esposa revela mucho de él: *"Si de Dios sabemos recibir lo bueno, ¿no sabremos también recibir lo malo?"* (Job 2:10, NVI). Job sabía que Dios gobernaba sobre toda su vida. Sabía que Dios era bueno como así también grande. Sabía, además, en su corazón, que nadie podía tomar de él o impedir de él lo que Dios quería para él, sino solo Dios. Creía que Dios podría y reemplazaría todo lo que la vida le había quitado. La fe de Job nunca fluctuó hasta que cayó bajo la influencia de sus así denominados amigos. Fueron tres amigos implacables, todos con una actitud de derecho, los que sumergieron a Job en un período doloroso de desconfianza de sí mismo y de desesperación.

Al final Job descubrió que había puesto su fe en el lugar correcto. Al finalizar la historia, él se vuelve dos veces más rico que antes y *"el Señor bendijo más los últimos años de Job que los primeros"* (Job 42:12, NVI). La vida no puede llevarse nada de un hombre cuyo corazón permanece anclado en el amor de Dios y que, por consiguiente, exhibe una actitud de gratitud.

Durante el reinado de Rudyard Kipling como el escritor más popular de Inglaterra, se hizo pública la noticia de que sus editores le pagaban un dólar por cada palabra de su trabajo. Algunos estudiantes de Cambridge, al oír esto, le enviaron por telegrama dos dólares con estas instrucciones: "Por favor, envíenos la mejor de todas sus palabras". A esto, Kipling respondió: "Gracias".

El secreto de tener un corazón grande es decir gracias y con frecuencia. "Gracias Dios por otro día." "Gracias Dios por el don de la vida y por el don de mi guión." Y aunque pareciera ser de la naturaleza humana rezongar con tener que levantarse temprano hasta el día en que usted ya no puede levantarse en absoluto, lo insto a rechazar la actitud de derecho. Confíe en Dios y sea agradecido; confíe en sus cosas y sea aborrecible. La elección es siempre suya y solamente suya.

Escoja ver todo lo de la vida como un don sorprendente, incluso esas partes que son difíciles.

3

Transforme el rechazo en direcciones correctas

Muchos de nuestros temores son delgados como el papel tisú,
y un solo paso con coraje, nos llevaría a atravesarlos completamente.

— BRENDAN FRANCIS

¿Hizo alguna vez algo tan tonto que no podía creer en realidad haberlo hecho? Yo sí, más veces de lo que me gustaría recordar. Uno de los percances más recordables ocurrió en el primer viaje de larga distancia que hice en moto.

La madre de un amigo querido era operada en Tupelo, Mississippi, y decidí visitarlo. Nashville, mi lugar natal, se encuentra ubicado a exactamente trescientos veintidós kilómetros de Tupelo, bajando por una ruta vistosa llamada Camino Natchez, una de las rutas más pintorescas del Sur. Debido a que estábamos a mediados de octubre, con temperaturas templadas y hojas tecnicolores, parecía el tiempo perfecto para salir en mi Harley nueva.

El paseo era prácticamente perfecto. Me molestaba un poco que el paisaje no cambiara tanto, esperaba unas pocas referencias más al bajar la ruta así podía evaluar mi progreso al regresar, pero porque el camino se dirige básicamente hacia el norte y hacia el sur, no pensé demasiado en eso. "Después de todo –pensé–, existen dos caminos para ir: el camino correcto y el camino equivocado."

Realicé mi visita, pasé la noche y me levanté a la mañana siguiente para volver a casa. Al regresar, decidí que mi primer gran referencia sería Tishomingo, Mississippi, después de Tishomingo viene Alabama, luego la vía del Tennessee y finalmente estoy casi en casa. Pero a medida que avanzaba y avanzaba, Tishomingo no aparecía y comencé a ponerme un poco más que un poquito nervioso. Después de que casi dos horas habían transcurrido, vi un cartel que decía: "Jackson, 74 kilómetros".

"¡Oh, Dios –oré– permite que este sea Jackson, Tennessee!"
Pero no era.

Tuve que aceptar que había ido 193 kilómetros en la dirección equivocada, que me dejó a 515 kilómetros de casa. Para cuando me di cuenta de lo que había hecho y me di vuelta, ¡podía haber estado en casa! Me detuve, bajé de mi moto y caminé alrededor de ella tres o cuatro veces, simplemente sacudiendo mi cabeza. Tenía poca nafta, poco tiempo y estaba enojado conmigo mismo.

Mientras ahí estaba parado y disgustado, me sobrevino un sentimiento extraño. Había sentido algo similar a esto antes, pero nunca con esta intensidad o con este grado tajante. Sentía que había ido demasiado lejos como para dar la vuelta, un viento extraño, demoníaco y enfermo soplaba en mi alma. Continué oyendo lo mismo una y otra vez en mi cabeza, haciéndose más y más fuerte y volviéndose más creíble e inevitable con cada repetición: "¡Has ido demasiado lejos como para dar la vuelta!"

Escuché para oír la voz de Dios. Oré. Supliqué. Rogué a Dios que me enviara un helicóptero santo para que me rescatara del lugar donde mi descuido y arrogancia me habían llevado. ¡Qué sentimiento solitario y patético me recorrió aquella tarde! Pensé: "No puedo hacerlo desde aquí".

¿Se sintió alguna vez como que se ha ido demasiado lejos como para volver y tomar la ruta correcta? Usted tiene solamente dos elecciones que hacer cuando se encuentra yéndose en dirección equivocada: volver o seguir yendo por el camino erróneo. Ese día no podía escoger no estar donde estaba, pero sí podía elegir lo que hice luego, desde justo donde estaba. Me sentía un tonto e inferior. Me sentía como marginado. Me preguntaba cómo Dios debe sentirse, habiendo creado un hombre tan necio. Pero cambié mi aptitud y tomé el control de mis acciones. Me di vuelta y volví en la dirección correcta.

Supe nuevamente que uno puede ir más lejos de lo que piensa que puede, y que uno puede volverse en cualquier lugar para iniciar el comino correcto. Y cuando llegan los sentimientos de rechazo, uno puede ya sea volverlos en la dirección correcta, o continuar yendo por el camino equivocado, que dirige a todos los lugares erróneos.

LA INEVITABILIDAD DEL RECHAZO

El rechazo desmoraliza. Es suficientemente malo sentirse rechazado por los demás, pero es incluso peor sentir que uno ha hecho algo tan tonto que ni siquiera se gusta a sí mismo.

El hecho del rechazo evoca sentimientos correspondientes de falta de valía. Y algunos individuos bastante sorprendentes sintieron ese malvado aguijón.

• Después de que el gran bailarín Fred Astaire hiciera su primera prueba cinematográfica en 1933, el director de prueba de MGM escribió un memo de él que decía: "¡No puede actuar! ¡Es levemente calvo! ¡Puede bailar apenase un poquito!" Astaire tuvo ese memo sobre el hogar de su casa en Beverly Hills, y lo usó como motivación para demostrar que la gente se equivoca.

• Según se dice, un experto afirmó que Vince Lombardi "posee un conocimiento *mínimo* de fútbol y carece de motivación".

• Alguien alentó a Louisa May Alcott, la autora de *Mujercitas,* a buscar un trabajo como sirvienta o costurera, cualquier cosa pero menos intentar escribir.

• Beethoven agarró un violín torpemente y prefirió tocar sus propias composiciones. Su profesor lo calificó de inútil como compositor.

• Un editor de periódico despidió a Walt Disney de su trabajo por carecer de ideas: el creador del ratón Mickey también cayó en bancarrota varias veces antes de que construyera Disneylandia.

• Los profesores de Tomas Edison lo catalogó como demasiado bruto como para aprender algo.

• Albert Einstein no habló hasta tener los cuatro años, y no leyó hasta los siete. Sus profesores lo describieron como "mentalmente lento, no sociable y por siempre perdido en sus sueños tontos". En 1905 la Universidad de Bern rechazó nombrarlo Doctor de Filosofía por ser irrelevante y fantasioso.

• Al señor Isaac Newton le iba muy mal en la escuela primaria.

• Leo Tolstoi, el autor de *La guerra y la paz,* salió del colegio sin recibir su título, y entonces se ganó la descripción de ser "tanto incapaz como renuente a aprender".

• Henry Ford fracasó y estuvo en quiebra cinco veces antes de finalmente tener éxito.

• Winston Churchill no pasó sexto grado, y en 1894 su profesor de retórica de Harrow, Inglaterra, escribió en la libreta de este joven de dieciséis años "una conspicua carencia de éxito". Después de una vida de derrotas y de contratiempos, Churchill finalmente fue elegido Primer Ministro de Inglaterra, pero no hasta llegar a sus sesenta y dos años.

• En 1902, el editor de poesía de la *Publicación Mensual Atlántico* devolvió un montón de poemas a un poeta de veintiocho años que se llamaba Robert Frost con esta nota cortante: "No hay lugar en nuestra revista para su verso vigoroso".

Hoy nadie consideraría a estas personas marginados, aunque hayan enfrentado su parte de rechazo. Todos nosotros, en algún momento, nos sentimos comunes, brutos y rechazados. Estas son adversidades comunes. La diferencia entre aquellos que siguen avanzando hacia la grandeza y aquellos que renuncian y se conforman con menos, es la capacidad de transformar sus rechazos en direcciones correctas.

Las personas rechazan a otras personas todo el tiempo, por las razones más ridículas. Los adultos rechazan a otros adultos porque no pertenecen al partido político "correcto", al club cívico o porque viven en el barrio equivocado. He visto a deportistas apiñarse en sus grupos cerrados para vivir viejas historias de deportes, excluyendo conscientemente a aquellos con un pasado deportivo no glorioso. Las mujeres se dividen entre aquellas que compran exclusivamente en boutiques de diseñadores, y aquellas que compran solamente en tiendas que venden artículos de segunda y en tiendas de descuento. Los adolescentes rechazan a otros de su edad por usar zapatillas de menos estilo, jeans menos anchos e incluso cortes de cabello menos de moda.

El rechazo es inevitable. La pregunta no es ¿será usted rechazado?, sino ¿qué hará usted cuando se encuentre con el rechazo? ¿Lo aceptará y adoptará el rol de víctima? ¿O se opondrá al rechazo?

¿DÓNDE COMENZÓ LA GUERRA?

Debido a que el rechazo es una experiencia universal, con frecuencia me he preguntado: "¿Dónde comenzó esta guerra?" Y así, he hallado la respuesta en la Biblia.

Según las Sagradas Escrituras, el ADN del rechazo se nos transmitió de nuestros padres, quienes lo obtuvieron de sus padres, quienes lo obtuvieron de nuestros padres primeros, Adán y Eva. Ellos se revelaron contra Dios en el Huerto del Edén y, como consecuencia, el rechazo ha repercutido desde entonces en cada generación, robándonos la paz y el poder.

Las Sagradas Escrituras nos dicen: *"Todos nosotros nos descarriamos como ovejas, cada cual se apartó por su camino"* (Isaías 53:6, RVR). El hombre más sabio que alguna vez haya vivido, Salomón, dijo que Dios *"ha puesto eternidad en el corazón de ellos, sin que alcance el hombre a entender la obra que ha hecho Dios desde el principio hasta el fin"* (Eclesiastés 3:11, RVR). Todos nosotros tenemos un vacío que Dios formó en el centro de nuestro corazón, y nada lo llenará salvo una relación vital y constante con Él. Sin esta relación, usted simplemente se sentirá imperfecto y falso. Y porque Dios lo ama, Él no permitirá que nadie ni nada más llene ese espacio de su corazón que fue creado solo para Él.

¿Cuál es la dirección correcta a tomar cuando nos enfrentamos con el rechazo? Vuélvase a Dios. Él solo conoce su verdadero valor y potencial. Él solo le ha prometido ser su ayuda, su refugio y su torre fuerte. Él solo conoce su verdadero destino. Y Él solo puede darle valentía en el viaje de la vida.

La Biblia declara: *"El malvado huye aunque nadie lo persiga; pero el justo vive confiado como un león"* (Proverbios 28:1, NVI). Sin Dios nuestras vidas no son sino un quejido, pero con Dios podemos vivir tan confiadamente como un león. ¡Fuimos creados para rugir! Podemos rugir porque tenemos algo que decir, algo que hacer y algo que solamente nosotros podemos contribuir.

Pero porque no nos gusta lo que vemos cuando estamos cara a cara con nuestra verdadera humanidad —como lo hice yo al ir por el camino equivocado en una ruta de doble mano— pensamos que es lógico que posiblemente a Dios podría no gustarle lo que ve en nosotros. Después de todo, Él es Dios, y ve y conoce todo. Él es perfecto y yo soy imperfecto. Él es perfecto y yo soy todo, excepto eso.

Estos sentimientos son dolorosamente reales. Pero también revelan mentiras que necesitan ser expuestas y expulsadas. Sin dicha exposición y expulsión, terminaremos sintiendo que hemos ido demasiado lejos por el camino equivocado como para volver.

LA ANATOMÍA DEL RECHAZO

Adán y Eva vivieron en un entorno perfecto que les proporcionaba un contacto constante con Dios. Estaban emocional, intelectual y espiritualmente intactos, en contacto y en sintonía con Dios. Nunca se les había ocurrido cuestionar las instrucciones de Dios o sus intenciones. Pero con un codazo suave de Satanás, Adán y Eva hicieron lo que nunca antes habían hecho: desconfiar de Dios. Mediante ese único acto de sospecha pecaminosa, el ADN del temor y del rechazo se nos transmitió a nosotros.

Rechazo: el temor a ser expuesto

La desconfianza y la paranoia no están solamente en el aire, sino también en nuestra sangre. Después de que Adán y Eva comieran del árbol de la ciencia del bien y del mal, hicieron lo que nunca antes habían sentido necesidad de hacer: se escondieron. Cuando Dios fue para estar en comunión con ellos, se escondieron en el follaje.

Mientras caminaba en el huerto, Dios indagó:

– Adán, ¿dónde estás?

Y Adán susurró:

– Escuché que venías y no quise que me vieras desnudo, por eso me escondí.

Si yo fuera Dios, hubiera preguntado: "¿Por qué te escondiste?" Pero Dios hizo una pregunta más penetrante:

"¿Quién te dijo que estabas desnudo?"

Podríamos beneficiarnos de preguntas similares hoy. "¿Quién te dijo que no eras lo suficientemente bueno?" "¿Quién te dijo que eres un accidente?"

"¿Quién te dijo que no estás a la altura de las circunstancias?" "¿Quién te dijo que has ido demasiado lejos como para volver?" "¿Quién te dijo que eres el único que alguna vez se sintió así?" Estas preguntas y miles como estas sirven para recordarnos que Dios ve las cosas de manera diferente a como las vemos nosotros. Sin embargo, las mismas pueden también hacer que nos encerremos en nuestras responsabilidades, como un láser. Desde la caída de nuestros primeros padres, todos tenemos la necesidad de escondernos y cubrirnos por lo que hemos hecho. La culpa y la inferioridad se han vuelto nuestros temores más abundantes, siendo la separación y la sospecha su único fruto.

Por un lado, la culpa no es algo malo debido a que es algo de Dios. Deberíamos sentir dolor por hacer lo que no debíamos haber hecho, o por no hacer lo que debíamos haber hecho. Dios usa la culpa para impedir que nos vayamos por el camino equivocado, y para volvernos al camino correcto. La culpa, desde la perspectiva de Dios, es un acto amoroso y una fuerza efectiva para provocar un cambio necesario. Aunque no le trae placer a Dios causarnos dolor, el Señor *"nos hiere y nos aflige"* dice Jeremías (Lamentaciones 3:33, NVI). La verdadera culpa es una forma de gracia. Es la forma de Dios de hacernos saber que vamos por el camino equivocado.

Oigan la promesa misericordiosa de Dios: *"Quien encubre su pecado jamás prospera; quien lo confiesa y lo deja, halla perdón"* (Proverbios 28:13, NVI). Sin sentimientos de culpa, nunca conoceríamos la grandeza de la gracia.

Pero la culpa negada y oculta pronto se transforma en vergüenza. El filósofo Séneca lo expresó de este modo: "Cada persona culpable es su propio verdugo". La vergüenza es el dolor que uno siente, no por lo que hizo, sino por quien ha llegado a ser. Cuando hacemos mal, nos morimos de miedo de ser expuestos y descubiertos, por eso frecuentemente nos conformamos con negar que estamos en la ruta equivocada, lejos de casa.

Esto es muy malo, porque a los ojos de Dios, nunca es demasiado tarde para ser limpiados y volver. La palabra bíblica *arrepentirse* literalmente significa "cambiar su mente", con la connotación de hacer un giro de ciento ochenta grados para dirigirnos nuevamente a Dios. El apóstol Pablo elogió a los creyentes de Tesalónica porque ellos *"se convirtieron a Dios dejando los ídolos para servir al Dios vivo y verdadero"* (1 Tesalonicenses 1:9, NVI). Dios ofrece perdonarnos y purificar nuestros corazones, pero no podemos hasta que nos limpiemos. Y no seremos limpiados si permanecemos escondidos.

Rechazo: el temor a ser expulsados

Dios expulsó a Adán y a Eva del Huerto del Edén, y puso querubines alrededor del perímetro para impedir que volvieran a entrar a ese hogar hecho a su medida (Génesis 3:23-34), un hogar al cual ellos renunciaron al morder de un fruto tonto.

Y entonces Adán y Eva se convirtieron en algo que Dios nunca se propuso que fueran: nómades. Esta es la razón por la que incluso hoy todos nosotros nos sentimos tan profundamente solos. Este es el motivo, razón por el cual anhelamos el hogar. Como dice la canción exitosa de la ex serie cómica de televisión *Cheers*, todos anhelamos un lugar "donde todos conozcan su nombre y donde todos estén contentos de que usted haya venido". Todos buscamos un lugar donde seamos amados y aceptados.

Quizás eso sea lo que Thoreau quiso decir cuando describió la vida de la ciudad como "millones de personas viviendo juntas solas". ¿No resulta irónico que llamemos a algunos edificios "apartamentos"? ¿No deberían ser llamados "apegos"? Donde sea o como sea que vivamos, todos enfrentamos el temor al rechazo que proviene de ser dejados fuera y marginados. Anhelamos estar en la ruta que nos lleve a casa.

Recientemente leí un artículo en el cual el gran golfista legendario Arnold Palmer anunciaba que jugaría su último Torneo Masters en 2002. Palmer, que ganó los Masters en el 58, 60, 62 y 64, es considerado uno de los golfistas más grandes de la historia. Sin embargo, Palmer dijo que planificaba retirarse del prestigioso torneo antes de que el torneo lo retirara del mismo. *USA Today* dijo:

> Incluso si Palmer quisiera continuar, Augusta Nacional pudiese haberse negado rotundamente. Ya el club había enviado cartas a tres campeones anteriores –Doug Ford, Gay Brewer y Billy Casper– recomendándoles que dejaran de jugar ese año. Todos accedieron, pero no sin algunos sentimientos heridos. "No quiero recibir una carta", Palmer dijo bromeando. [1]

A nadie le gusta escuchar que se ha vuelto irrelevante. Los directores de Augusta Nacional pudiesen haber celebrado a Palmer en 1964, pero no en 2002, cuando los jugadores como Tiger Woods dominaban la cancha. En este mundo la gloria se desvanece *rápido*. Ni siquiera las súper estrellas del deporte están inmunes al rechazo.

Recuerdo vívidamente la primera vez en que me sentí rechazado. En la escuela secundaria, me quería asociar con el grupo "de moda" y sentarme en la mesa de los deportistas durante el almuerzo. Todos los porristas se sentaban en una mesa, los "*nerds*" en otra y los sureños reaccionarios de clase rural baja, tomaron su propia mesa. Los latinos y los motoqueros se reunían en la parte de atrás, y se pasaban el tiempo ya sea limpiándose las uñas o jugando con los cigarrillos que se colocaban detrás de las orejas. Todos los días, al entrar en la cafetería oraba: "Señor, ¡permite que el grupo correcto me haga lugar hoy!" Nunca logré de veras sentarme con los deportistas.

Todos recuerdan lo que es ser pasado por encima en un equipo. La verdadera revelación me vino el día que me di cuenta que esto no mejora mucho más en la escuela secundaria. Los sentimientos de rechazo nos esperan en cada giro. Oímos constantemente que somos demasiado grandes, o demasiado chicos, o demasiado inteligentes, o demasiado tontos, o que llegamos demasiado temprano o demasiado tarde; siempre es algo.

Pero Dios quiere usar estas experiencias comunes de rechazo para volvernos a Él. Él permite que nos sintamos rechazados por los demás para que busquemos solamente la aceptación que importa: ¡la suya!

Con demasiada frecuencia tememos al rechazo de los demás más de lo que tememos a Dios. Aunque la Biblia dice que el temor de Dios es el comienzo de la sabiduría (Proverbios 9:10), nos conformamos con tener una vida de personas que tienen miedo. He notado que tendemos a temer a las personas en al menos una de cuatro maneras.

En primer lugar, tememos a lo que la gente piense de nosotros. Es como el adolescente que le dijo a su mamá: "Mamá, me quiero vestir diferente, como todos los demás".

En segundo lugar, tememos a lo que la gente pueda decir de nosotros. ¿Le gustará nuestra ropa, nuestra personalidad y nuestro desempeño?

En tercer lugar, tememos a lo que la gente pudiera hacernos. ¿Arrojará piedras? ¿Nos avergonzará enfrente a los demás?

Por último, tememos a lo que la gente pudiera no hacer *por* nosotros. ¿Se olvidarán convenientemente de presentarnos en un evento importante? ¿Se olvidarán de cumplir sus promesas?

Estos cuatro temores nos atarán, nos robarán el gozo y socavarán nuestras esperanzas de trascendencia, si se los permitimos.

Es verdad que estos temores crecen y se multiplican, porque vivimos en un mundo de ritmo acelerado cuyas preguntas favoritas son: "¿Qué hiciste por mí últimamente?" "¿Cuál es tu próximo éxito?" "¿Cuándo está saliendo tu cosa más nueva?" Porque aceptamos esta manera retrógrada de pensar, vivimos en el temor. E incluso si triunfamos en todo lo que hacemos, nos volvemos aún más temerosos. Tenemos muchas excusas para sentirnos mal:

"¿Sabes? Si fueras así de tonto, te sentirías así de mal también".

"Si tuvieras un trabajo malísimo como el que tengo yo, te sentirías así de mal también."

"Si te hubieran tratado tan mal y perjudicado tanto tiempo como a mí, te sentirías dos veces tan mal como me siento ahora."

Una gran manera de sentirse peor de lo que se siente justo ahora, es volverse celoso de la persona que uno piensa que ha logrado algo. ¿Adivine qué? Él o ella se siente celoso o celosa de usted. Priorice: nada de este mundo alguna vez lo llenará, aumentará su valor o le devolverá su amor, excepto Dios. Haga que esta verdad ingrese directamente en su mente. Solamente una relación vital y trascendente con un Dios poderoso y personal puede suplir sus necesidades más profundas. Un esposo admirablemente amoroso no puede hacerlo.

Una esposa dadivosa y misericordiosa no puede hacerlo. Agradezca a Dios de que tiene una gran mamá, un gran papá y unos hijos excelentes. Pero al final del día, ellos no pueden satisfacer su necesidad primaria.

Lo que queremos es alguien que nos conozca íntimamente y nos ame incondicionalmente. Nos atrevemos a soñar con alguien que nos ame más cuando lo merecemos menos. Necesitamos a alguien que pueda traernos a casa y mantenernos seguros. Solamente Dios promete hacer eso, y solamente Él puede conseguirlo.

Dios quiere amarlo, pero usted debe permitírselo. Usted no avergüenza a Dios, sino que permanece aislado de Él hasta reclamar esta promesa: *"Mira que estoy a la puerta y llamo. Si alguno oye mi voz y abre la puerta, entraré, y cenaré con él, y él conmigo"* (Apocalipsis 3:20, NVI). Dios no vendrá a su vida si usted no lo invita. Él puede resistir las tormentas y gobernar los mares. Él puede haber cavado los mares con sus manos y amontonado las montañas con su palabra, pero se niega a cambiar un corazón humano sin permiso.

Por eso, la pregunta verdadera es, ¿por qué alguien rechazaría a Dios cuando Él nos ofrece todo?

DOS PROMESAS MISERICORDIOSAS

¿Qué es lo tan especial sobre el ofrecimiento de la gracia de Dios? Estudie Las Sagradas Escrituras desde el comienzo hasta el final, extraiga todos los mandamientos, los pactos y las declaraciones directas de Dios, y entonces notará dos temas primarios. Primero, lo que sea que usted le revele a Dios, Él lo cubrirá con su amor. Y segundo, lo que sea sobre lo que usted se limpie, Dios lo transformará en algo santo y saludable.

Lo que sea que usted revele, Dios lo cubrirá

Con un ofrecimiento como este, ¿por qué esconderse? ¿Por qué conformarnos con una cobertura cuando podemos volvernos totalmente limpios con Dios y encontrar perdón y libertad?

Lo que sea que revelemos sobre nuestro pecado –nuestro temor, dolor o sentimientos de rechazo– Él lo cubrirá con su gracia y amor. No obstante, exponer nuestro ser verdadero, especialmente a Dios, no es fácil. Aunque Dios dice que todas nuestras justicias son como trapo de inmundicia (Isaías 64:6, RVR), tememos a desvestirnos enfrente de Él. Por eso, erróneamente creemos que si cubrimos nuestra pena y nuestro pecado con túnicas de justicia que nosotros mismos fabricamos, Dios no será capaz de ver el vacío y la vacuidad de nuestro interior. Cuando era niño, ¿no dijo alguna vez una mentira cuando la verdad hubiera simplemente sido así de bien? Pero hoy es el tiempo de darnos vuelta. Es tiempo de crecer negándonos a actuar como que si nada estuviera mal. Y recuerde, lo que sea que usted revele, Dios lo cubrirá.

Él por cierto estuvo en este asunto de la cobertura con Adán y Eva. *"Dios el Señor hizo ropa de pieles de animales para que el hombre y su mujer se vistieran"*, dice la Biblia (Génesis 3:21, Dhh). Este es el primer lugar de las Sagradas Escrituras en el cual se hace alusión a la idea del derramamiento de sangre para cubrir nuestra culpa. Dios derramó la sangre de animales para cubrir a Adán y a Eva, y así comenzó el largo viaje para Dios y el hombre, el cual alcanzó su terrible punto culminante con Jesucristo colgado en una cruz para llegar a ser la cobertura permanente por nuestro pecado.

Dios nos dice hoy: "¿Saben qué haré? Si revelan sus cosas y simplemente se limpian, entonces yo cubriré su pecado y vergüenza con mi amor y gracia". ¡Qué buena noticia es esta! Con razón Jesús dijo que todo el cielo se regocija cuando una persona se vuelve y comienza el camino de regreso a Dios (Lucas 15:7).

Lo que sea que usted confiese, Dios lo transformará

El apóstol Juan escribió estas palabras vivificantes: *"Si confesamos nuestros pecados, Dios, que es fiel y justo, nos los perdonará y limpiará de toda maldad"* (1 Juan 1:9, NVI). La palabra *confesar* en este versículo literalmente significa "decir lo mismo otra vez".

La confesión es simplemente limpiarse de lo que Dios ya sabe que es verdad sobre usted. La confesión requiere de coraje para limpiarnos con Dios llamando al pecado simplemente por lo que es. Si usted mintió, llámelo lo que es: una mentira. Si usted le robó la reputación a otra persona a través del chisme, entonces denomínelo lo que es: pecaminoso.

Dios responde a la confesión con la purificación. A Dios le agrada cuando salimos de detrás de nuestras máscaras para decir la verdad. La confesión destraba nuestros corazones quebrantados a todas las cosas buenas que Dios ya nos ofreció en Cristo. Mediante la confesión, obtengo la gracia de Dios, su poder y sus bendiciones, ¡y todas sus promesas se hacen funcionales en mi vida!

La Biblia lo expresa de manera clara y simple. Considere el contrato de Dios con usted: *"Dios salvará a todos los que lo llamen"* (Romanos 10:13, TLA). ¡Piense en eso! ¿Se dijo alguna vez "Sé que no soy perfecto"? ¿Quién se lo dijo que lo fuera? Y más importante, ¿quién le dijo que necesitaba serlo? La verdad es que ni usted ni yo tenemos razón, pero lo que mencioné anteriormente sí está bien, porque el Dios que nos creó y nos ama nos sigue amando y siempre lo hará. Todo lo que Dios hizo en Cristo grita: "¡Usted es amado!" Por eso, ¿por qué pensamos que todavía necesitamos ganarnos su amor cuando el regalo gratuito de Dios es la gracia? Su pasado no es su futuro si el amor de Dios reina en su corazón.

El ofrecimiento de Dios es la gracia por la basura y la salvación por el pecado. ¡Este es un gran trato! Pero suena demasiado bueno como para ser real... y quizás es por esto que un montón de personas permanecen sin confesar y en secreto. Es mucho creer que Dios, mi Creador, quiera limpiar mi basura, ¡pero Él lo hace! Por eso, aquí está el trato. Lo que sea que yo revele, Dios lo cubre. Lo que sea yo que confieso, Dios lo limpia. Por eso, ¿por qué no limpiarnos y confesar que necesitamos a un Salvador? Usted hace esto en su realidad al realizar las siguientes confesiones desde el corazón.

SOY ACEPTADO; POR LO TANTO ESTOY SEGURO

Sé que Dios es mi fuente y mi fortaleza. Él es el amante de mi alma, y nadie ni nada alguna vez cambiará esto.

Dios sabe todo sobre mí y me ama, de todos modos. Él me acepta incondicionalmente. Él está de acuerdo conmigo. ¿A quién más tengo que contentar o qué más necesito probar? Sé que Dios me ama profundamente, por lo tanto puedo descansar en ese amor durante el resto de mi vida. *"Por eso es necesario que se acepten unos a otros tal y como son, así como Cristo los aceptó a ustedes"*, dijo Pablo (Romanos 15:7, TLA).

Haga suya esta promesa de Proverbios: *"El malvado huye aunque nadie lo persiga, pero los justos viven confiados como el león"* (28:1, Dhh). El malvado huye porque se siente paranoico; los santos están confiados porque saben que Dios tiene planes para ellos. No tienen nada que ocultar ni hay nada sin decir entre ellos y Dios. Se sienten seguros porque se sienten aceptados. Sus lágrimas de confesión los han llevado a la profundidad del amor de Dios. Ellos conocen la plenitud de Dios porque han confesado su vacío. Disfrutan de la aceptación de Dios sin su rechazo, de su perdón sin su fracaso, nuestro compañerismo sin nuestra soledad espantosa.

SOY ADOPTADO; POR LO TANTO SOY VALIENTE

Soy un miembro de la familia de Dios, un hijo del Rey. ¡Soy un príncipe celestial!

Tengo tres hijos. ¿Sabe usted quién es mi favorito? ¡Los tres! Todos son mis bebés. Del mismo modo, si usted es un hijo de Dios, usted es su favorito. Él lo ama.

Algunas de las personas más grandes de la Biblia fueron adoptadas. Moisés fue adoptado. La mujer más valiente de la Biblia, Ester, fue adoptada. Jesús fue adoptado por José, ya que María era virgen cuando concibió por el poder del Espíritu de Dios. Como creyente, yo también soy adoptado dentro de la familia de Dios. La Biblia lo expresa del siguiente modo: *"Y ustedes no recibieron un espíritu que de nuevo los esclavice al miedo, sino el Espíritu que los adopta como hijos y les permite clamar: '¡Abba! ¡Padre!'"* (Romanos 8:15, NVI). He estado con personas que atravesaron el proceso adoptivo. Esto ha de clasificarse como una de las experiencias más sorprendentes y emocionantes que alguna puede experimentar. Ver a un hombre y a una mujer pararse y mirar a un niño que no es propio y decir: "De todos los niños del mundo, te escojo a vos. Todo lo que tengo es tuyo. Moriré por ti. Derramaré mi vida a favor de ti". Eso es lo que Dios hizo a nuestro favor en Jesucristo. Por eso, ¿deberíamos alguna vez dudar en llamarlo "Papito"? ¿Debería pensarse como algo extraño que usemos su nombre? Tonya Donnelly, la cantante líder del grupo *punk* Belly, dijo en una entrevista con los *Rolling Stone*: "Por alguna razón, Dios está avergonzando a las personas. No avergüenza a alguien hablar sobre cómo fueron bombardeados la noche anterior, y vomitados todos sobre sí mismos. Pero Dios, parece, es un sujeto que realmente avergüenza. ¡Qué extraño!" Es solamente extraño para las personas que están fuera de la familia. Para mí, no es extraño en absoluto. ¿Sabe por qué? ¡Porque Él es mi Papá!

TENGO ACCESO; POR LO TANTO ESTOY CONTENTO

Como residente de Nashville –la Ciudad de la Música de los Estados Unidos– en varias ocasiones me encontré con artistas de música en la ruta. Cuando la banda y su equipo llegan primero a un lugar, se dirigen por los pases de "todo acceso" que están detrás de los escenarios. Muestre su pase y puede ir a cualquier lugar.

Me encanta visitar amigos que viven en comunidades cercadas y que me dan un código privado. La puerta se abre y yo paso fanfarroneando: ¡estoy invitado!

Escuchen esto: *"Acerquémonos, pues, con confianza al trono de nuestro Dios amoroso, para que él tenga misericordia de nosotros y en su bondad nos ayude en la hora de necesidad"* (Hebreos 4:16, Dhh).

Permítame decirle de dos de las oraciones más grandes que pueda alguna vez pronunciar. La primera es: "¡Ayuda!" A esta oración, Dios dice: "¡Bien! He estado intentando hacerte lo suficiente desdichado como para que abandones todos tus esfuerzos de autosalvación. *Finalmente, ¡podemos tener la relación amorosa y de toda la vida para la cual fuimos creados!"* La segunda es: "Gracias", porque cada vez que usted clama "¡Ayuda!" le prometo, en el nombre de Dios, que tendrá abundante razones para decir "Gracias".

TODO LO QUE DIOS PIDE

Pídale a Dios que penetre en los lugares profundos de su vida, donde usted más teme al rechazo. En este mundo de medidas y de razones amplias para sentirse rechazado, podemos caminar con un sentido de seguridad de que somos aceptados por Dios en Jesucristo. Esta aceptación viene no como resultado de nuestro desempeño, sino como resultado del amor de Dios. Y todo lo que Dios pide a cambio es que le revelemos nuestras cosas y que lo confesemos como nuestro Salvador, el amante de nuestra alma.

Todos nosotros hemos tomado direcciones equivocadas. Todos hemos realizado cosas profundamente tontas, para las cuales no tenemos excusas racionales. Durante esos momentos no nos gustamos mucho. Sin embargo, son en nuestros momentos de más depresión cuando podemos experimentar la forma más suprema del amor de Dios, su gracia. Usted nunca puede haberse ido demasiado lejos por la ruta equivocada como para que Dios no pueda encontrarlo en donde esté y traerlo a casa.

4

Transforme el celo
en gozo

Ningún hombre que disfruta de la vida es un fracaso.

– WILLIAM FEATHER

Mientras estaba de vacaciones con mi familia en la costa de Oregón, hace unos pocos veranos, tuve mi primera experiencia en mercados de pescado al aire libre. No sabía que marisco "fresco" significada que gran parte de ese marisco estaría todavía vivito y coleando.

Me pareció particularmente extraña la manera en que se exhibían los cangrejos vivos. Ninguno de los mercados que visitamos ponía algo en la tapa superior de los canastos de cangrejos. Esto me parecía raro, especialmente debido a que los cangrejos estaban constantemente subiéndose unos sobre otros y hacia arriba de los costados de los canastos. Por curiosidad, le pregunté a uno de los pescadores:

– ¿Por qué no ponen algo sobre los canastos con cangrejos?

– No hace falta –explicó–. Si uno de los cangrejos comienza a subirse por los costados del canasto, los otros cangrejos lo alcanzarán y lo tirarán abajo. Los cangrejos son tan egoístas que se aseguran de que ninguno alguna vez se escape.

¡Eso se parece muchísimo al comportamiento humano! Con frecuencia he visto a personas comportarse como cangrejos, "queriendo bajar a los demás". En un nivel más sofisticado, denominamos celo a este tipo de comportamiento.

El celo es un sentimiento miserable y avaro. Esta emoción tóxica dice: "Lo que tú tienes debería ser mío, y voy a quitártelo si puedo; pero si no puedo, voy a hacer todo lo que pueda para que ninguno de los dos sea feliz". Esta infección profunda en el alma sangra constantemente y mancha todo lo que corresponde a la vida. Y nadie bajo su encanto puede sentir el menor indicio de gozo, porque estas dos emociones se anulan una a la otra.

El celo –la peor de todas las emociones– sucede cuando no sabemos quienes somos y lo que valemos. El mismo hace que nos sea imposible el contentamiento y la satisfacción. Por otro lado, el gozo –la mejor de todas las emociones humanas– no puede ser fabricado, sino solamente expresado. Está por encima de la mera felicidad, porque la felicidad depende de lo que ocurre. El gozo se origina en un corazón que se siente amado. Es por esto que Nehemías dijo: *"El gozo del Señor es nuestra fortaleza"* (Nehemías 8:10, NVI). No mi cuenta bancaria, no mi título, no mi ascendencia, no mi trabajo, no mi posición dentro de la comunidad: "el gozo del Señor es mi fortaleza".

Uno no puede separar al gozo del Señor. Cuando nos damos cuenta de que fuimos creados para tener una relación amorosa y de toda la vida con Dios, entonces descubrimos que fuimos creados para el gozo. Dios, un genio creativo, nos diseñó con una capacidad para disfrutar del gran amor, así también como para expresárselo a los demás. Por lo tanto, la persona que se siente amada vive con gratitud, y la gratitud no conoce otra cosa que el gozo. La persona vacía siente que tiene derecho a más, y así no conoce nada sino el celo hacia aquellos que tienen lo que ella piensa que se merece. La persona celosa nunca experimenta el gozo, y la persona gozosa tiene una inmunidad natural a los celos. El celo nos hace no queridos, no deseados, no reconocidos o no recompensados.

LA VOZ INTERNA DEL CELO

El celo es como un zumbido despacio en sus oídos, como oír voces de insatisfacción en lo profundo de su alma, las cuales rechazan ser aquietadas y no pueden ser satisfechas. A veces el celo se sentirá como una fiebre de bajo grado; otras veces, como una paranoia terrible que le roba el descanso. El celo crea una tensión agitada llena de mentiras susurradas que, si se repiten con suficiente frecuencia, parecen reales. Algunas veces parece como un ruido de trasfondo, débil y constante, pero otras erupciona como una banda que marcha tocando en sonido estereofónico Dolby: "¡Tú te mereces más y ellos se merecen menos!"

"Tú te mereces más, por eso vé y obtenlo"

El celo comienza como una pequeña voz en la parte posterior de su mente que le dice: "Te mereces más de lo que tienes. Necesitas salir y conseguirlo. Necesitas tener más, porque otras personas están ahí obteniendo toda cosa buena y, si no te apuras, no te quedará nada".

El celo susurra: "Amontonar cosa sobre cosa es la clave de la vida". Con seguridad, usted puede ya tener una casa, un automóvil y montones de cosas para enchufar en la pared, pero el celo insiste: "Usted necesita solamente un poquito más". El celo desea ardientemente más cosas para llenar el enorme agujero en su corazón, el cual fue creado por el sentimiento de vacío de que usted es indigno de amor. El celo promete que si usted pudiera tener solamente un automóvil más nuevo, o una casa más grande, o un mejor apartamento, o una esposa más bonita, o un mejor trabajo o una mejor clase de amigos, entonces será realmente feliz y estará verdaderamente gozoso.

La Biblia no ve las cosas de este modo: *"Donde hay envidias y rivalidades hay también desorden y toda clase de maldad"* (Santiago 3:16, Dhh). Las variedades incontables de mal provienen de esa pequeña voz que desea ardientemente más cosas, más grandes cosas, mejores cosas.

"Ellos se merecen menos, por eso vé y tómalo"

Como si la voz de uno no fuera lo suficientemente mala, el celo viene en sonido estereofónico. Ni bien oye: "Usted no tiene lo que se merece; necesita ir y obtenerlo", que una segunda voz se hace oír: "Ellos tienen más de lo que se merecen, y usted necesita ir y tomarlo".

Nací y fue criado en un pequeño pueblo en el Condado de Barren [barren significa estéril en castellano]. Cuando los primeros pobladores buscaron un nombre para describir su nuevo hogar, no se les pudo ocurrir mejor palabra que *barren [estéril]*. Puede ser solamente coincidencia que crecí en el Condado de Barren, pero me sentí estéril durante la mayor parte de mi infancia. Me sentía como el niño adoptivo para el promedio y el común de la gente, como un individuo gris en un mundo brillantemente colorido. Temprano aprendí a sentirme "lo no suficientemente bueno". Cada persona de autoridad en mi adolescencia se sentía obligada a recordarme que nunca había hecho lo suficiente, amado lo suficiente o trabajado lo suficiente.

Todo esto cambió cuando me encontré con alguien que me dijo que podía encontrar el verdadero gozo, no en siempre conseguir lo que quería, sino en dejar lo que no necesitaba. Jesús me enseñó que *"la vida de una persona no depende de la abundancia de sus bienes"* (Lucas 12:15, NVI).

El celo carga un fruto deshumanizante denominado amargura. Note cómo la paráfrasis bíblica explica su efecto tóxico: "Procuren que a nadie le falte la gracia de Dios, a fin de que ninguno sea como una planta de raíz amarga que hace daño y envenena a la gente" (Hebreos 12:15 TLB).

Una historia antigua nos cuenta del diablo, que estaba cruzando el desierto de Libia. Se encontró con un número de pequeños diablillos que estaban atormentando a un ermitaño santo. El diablo observó cómo el hombre santo se liberó fácilmente de las sugerencias malas de los diablillos. Finalmente, Satanás se adelantó para ofrecerle un consejo:

– Lo que tú haces es demasiado burdo –dijo–. Permíteme un momento.

Entonces se inclinó hacia delante y le susurró al oído al hombre santo:
– Tu hermano recientemente ha sido hecho obispo de Alejandría.

Un ceño de celo de repente empañó el rostro sereno del ermitaño.

– Esto –dijo el diablo a sus diablillos– es el tipo de cosa que recomiendo.

El celo susurra: "Tendrías lo que te mereces si todas las demás personas no estuvieran acaparándose de todo". No es suficiente que yo tenga éxito; todos los demás deben fracasar a su vez. Pero aunque el celo apunta a otra persona, se hiere solamente a sí misma.

El celo es como una acidez del alma

El celo es amar lo que las cenizas son para la llama; una vez pudieron haber sido parte del fuego, pero ahora solamente existen para sofocar la llama y mantenerla ardiendo lentamente.

La acidez que el celo produce proviene de dos fuentes básicas: la culpa y la inferioridad. Las denomino la "depresión CI". David se refirió a esto cuando clamó: *"Lávame más y más de mi maldad, y límpiame de mi pecado. Porque yo reconozco mis rebeliones, y mi pecado está siempre delante de mí"* (Salmo 51:2-3, RVR). Note que dijo: *"Está siempre delante de mí"*. La culpa y la inferioridad son temores mellizos. Funcionan en el espíritu como el olor de huevos podridos, advirtiendo la presencia de algo que podría explotar si no es detectado y controlado. Lo que William Shakespeare escribió tan elocuentemente en la Inglaterra del siglo XVI sigue siendo verdad aún hoy:

> ¡Oh, tenga cuidado, mi señor, del celo! Es el monstruo envidioso que
> sí se burla de la carne de la cual se alimenta.

Un viejo proverbio francés dice: "El celo es alimentado por la duda". No existe un fertilizante más potente para el celo que la duda de sí mismo. Puede encontrar una excusa para sentirse desdichado en medio de las circunstancias más maravillosas. La misma crea su propio infierno privado, sin importar lo que sucede afuera. Si se lo permite, el celo le robará sus relaciones, su potencial, su salud, su paz y la gloria del mundo que lo rodea. Corroerá su felicidad como un cáncer consume al hígado enfermo. Y ese temor que él mismo crea habita en lo profundo de cada uno de nosotros.

EL GOZO ES SU FORTALEZA

El gozo es el único remedio conocido para el celo. Y podemos estar contentos de que la Biblia tiene mucho que recomendarnos sobre su poder terapéutico.

Ningún idioma tiene tantas palabras para el gozo y regocijarse como lo tiene el hebreo del Antiguo Testamento. El hebreo antiguo tiene trece términos raíces para el gozo, usado en veintisiete palabras, todas las cuales expresan algún aspecto de la adoración gozosa y agradecida.

El ritual religioso hebreo proclamaba a Dios como la fuente de todo gozo. Contrastado con los rituales de otras religiones, la adoración israelita era una celebración gozosa. El israelita bueno consideraba al acto de agradecer a Dios como el gozo supremo de la vida. El gozo puro tiene a Dios tanto como su fuente y como su objeto. El salmista dice: *"Me mostrarás la senda de la vida; en tu presencia hay plenitud de gozo; delicias a tu diestra para siempre"* (Salmo 16:11, RVR).

Y, sin embargo, nunca deberíamos confundir el gozo con el mero placer. C. S. Lewis escribió: "Dudo que alguien que haya saboreado el gozo alguna vez, lo intercambie por todo el placer del mundo, si es que ambos estuvieran en su poder".[1]

El gozo es para el corazón y el alma lo que el descubrimiento de la penicilina fue para el cuerpo en 1941. Debido a la introducción de la penicilina y la cantidad de antibióticos que siguieron tras eso, el promedio de vida de cada niño, niña, hombre y mujer sobre la faz del planeta ha aumentado en por lo menos diez años.

El gozo resulta de tomar en serio a Dios y sus promesas, y al mismo tiempo, de no tomar demasiado en serio a mis condiciones actuales o a mí mismo. Dios reemplaza las miradas hoscas con una gran risa. Considero que la risa es simplemente una señal de una fe profunda, y que madura como las miradas de grave seriedad parecen ser para algunos. Intentar vivir sin reír sería como conducir un auto sin amortiguación: usted sentiría cada badén y cada piedra molesta de la ruta. ¿Por qué vivir así? Vivir sin gozo es tanto incómodo como innecesario, ya que el gozo es el regalo gratuito de Dios para nosotros, aquí y ahora.

Tuve el privilegio de escuchar a Stephane Grappelli, el violinista francés mundialmente famoso, ejecutar al final de su larga e ilustre carrera. Sentí puro gozo simplemente con escucharlo tocar. La experiencia me recordó de una historia que escuché hace muchos años sobre un violinista pobre y viejo, que cuando tocaba, traía gran gozo a todos los que lo escuchaban. Un entrevistador le preguntó por qué su música evocaba tal respuesta en sus oidores. Él pensó en la pregunta y luego dijo:

– Ah, una gran cantidad de luz solar debe haber entrado en este bosque, y lo que entró es lo que sale.

El gozo proviene del interior. Es el fruto de un corazón amado y satisfecho. Y es uno de los mejores dones de Dios.

El gozo es como la buena medicina

Las Sagradas Escrituras enseñan: *"Gran remedio es el corazón alegre, pero el ánimo caído seca los huesos"* (Proverbios 17:22, NVI). En *La anatomía de una enfermedad,* Norman Cousins nos cuenta de estar en el hospital con una enfermedad rara y cruel. Cuando los doctores la diagnosticaron como incurable, Cousins se fue del hospital. Consciente de cómo las emociones negativas pueden herir al cuerpo, Cousins razonó que lo contrario debe ser también verdad. Por eso, pidió prestado un proyector de películas y prescribió su propio tratamiento, consistente de películas de los Marx Brothers y los viejos reestrenos de *Candid Camera.* No le llevó mucho tiempo descubrir que los diez minutos de risa le proveían luego dos horas de sueño sin dolor.

Sorprendentemente, Cousins finalmente venció su enfermedad debilitadora. Después de que el relato de su historia apareciera en la *Revista de medicina de Nueva Inglaterra,* Cousins recibió más de tres mil cartas de doctores reconocidos de todo el mundo.

¿Qué lección podemos aprender? De todas las virtudes, el gozo tiene el pago más inmediato. Hace feliz a la persona que lo demuestra. Puede volver a un rostro poco agraciado, más radiante y atractivo. Promueve salud al cuerpo, alerta a la mente y trae bienestar al alma. Anuncia a todos los demás que algo bueno en el interior está estallando por salir, lo cual hace gritar a sus pulmones lo más que pueden.

El gozo grita: "¡Estoy curado!"

El gozo erupciona cuando alguien cree que justo ha vencido a alguna enfermedad virulenta. Y todos tenemos una enfermedad que causa incomodidad.

Mark Twain dijo una vez:

– El hombre es el único animal que se sonroja. O que necesita hacerlo.

¿Quién no se siente avergonzado de cosas que hizo en su pasado? Ninguna persona que se sienta no perdonada y que no perdone puede vivir en libertad. En contraposición, el gozo grita: "¡Estoy curado! ¡Ya no estoy más sujeto a esos sentimientos terribles de culpa e inferioridad!"

C. S. Lewis describió la felicidad hace más de cincuenta años en términos que incluso hoy tienen más sentido en nuestra sociedad, en la cual las personas deben viajar diariamente de su lugar de residencia hasta llegar a su trabajo:

Se fabrica un auto para que funcione con cierto combustible, y no andaría adecuadamente con ninguna otra cosa. Asimismo, Dios diseñó a la máquina humana para que funcione con Él mismo. Él mismo es el combustible que nuestro espíritu fue diseñado para quemar, o el alimento que nuestro espíritu fue diseñado para alimentarse. No existe otro. Esta es la razón por la que no es simplemente bueno pedirle a Dios que nos haga felices a nuestra propia manera, sin preocuparnos de la religión. Dios no puede darnos felicidad y paz apartados de Él, porque no se encuentran en ningún otro lugar. Tal cosa no es posible.

¿Cómo respondemos naturalmente cuando vemos a Dios? Nos sentimos culpables de pecado. *"¡Ay de mí, que estoy perdido!"* confesó Isaías después de ver la gloria de Dios (Isaías 6:5, NVI). Cuanto más cerca de Dios camino, más rápidamente percibo mi pecado y me doy cuenta de cuánto lo necesito. Es como estar parado a una distancia de un espejo. Me veo bastante bien de un lado de la habitación; mi traje parece en orden, mi corbata se ve derecha y mi cabello peinado. Pero a medida que me acerco más al espejo, mis imperfecciones aparecen. Noto una mancha en mi traje, mi corbata se ve arrugada y mi pelo parece desprolijo. Las mismas cosas suceden bajo del resplandor de luces brillantes. Manchas y bultos escondidos en las sombras sobresalen en la luz. Cuanta más luz tenemos, más vemos nuestros defectos. Sucede del mismo modo cuando nos acercamos a Dios. Cuando nos acercamos a Él, nos damos cuenta cuánto lo necesitamos y cuánto nos hemos alejado de Él.

Pablo Tillich, un teólogo luterano suspendido por Adolf Hitler desde la Universidad de Frankfurt por su oposición a la guerra, tuvo esto que decir en cuanto al gozo:

> El gozo tiene algo dentro de sí mismo que va más allá del gozo y de la pena. Este algo se llama bienaventuranza (...) y se lo pide y se encuentra prometido en la Biblia. Hace al gozo de la vida posible en el placer y en el dolor, en la felicidad y en la desdicha, en el éxtasis y en la pena. Donde hay gozo, hay consumación. Y donde hay consumación, hay gozo.[3]

Pablo clamaba por una curación para lo que faltaba hacerse en él: *"¡Soy un pobre miserable! ¿Quién me librará de este cuerpo mortal? (...) Por lo tanto, ya no hay ninguna condenación para los que están unidos a Cristo Jesús, pues por medio de él la ley del Espíritu de vida me ha liberado de la ley del pecado y de la muerte"* (Romanos 7:24, 8:1, NVI).

Nuestro Señor Jesucristo ganó el gozo para nosotros a través de su sufrimiento y sacrificio. ¿Y por qué Cristo sufrió voluntariamente como nuestro Salvador? La Biblia explica: *"Fijemos la mirada en Jesús, el iniciador y perfeccionador de nuestra fe, quien por el gozo que le esperaba, soportó la cruz, menospreciando la vergüenza que ella significaba"* (Hebreos 12:2, NVI). No puede haber gozo sin dolor. De esta manera, aprendemos que el gozo y el dolor van juntos. Como dice Clyde Reid en su libro *Celebrar lo temporario*:

> Uno de los obstáculos más comunes para celebrar la vida plenamente, es nuestra evasión al dolor. Hacemos todo para escapar del dolor. Nuestra cultura refuerza nuestra evasión al dolor, al asegurarnos que podemos tener una vida sin dolor. Las publicidades constantemente nos alientan a creer que la vida puede ser libre de dolores. Pero vivir

sin dolor es un mito. Vivir sin dolor es vivir una mitad de la vida, sin la plenitud de vida. Esta es una realidad inconfundible, clara e inalterable. Muchos de nosotros no nos damos cuenta que el dolor y el gozo van juntos. Cuando nos aislamos del dolor, nos aislamos inconscientemente también del gozo.[4]

Una serie de TV por cable sobre los pandilleros de hoy ha tocado mucho a las personas, con un número récord de televidentes. *Los Sopranos* cuentan con una audiencia semanal de decenas de millones. Según Santiago Galdonfini, quien actúa de Tony Soprano, el jefe de la pandilla de Nueva Jersey: "Mostramos a personas que algunas veces están en su peor momento y están arrepentidas de eso. Y la gente se identifica con esto porque todos tuvimos momentos en los que estuvimos peor".[5] ¡Qué gozo podemos tener al saber que Dios nos amó en nuestro peor momento! ¡Él nos ofrece lo mejor suyo para lo peor nuestro!

El gozo es como la buena noticia

Porque me encantan las "personas de buenas noticias" y evito tanto como me sea posible las "personas de malas noticias," le agradezco a Dios por el identificador de llamadas. Puedo ver quién me llama y predecir por qué lo hace.

Tenemos suficientes verdaderas malas noticias en el mundo; no tengo tiempo para aquellos que quieren inventar más de ellas. Sin embargo, debido a que las malas noticias venden, los medios se sienten obligados a poner un efecto negativo en todo, incluso en las buenas noticias. ¿Quiere un ejemplo? Considere un titular del *Washington Post* que se publicó en febrero de 2002: "Logros en la Economía de los Estados Unidos: se añaden 400.000 trabajos en un mes: el informe incita temores". La mayoría de las personas consideran al crecimiento laboral una buena noticia; el *Post* advirtió que podía llevar a tasas de interés incrementadas. Y cuando el crecimiento laboral disminuyó un par de meses más tarde, el *New York Times* lo reportó como una "Preocupación incitante".

El *Wall Street Journal* una vez advirtió que un dólar débil alejaría a los inversores extranjeros y amenazaría a nuestra economía. Más tarde, cuando el dólar se hizo más fuerte, el *New York Times* expresó que el crecimiento rápido nos impide ser capaces de "mantener la estabilidad económica en el mercado de intercambio extranjero".

Estos ejemplos prueban que uno puede poner un efecto negativo en todo, incluso en las buenas noticias. Por otro lado, uno puede encontrar algo bueno en cualquier situación… si uno observa. Recuerde, es siempre su elección.

Estoy de acuerdo con Albert Einstein, quien dijo:

– Quiero conocer los pensamientos de Dios… el resto son detalles.

Y yo quiero saber si Dios tiene alguna buena noticia para este mundo de malas noticias.

Víctor Hugo dijo:

– La felicidad suprema de la vida es la convicción de que somos amados.

Todos queremos ser queridos. Anhelamos alguien que nos conozca ampliamente y que nos ame completamente, necesitamos alguien que nos ame preferentemente, que nos acepte incondicionalmente y que crea en nuestro potencial. Deseamos alguien que sepa dónde estuvimos, lo que hicimos, cómo nos comportamos y que, además, permanezca entusiasmado acerca de nuestro futuro. Jesús lo expresó de esta manera:

> *"Vengan a mí todos ustedes que están cansados de sus trabajos y cargas, y yo los haré descansar. Acepten el yugo que les pongo, y aprendan de mí, que soy paciente y de corazón humilde; así encontrarán descanso. Porque el yugo que les pongo y la carga que les doy a llevar son ligeros"* (Mateo 11:28-30, Dhh).

Y, no obstante, tendemos a desconfiar de su invitación. Nos preguntamos: "¿Me amaría Dios, podría Dios o incluso debería Dios amarme?

El gozo dice: "Dios tiene planes para mí"

Si Dios debería amarnos o no, la verdad es que Él sí lo hace. Lea una de sus promesas que prácticamente suena demasiado buena como para ser verdad: *"Porque yo sé muy bien los planes que tengo para ustedes —afirma el SEÑOR—, planes de bienestar y no de calamidad, a fin de darles un futuro y una esperanza"* (Jeremías 29:11, NVI). Esta es una buena noticia en un mundo de malas noticias.

Supongo que los ingleses deben haber sentido este tipo de gozo cuando por primera vez oyeron cómo resultó la Batalla de Waterloo. Los barcos llevaron la noticia de la batalla a la costa sureña de Inglaterra. Desde allí, las banderas de señales transmitían los informes a Londres. Cuando llegó la información a Winchester, las banderas de la catedral comenzaron a explicar en detalle: "Wellington vencida…". Pero antes de que el mensaje pueda ser completado, se instaló una niebla espesa. Tristeza llenaba los corazones de las personas a medida que la noticia fragmentaria se difundía. Pero cuando la neblina finalmente comenzó a elevarse, fue evidente que las señales de la Catedral de Winchester habían realmente expresado un mensaje triunfante: "¡Wellington venció al enemigo!"

Con demasiada frecuencia permitimos que nuestra comprensión del momento empañe nuestro futuro. Tendemos a estar tan absorbidos por nuestras dificultades actuales, que nos olvidamos de la promesa de Dios de un futuro seguro, siempre expansivo y eterno. Y porque nos envolvemos tanto en intentar hacer flotar nuestro propio bote, o en crear nuestro propio futuro, o arreglar los problemas de todos y en suplir las necesidades de los demás, que perdemos el gozo de la buena nueva que Dios quiere para nosotros, aunque nosotros no seamos necesarios.

¡Dios nos ama! En otras palabras, Él nos aprecia. William James dijo:

– El principio más profundo de la naturaleza humana es el anhelo de ser apreciado.

La buena nueva de gozo es que Dios me ama y cree que valgo la pena para crear un futuro y una esperanza. Yo valgo la salvación, yo valgo conocer, yo valgo prosperar. ¿Por qué? Porque Dios dice que yo valgo. ¡Esta es la buena noticia!

El gozo es como la buena compañía

Mark Twain dijo:

– La pena puede cuidarse a sí misma, pero para obtener el valor pleno del gozo, debemos tener a alguien con quien compartirlo.

¡Qué verdad!

Nada es mejor en la vida que una buena compañía, y nadie es una mejor compañía que Dios. Dios no es una deidad remota, sino una ayuda siempre presente en los tiempos de necesidad. Si esto es verdad, entonces viva así. ¡Y sonría así!

El gozo proclama que Dios está aquí y que está en control de cada área de mi vida. Todas las cosas que están enfrente de mí deben primero aparecer en frente de Él. Puedo *sentirme* seguro porque *estoy* seguro. Jesús se llamó el Pastor de las ovejas. Por eso, si Él es mi Pastor y yo soy una de sus ovejas; entonces lo que sea que llegue hasta mí debe primero pasar por mi Pastor.

Se lo llama con frecuencia a Hebreos 11 la "Galería famosa de la fe". La misma enumera las proezas de individuos como Abraham, Sara, Isaac, Jacob, José, Moisés, Josué, Rahab, Gedeón, Sansón y David. Al comienzo del próximo capítulo de Hebreos leemos la razón de la lección de historia: *"Por tanto, también nosotros, que estamos rodeados de una multitud tan grande de testigos, despojémonos del lastre que nos estorba, en especial del pecado que nos asedia, y corramos con perseverancia la carrera que tenemos por delante. Fijemos la mirada en Jesús, el iniciador y perfeccionador de nuestra fe, quien por el gozo que le esperaba, soportó la cruz, menospreciando la vergüenza que ella significaba, y ahora está sentado a la derecha del trono de Dios"* (Hebreos 12:1-2, NVI).

Mientras corremos nuestra carrera, nunca debemos olvidarnos de que estamos en buena compañía. Otros que fueron anteriores a nosotros han peleado la batalla, mantenido la fe y, con gozo, han experimentado la bondad y la gracia de Dios.

El gozo proviene de saber que estoy protegido

Lea estas palabras que Jesús originalmente enseñó a su círculo más íntimo:

"Así como el Padre me ha amado a mí, también yo los he amado a ustedes. Permanezcan en mi amor. Si obedecen mis mandamientos, permanecerán en mi amor, así como yo he obedecido los mandamientos de mi Padre y permanezco en su amor. Les he dicho esto para que tengan mi alegría y así su alegría sea completa. Y este es mi mandamiento: que se amen los unos a los otros, como yo los he amado. Nadie tiene amor más grande que el dar la vida por sus amigos. Ustedes son mis amigos si hacen lo que yo les mando. Ya no los llamo siervos, porque el siervo no está al tanto de lo que hace su amo; los he llamado amigos, porque todo lo que a mi Padre le oí decir se lo he dado a conocer a ustedes. No me escogieron ustedes a mí, sino que yo los escogí a ustedes y los comisioné para que vayan y den fruto, un fruto que perdure. Así el Padre les dará todo lo que pidan en mi nombre" (Juan 15:9-16, NVI).

Tan extraño como pudiera parecer esto, Jesús atrajo al reino a hombres y mujeres prometiéndoles dos cosas: problema y gozo. Al primero, lo tuvieron y al segundo, lo anhelaron. Pero, ¿qué alquimia sorprendente es esta que Él puede aún hacer al peligro y a la dificultad parecer gozosas?

Jesús entiende cosas sobre la naturaleza humana que nosotros comprendemos solamente levemente. Pocos de nosotros nos sentiremos realmente desafiados por la promesa de una vida fácil, o por un énfasis de "yo primero" o por una vida de compromiso cómodo. Anhelamos el gozo de saber que somos parte de algo grande, audaz y que cambia la vida.

Cuando intento seleccionar un momento de mi vida en el cual sentí todos estos gozos a la vez, pienso en cuando tenía nueve años y mi hermano mayor, diecisiete. Nuestros padres nos habían dejado por un corto tiempo, solos en casa, y yo había estado afuera jugando con algunos amigos del barrio. No recuerdo qué provocó la pelea, pero recuerdo claramente cómo tres chicos de doce años conspiraron contra mí y me dieron una buena paliza. Luché solo y corrí a casa. Abrí de golpe la puerta trasera y subí las escaleras hasta una habitación que compartía con mi hermano, todo esto llorando todo el camino.

Mi hermano me oyó y dijo:

– Ven aquí. ¿Qué sucede?

Después de unas pocas amenazas, finalmente me sacó lo sucedido. Entonces, para mi total sorpresa, mi hermano demasiado crecido como para aguantar a su hermano de nueve años, me agarró del brazo y dijo:

– Vayamos.

De repente bajamos esas escaleras y caminamos a grandes pasos por la calle, buscando a esos tres chicos de doce años que me habían golpeado. Los vi corriendo alrededor de la esquina de una casa, pero cuando nos vieron, enseguida desaparecieron por la parte trasera de la casa y escuchamos que una puerta se cerró de golpe. Entonces mi hermano –¿o se había vuelto de repente Superman?– se acercó al frente de la casa y tocó el timbre.

Mientras esperábamos que aquellos cobardes salieran y nos enfrentaran como hombres, me olvidé todo lo de la golpiza que recientemente había recibido. Me sentía grande porque mi hermano mayor se ocupó de mí, algo que nunca antes había sucedido. ¡Y él estaba en realidad *sosteniendo mi mano* en público! Todavía recuerdo mi pecho hinchado de orgullo. Me sentía invencible. ¡Nadie se atrevía a meterse conmigo ahora! Mi hermano fuerte podría acabar con todos ellos, uno por uno.

Después de un largo tiempo sin obtener una respuesta a su llamado, él juntó unas piedras y comenzó a arrojarlas a la casa. "¡Esto está bárbaro! –pensé–. ¡Me gusta esto!" Finalmente, la madre de uno de los chicos hizo que nos fuéramos. Mientras caminábamos hacia casa, nunca me había sentido tan protegido, tan a salvo, tan seguro, tan fuerte. Estaba con mi hermano y todo estaba bien en mi pequeño mundo. Después de que oscureció, mi hermano me sacó de casa y nuevamente caminamos de la mano, bajo la cobertura de la oscuridad, buscando a esos chicos. Aunque pasamos varias horas buscándolos, nunca los encontramos, y nunca más tuve algún otro problema con ellos.

Nunca me olvidé de dos cosas muy importantes de esa noche. Una es que aquellos chicos de doce años que parecían tan fuertes el día anterior, de algún modo se achicaron aquella noche. Nunca más les tuve miedo. La segunda es que mi hermano se volvió mucho más grande cuando vino a defenderme. Él se identificó conmigo e incluso me tuvo de la mano. Me sentía de tres metros de alto en su presencia.

La única otra persona que me ha hecho sentir de esa manera es mi Salvador, Jesús. Él me hace sentir de tres metros de alto. Porque Él voluntariamente se ha identificado conmigo, no tengo necesidad de sentir celos de nadie. Él es mi proveedor y sustentador. Él me promete un futuro lleno de gloria, paz y gozo indecibles.

Es por esto que escojo el gozo sobre los celos. Usted puede hacer esto también. Es su llamado.

ABUNDANTE PARA TODOS

¿Cuál escogerá usted: el celo o el gozo? Si permite que el celo secuestre su gozo, se sentirá constantemente en riesgo y siendo la víctima de personas perversas, malvadas, malas y viles. Si, por otro lado, escoge el gozo, conocerá la emoción que proviene de ser sanado, la prisa que proviene por oír la buena nueva, la expectativa que proviene de que lo mejor está aún por venir, y la seguridad que proviene de saber que Dios cuida su espalda.

El gozo reconoce que hay abundante para todos, y cree que hay más en la vida que llegar primero. El gozo celebra un mundo de abundancia infinita, mientras que el celo se encoge en un universo de escasez. La escasez dice: "Hay simplemente lo suficientemente mucho para todos, y tengo que obtener mi porción de la torta. Y si usted toma una porción más grande, entonces yo debo tener menos".

¿Abundancia o escasez? Ester Kim hizo su elección.

El público en las finales de la competencia olímpica de tae-kwon-do para mujeres en las Pruebas de Equipo Olímpicas de los Estados Unidos, organizado en Colorado Springs en 2000, vino a ver un partido y, en cambio, recibió una sorpresa. Kay Poe y Ester Kim se habían considerado las mejores amigas desde que tenían siete años. Se habían ganado el derecho a enfrentarse en las finales de tae-kwon-do, pero durante su partido semifinal, Kay se dislocó la rótula izquierda. Apenas podía pararse y ni siquiera su ranking mundial de número uno podía ayudarla a competir. Una victoria para Ester parecía una conclusión conocida de antemano. Con Kay seriamente herida, parecía que Ester se había asegurado la oportunidad de completar su búsqueda de toda la vida para viajar a los Juegos Olímpicos de 2000 en Sydney, y representar a los Estados Unidos en la competición internacional.

Sin embargo, en el día de la competencia programada, Ester Kim conmocionó a la multitud al perder en vez de ganar, en virtud de una competición injusta. Al permitir a la mejor luchadora de tae-kwon-do representar a los Estados Unidos en Sydney, ella ganó una batalla personal sobre el ego y el egoísmo. ¿Y cómo se sintió con respecto a su decisión?

– Aunque no tenía la medalla de oro alrededor de mi cuello –dijo Ester–, por primera vez en mi vida me sentí una verdadera campeona.

La generosidad de espíritu de Ester hizo que ella ganara el Premio de Ciudadanía Mediante los Deportes, y un viaje con los gastos todos pagos a los Juego Olímpicos de 2000, otorgado por el Comité Olímpico Internacional.

El gozo es una elección. Y usted puede hacerla hoy si rechaza al celo.

Transforme el temor en fe

Uno de los más grandes descubrimientos que realiza el hombre,
una de sus más grandes sorpresas, es descubrir que puede hacer lo
que temía que no podría.

– HENRY FORD

Mi padre era un hombre simple que rara vez hablaba antes de que se le hablara primero. Por eso, cuando sí hablaba, yo lo escuchaba.

Todavía recuerdo uno de sus consejos favoritos:

– Hijo, no puedes ir por la vida sentado entre dos cercas.

El cuadro mental de una persona sentada en una cerca me parecía muy extraño, porque el único tipo de cerca que alguna vez había visto era del tipo que uno no querría convertirlo en una silla. Conocía solamente tres clases de cercas: las cercas blancas, los alambrados con barrotes y las cercas electrificadas. Por eso nunca aspiré a sentarme en una de ellas.

Sin embargo, a medida que maduraba, me di cuenta que él intentaba advertirme contra el temor de correr riesgos. Quería animarme a que me atreviera en gran manera. Y he llegado a comprender que "sentarse en la cerca" en el mundo real no solo hiere, sino que también cuesta. Aunque la vida rara vez recompensa la indecisión, sí con frecuencia la penaliza. En el mundo real, no decidir es decidir.

Es como la historia de niños Humpty Dumpty: "Humpty Dumpty se sentó sobre un muro. Humpty Dumpty tuvo una gran caída". No me pregunto cómo Humpty Dumpty se cayó, sino ¿por qué estaba ahí en primer lugar?

Podemos aplicar la analogía de la cerca a muchas áreas de nuestra vida. Por ejemplo, cuando usted va a un partido de fútbol, usted ve una cerca. De un lado, están parados los jugadores, del otro lado, se sientan los espectadores. Una vez escuché a alguien definir a un partido de fútbol como veintidós personas con una necesidad desesperada de descanso, siendo observadas por sesenta mil personas con una necesidad desesperada de ejercicio.

Me encanta observar a los grandes jugadores de fútbol actuar en la cancha; y entonces, yo también quiero ser jugador. No es divertido sentarse en la línea lateral, ya sea detrás de una cerca o en un muro. En el verdadero juego de la vida, usted debe escoger de qué lado de la cerca quiere vivir. De un lado, se sientan aquellas almas tímidas que no se atreven a hacer un esfuerzo excesivo; del otro lado, se encuentran parados aquellos que vienen a jugar, no a observar. No quiero ser ni un alguien que se siente en la cerca, ni un espectador. Quiero ser un jugador. ¿Y usted?

¿QUÉ ES LO QUE MÁS TEME?

Una diferencia importante entre los que se sientan en la cerca y los que consiguen lo que se proponen, es aquello que ellos más temen. Algunos temen a fracasar y a verse tontos en el proceso. Otros definen al fracaso, no como intentar algo que no funciona, sino como nunca intentar hacer algo en absoluto.

Aquellos que escogen la fe por sobre el temor, saben que es un mundo peligroso el de afuera; no obstante, su temor más grande es tener una vida insignificante e improductiva. Cuando se me presentó la oportunidad de comenzar una nueva iglesia sin edificio, sin presupuesto y solamente con un puñado de personas, tuve que tomar una decisión entre el temor y la fe. ¿Enfrentaría mi temor de abandonar el lado de espectador en la cerca, parándome en fe e intentando algo que pudiese fracasar? ¿O fracasaría por incluso ni siquiera intentarlo?

Trabajé con miles de individuos de todas las profesiones y condiciones sociales, y he llegado a creer que las ventajas con las que comienzan no hacen una diferencia. Parece haber solamente tres tipos básicos de personas. Hay aquellos que observan cómo suceden las cosas; los denominamos espectadores. Hay aquellos que se preguntan lo que ocurre; los llamamos especuladores. Y luego están aquellos que hacen que las cosas sucedan; los denominamos participantes.

Los participantes son personas de corazón valiente que ven la vida como una aventura para ser vivida, antes que como un problema a ser evitado. Platón dijo:

– Estamos doblemente armados si peleamos con fe.

Y Dale Carnegie enseñó que:

– La manera de vencer al temor es decidir sobre una línea de conducta y seguirla. Manténgase tan ocupado y trabaje tanto que se olvidará de sentir temor.

Llamamos al temor por muchos nombres: preocupación, tensión, ansiedad, estrés… Una encuesta reciente realizada a quinientas personas mencionó siete mil temores. Pero con toda la investigación realizada en cuanto al temor, ¿qué es lo que en realidad sabemos sobre el mismo?

Primero, es contagioso. Usted puede contagiarse del miedo de otras personas. Segundo, es restrictivo. Las actitudes negativas usualmente se desarrollan en el cuarto oscuro. El temor es como una mecedora: le da algo para hacer, pero no lo lleva demasiado lejos.

Tercero, es consumidor. Esa palabra pequeña de cinco letras –temor– roba más fortaleza, reduce más sueños y flagela más futuros que cualquier otra fuerza en el mundo. Alguien dijo:

– Ninguna pasión roba a la mente todos sus poderes de actuar y de razonar con tanta eficacia, como lo hace el temor.

Pero lo más importante que sabemos sobre el temor, es que Dios quiere que lo venzamos, no que seamos vencidos por él. La mayoría de los temores parecen ir bajo uno de dos encabezados: el temor a lo desconocido o el temor a lo no familiar.

Tememos lo desconocido

El temor en las películas de terror surge a través del suspenso que se construye al no saber los peligros que acechan en las sombras. Alfred Hitchcock dijo:

– No hay temor en un ruido fuerte, solamente en la expectativa del mismo.

Vamos a una casa embrujada y pagamos para morirnos de miedo. Elías Canetti, el gran psicólogo búlgaro que ganó un Premio Nobel por su estudio acerca de la psicología de las multitudes, dijo:

– No hay nada que el hombre tema más que el contacto con lo desconocido. El hombre quiere saber lo que está acercándosele para ser capaz de reconocerlo, o al menos de clasificarlo. El hombre siempre tiende a evitar el contacto físico con algo extraño.

Enfrentamos lo desconocido todos los días. Ninguno de nosotros puede predecir lo que puede traer un día. ¿Quién podría haber profetizado el evento catastrófico del 11 de septiembre de 2001? Gracias a Dios que Él no nos da la capacidad de ver el futuro. Si podríamos, sin duda nos moriríamos de miedo.

Desde nuestro primer día de escuela hasta nuestro último día sobre este planeta, nos enfrentamos con lo desconocido. Y es esa confrontación diaria la que nos lleva a buscar a Aquel que conoce el futuro, así también como el presente y el pasado. ¿Qué nos dice Dios a medida que enfrentamos el futuro? Tres palabras. "Confía en mí".

Tememos lo no familiar

Mi mamá una vez me dijo algo que, como niño, yo pensaba que era bastante extraño.

– No puedes ir a nadar hasta que aprendas cómo nadar.

¿Cómo puede uno aprender a nadar hasta que no se mete en el agua? Por supuesto, ella conocía el agua, pero nadar no le era familiar, no era probado y no le era de confianza. Para mi mamá, nadar era algo temido y, por lo tanto, evitado. Pero si usted aplica esta misma lógica a todo lo de la vida, nunca conducirá un auto, citará a una chica o irá a un lugar nuevo.

Hace no mucho tiempo hablé con un amigo sobre el tenis sorprendente que había observado durante el Abierto de los Estados Unidos.

– Me encantaría ser capaz de jugar al tenis –dijo– pero no puedo.

– ¿Lo intentaste alguna vez?

– No.

– ¿Y por qué no?

– Porque nunca jugué siendo niño.

"Entonces esta es la manera en la que funciona la mente adulta –pensé–. Está bien verse un tonto cuando uno es niño, pero cuando uno es adulto, nunca puede verse un tonto al intentar hacer algo nuevo y no familiar."

Esta filosofía, si se aplica a todo lo de la vida, me parece terrible.

Para permanecer alejados de lo desconocido y lo no familiar, muchos de nosotros intentamos evitar todo temor. Pero una vida que evita el temor es una vida adversa a la fe:

– No quiero vivir conforme a mis temores, pero tampoco quiero hacer algo por fe. No quiero tener que hacer algo con lo cual no estoy familiarizado. No quiero introducirme en áreas donde pudiese fracasar.

El tipo equivocado de temor suma sus carencias y lo ciega a las oportunidades. Paraliza su imaginación y desconecta su voluntad. El temor puede robarle su amor propio. Es como un pozo sin fondo o una tormenta rugiente que se lo traga todo, para nunca más oírse de eso. El temor puede multiplicar sus preocupaciones y dividir su mente. Las Sagradas Escrituras nos advierte: *"El hombre de doble ánimo es inconstante en todos sus caminos"* (Santiago 1:8, RVR).

Estoy absolutamente seguro de dos cosas en cuanto a Dios y a la vida. En primer lugar, Dios ama la vida y lo muestra a través de su creatividad infinita. Y en segundo lugar y por esa razón, creo que Dios se propone que la vida sea una aventura.

Hace años mi familia se mudó a una casa nueva construida en un nuevo complejo habitacional. En el proceso de edificar el barrio, los obreros de la construcción tuvieron que hacer las calles, trasladando cantidades masivas de suciedad. A medida que hacían el trazado de las calles y cavaban los fundamentos para nuevos hogares, depositaban la suciedad excesiva en montones gigantes en la parte posterior del complejo. Los sábados a la mañana, mi hija del medio, Lindsey –entonces de once años– y yo pasábamos horas andando en bicicleta, subiendo y bajando por todas las montañas, andando por las curvas y atravesando por el pasto alto. La pasábamos bárbaro y los recuerdos de aquellos tiempos juntos me enriquecerán por el resto de mi vida. ¡Llamábamos a nuestros paseos de los sábados "paseo de aventura"!

Creo que el "paseo de aventura" es lo que Dios tiene en mente para usted y para mí. Él lo creó para que tenga un caminar de aventura con Él. Juntos, usted maniobrará las montañas, las curvas y las situaciones difíciles de la vida. Sin embargo, a diferencia de las salidas en bicicleta que mi hija y yo teníamos, nuestro Padre permanece no solo con nosotros, sino delante de nosotros y sobre nosotros. Él ve todo lo que está por venir, mucho tiempo antes de que suceda. El poder de su omnisciencia, omnipresencia y omnipotencia nos guía en un mundo muy lleno de temores.

El temor paraliza a aquellos que controla

El temor nos congela en el lugar, nos hace temerosos para intentar atrevernos a algo. Franklin Roosevelt, al intentar sacar a los Estados Unidos de la Gran Depresión, lo expresó de este modo en su discurso inaugural en 1933:

– Permítanme defender mi creencia firme de que la única cosa que tenemos que temer es al temor mismo. Concretamente, al temor indescriptible, irracional, injustificado que paraliza los esfuerzos necesarios para convertir la retirada en avance.

Emerson señaló:

– No ha aprendido la lección de la vida quien todos los días no supera un temor.

¿Qué cosas arriesgadas y sorprendentes intentaría usted si supiera que no podría fracasar?

Mi padre solía trabajar con mulas. Él diría:

– Hijo, nunca pongas dos fardos de heno enfrente de la misma mula, se morirá de hambre.

¿Por qué se moriría de hambre? Porque no podría decidir qué fardo comer primero. ¡Qué ilustración gráfica de la parálisis de análisis que proviene de centrarse en el temor!

La historia nos enseña que todo el curso del mundo puede girar sobre un solo evento. Algo pequeño realizado en un momento crítico puede cambiar el futuro; llamamos a esto un acontecimiento fundamental. En la generación de mi padre, el acontecimiento fundamental ocurrió el 7 de diciembre de 1941, cuando los japoneses atacaron Pearl Harbour. En mi generación, ese evento ocurrió el 11 de septiembre de 2001. Todo lo del mundo cambió aquella mañana.

Otros acontecimientos fundamentales están aún delante de nosotros. Aunque variarán en importancia, la elección crítica siempre sigue siendo la misma: ¿retrocederá usted ante el temor o avanzará en fe?

Todd Beamer escogió avanzar en fe. Dirigió un levantamiento en contra de los terroristas que habían secuestrado el United Flight 93, el día en que otros terroristas chocaron sus aviones contra las Torres Gemelas y el Pentágono. En una conversación telefónica grabada con un operador justo antes de actuar, Todd recitó el Padre Nuestro. Cuando terminó, instó a sus pasajeros compañeros a seguir con un vigorizante: "¡Avancemos!" En el libro de su esposa sobre la pérdida de su esposo, ella escribió las solemnes palabras:

– El 11 de septiembre de 2001, Todd Beamer completó su tiempo sobre la Tierra. Su vida terminó mientras "se atrevía en gran manera". Él no murió con las almas frías y tímidas que no conocen ni la victoria ni la derrota.[1]

Todos le agradecemos a Dios que Todd y el resto de esos héroes del Vuelo 93 transformaran sus temores en una fe suficiente como para tomar una acción decisiva, especialmente cuando la decisión les costaría la vida.

El temor esteriliza a aquellos que controla

Edmund Burke dijo:

– Ninguna pasión roba tan efectivamente a la mente de todo su poder para actuar y razonar, como lo hace el temor.

John F. Kennedy dijo:

– El estadounidense, por naturaleza, es optimista. Es experimental, un inventor, un constructor que construye bien cuando se lo invita a construir en gran manera.

Dios lo puso en este planeta para que marque una diferencia. Lo que usted hace con su vida, importa. Dios lo diseñó y lo equipó con todo lo que necesita para tener una vida llena de aventuras.

Pero las aventuras son cosas temibles. Requiere que usted transforme el temor en fruto. Simplemente piense lo que el temor puede hacerle a un campesino. Todo campesino sabe que debe vigilar todas las fuerzas que pudiesen arruinar sus cultivos. Pudiese haber demasiada lluvia o pudiese haber sequía. Insectos o plagas pudiesen atacar los cultivos. Miles de diferentes "qué sí…" deben pasar por su mente cada año. Aún así, sabe que si no pide prestado dinero, compra la semilla, contrata los trabajadores y planta los granos, seguramente no habrá cosecha.

¿Cuál es el arma en contra del temor? ¡La fe! La fe es creer que las leyes de sembrar y cosechar que lo han mantenido en actividad en el pasado pueden volver a ser confiadas este año nuevamente. Tiene que tener fe en que lloverá y en que los insecticidas podrán controlar a los insectos. Tiene que tener fe para planificar, plantar y arar los cultivos. Si cede al temor y no se arriesga, el tiempo de la cosecha será un tiempo sin fruto.

Las mismas leyes de sembrar y cosechar obran en su vida todos los días. La Biblia nos advierte que: *"El que siembra escasamente, escasamente cosechará, y el que siembra en abundancia, en abundancia cosechará"* (2 Corintios 9:6, NVI).

El temor polariza a aquellos que controla

La mayoría de las veces no es más que el temor lo que mantiene a la gente apartada. Los liberales temen de los conservadores. Y cada uno de ellos usa el temor para endemoniar al otro, y así conservar a sus partidarios en sus listas de correo.

El temor yace en el corazón de todo racismo, sexismo y aislacionismo. El temor se encuentra en el centro de todo tipo de "ismo" demoníaco y irrecusable que alguna vez alguien haya inventado. ¿Quién podría olvidarse de ese discurso estimulante de Martín Luther King Jr. *"Tengo un sueño?"*:

> Sueño con que un día esta nación se levantará y vivirá el verdadero significado de su Constitución. "Sostenemos que estas verdades son manifiestas, que todos los hombres son creados iguales." Sueño que un día en las colinas rojas de Georgia los hijos de los primeros esclavos y los hijos de ex propietarios de esclavos serán capaces de sentarse juntos a la mesa de la hermandad. Sueño que un día mis cuatro hijos vivirán en una nación donde no serán juzgados por el color de su piel, sino por el contenido de su carácter.

El secreto de enfrentar sus temores no es doblegarlos, sino transformarlos. Debemos reconocer que el temor opera por la ley de desplazamiento. La vida aborrece el vacío. El temor continuará plagándolo hasta que el mismo sea desplazado o reemplazado por la fe.

LA CLAVE DE LA FE

La fe es tan esencial para el logro como lo es el aire para respirar. La fe abre la puerta a todas las bendiciones y beneficios de Dios. Dios solo requiere que creamos en Él. Dios no pide fe, la exige. Él nos manda que confiemos en Él antes de que veamos los resultados. La calidad de su vida en el aquí y ahora, se eleva y cae sobre su capacidad y disposición para confiar en Dios como su proveedor y cumplidor de promesa.

La fe nos hace proactivos. Cuando veamos una injusticia o una inequidad, queramos que sea cambiada, y donde encontremos oscuridad, brillemos la luz del amor de Dios. Jesús nos enseñó a ser "sal", no azúcar. Él nos llamó a un estilo de vida radical, no a un método radical que nos deje en el sector más fanático. Él nos llama a una vida de fe audaz. Él ya nos mostró que el amor puede cambiar al mundo, que es radical. Otros líderes han buscando cambiar al mundo por la fuerza, pero Jesús dijo que todas las cosas se cambian por la fe.

La pregunta es: ¿Cómo usa Dios la fe para cambiar las cosas?

Dios usa la fe para ensanchar nuestra imaginación

La Biblia insiste en que tenemos que vivir *"por fe, no por vista"* (2 Corintios 5:7, NVI). ¿Por qué? Pablo nos dio una razón poderosa para tener fe cuando le dijo a los primeros cristianos que Dios *"puede hacer muchísimo más que todo lo que podamos imaginarnos o pedir"* (Efesios 3:20, NVI). ¡Piense en eso! Tengo una gran imaginación, ¿y usted? Puedo imaginarme un montón. Pero Dios dice: "Usted lo imagina y yo superaré eso". La mayoría de nosotros vinimos al mundo con una imaginación enorme, pero a medida que crecimos, nuestra imaginación comenzó a encogerse. Para cuando llegamos a adultos, fuimos alimentados por la fuerza con una dieta fija de cosas que no podíamos hacer; por eso, como resultado de nuestro poco uso, nuestra imaginación se secó y perdió su elasticidad. Es difícil para algunos de nosotros imaginar grandes cosas, porque estamos programados para ver problemas y para dejar pasar por alto oportunidades.

A menos que considere a la imaginación algo infantil, recuerde que todo lo que disfrutamos hoy primero apareció en la mente de Dios, y luego después fue transferido a la imaginación de un hombre o de una mujer. La historia de *"El mundo de Walt Disney"* en Orlando, Florida, es una gran ilustración de esto.

Disney murió meses antes de la apertura muy esperada de su segundo parque temático. En la ceremonia de apertura alguien le dijo a Roy Disney, el hermano de Walt:

– Es una vergüenza que Walt no haya vivido para ver esto.

– Oh, lo vio –respondió Roy–. Es por eso que esto está aquí.

Dios quiere crear grandes cosas a través de usted y de su fe. Solamente Dios puede ver el número de manzanas en una semilla, pero Él nos ha dado poder para ver, mediante la fe, las posibilidades. ¿Por qué sueños y visiones inspirados por fe está usted orando y planificando justo en este momento? ¿O está conformándose con solo sobrevivir? ¿O espera simplemente añadir a lo que tiene y no perder más terreno?

Si todo lo que usted hace es centrarse en lo que no tiene, o en lo que no sabe o en lo que no hizo, todo lo que puede producir es más de lo mismo. La fe da poder para imaginar, y luego para creer que puede hacerlo, y que tendrá los recursos para hacer lo que necesita ser hecho cuando necesite ser hecho. Albert Einstein creía que "la imaginación es más importante que el conocimiento". Su imaginación es como una banda elástica: no es bueno hasta que es estirada. Me encanta lo que Oliver Wendell Colmes dijo:

– La mente humana, una vez que es ensanchada por una idea nueva, nunca más vuelve a su estado original.

¿Está usted sintiéndose ensanchado por algo que está haciendo? No dije estresado; dije *ensanchado*. ¡Hay una gran diferencia!

Dios usa la fe para expandir las posibilidades

Thomas Carlyle señaló:

– Todo trabajo noble es al comienzo imposible. Cuando leo en la Biblia sobre los grandes hombres y mujeres de fe, quedo anonadado por su capacidad de confiar en Dios por lo aparentemente imposible.

Considere lo que la Biblia dice sobre la fe de Abraham: *"Por la fe Abraham, cuando fue llamado para ir a un lugar que más tarde recibiría como herencia, obedeció y salió sin saber a dónde iba"* (Hebreos 11:8, NVI). Es difícil desarraigarse e irse de casa; es quizás una de las cosas más difíciles. Requiere despedirse de todo lo conocido y agradable. Sin embargo, Abraham hizo exactamente eso; e incluso más porque él ni siquiera conocía su destino. Dios dijo: "Ve", y él obedeció. Cuán simple pero, sin embargo, cuán profundo.

Mi fe ha crecido mucho más en medio de los problemas. He aprendido que la fe grande no es ni posible ni requerida si no hay grandes problemas. Si usted sabe cómo opera la fe, los problemas son lo mejor que alguna vez pudiera sucederle. Por fe he sabido que cuanto más grande es el problema, más grandes son las posibilidades. La adversidad abriga a las semillas de la gran ventaja. Y todo gira en torno a la bisagra de la fe.

El Señor Edmund Hillary fue la primera persona en llegar a la cima del Monte Everest. Fracasó varias veces. Después de uno de sus fracasos, se dice que amenazó con su puño a la montaña y dijo:

– Me has vencido, pero regresaré y te venceré porque no puedes volverte más grande, pero yo sí puedo.

Y así fue que lo logró en 1953.

Si usted quiere ser más grande, mejor y más audaz, entonces reconozca a la fe como la hormona de crecimiento de Dios. Mark Twain dijo:

– Manténgase alejado de personas que intenten minimizar sus grandes ambiciones. Las personas pequeñas siempre hacen esto, pero las personas verdaderamente grandes lo hacen sentir como que si usted puede volverse tan grande también.

Quizás es por esto que la Biblia está tan llena de personas comunes que hicieron cosas extraordinarias por fe. La fe producida por la integridad moral de José, la decisión intrépida de Josué, el coraje desinteresado de Ester, la sabiduría de Salomón, el optimismo de David, la iniciativa de Pedro y la integridad de Pablo. Encontramos la clave a su talento en las palabras: *"La fe es la garantía de lo que se espera, la certeza de lo que no se ve"* (Hebreos 11:1, NVI).

Después de que todo está dicho y hecho, la mejor manera de aprender acerca del poder de la fe, es ponerse realmente en una situación que lo obligue a confiar en Dios para cosas grandes. Mi lección más grande de caminar en fe se presentó cuando me atreví a plantar una iglesia nueva. Esto requería no solamente mudarme con mi familia a una ciudad y a un barrio nuevo, donde no conocíamos a nadie, sino también proyectar la visión de una iglesia nueva en una ciudad que ya desbordaba de iglesias. Pero quería intentar algo tan grande para Dios que estuviera condenado al fracaso si Dios no lo mostraba. Tenía la suficiente fe en que Dios estaría contento y la gente bendecida por la idea de una iglesia totalmente basada en la gracia, conducida por una misión y agradable a la gente.

Quería ser parte de una iglesia en la cual se pudiese alentar a la gente a volverse grande, donde sus sueños y esperanzas pudiesen ser alimentados, donde sus cargas pudiesen ser llevadas, donde sus pecados pudiesen ser perdonados y donde sus aspiraciones pudiesen encontrar un lugar para crecer.

Cuando miro hacia atrás y veo cuán aterrador parecía esto, me pregunto cómo fue que encontré el coraje para intentar una aventura riesgosa, especialmente con una esposa y tres hijos. Ahora me doy cuenta de que la fe me dio coraje. Y a medida que pienso retrospectivamente, no fue mucha fe, solo la suficiente para hacer los primeros pocos pasos.

Dios no requiere de una gran fe. Jesús prometió: *"Les aseguro que si tienen fe tan pequeña como un grano de mostaza, podrán decirle a esta montaña: 'Trasládate de aquí para allá', y se trasladará. Para ustedes nada será imposible"* (Mateo 17:20, NVI).

No obstante, no permita que alguien lo engañe haciéndole pensar que la vida en fe es fácil. El débil de corazón no puede caminar por fe. Si usted se atreve a hacer grandes cosas, vendrán pruebas severas y algunas veces salvajes que lo probarán. A Satanás le gusta matar las cosas cuando son pequeñas, cuando simplemente se las está comenzando. Sabe que si puede matarlas de raíz, no tendrá que preocuparse por el fruto.

Pero lo que el diablo no puede matar es su fe. Cuanto más fuerte es su fe, más grande será su poder para prevalecer. La fe lo hará valiente y seguro en su corazón, por más que las olas se levanten altas y las nubes se vean negras y amenazantes. La fe es la capacidad de confiar anticipadamente lo que cobrará sentido al revés. Será su ancla en la tormenta y el viento en sus velas. La fe lo estremecerá con el poder de Dios, lo sostendrá durante los momentos difíciles y lo contendrá durante los tiempos buenos.

Dios usa la fe para sanar mi cuerpo

Conocemos a Jesús como "el Gran médico". Donde sea que iba, sanaba a los enfermos. Nunca caminaba al lado de una procesión de un funeral, sin resucitar al muerto.

Marcos 5 registra una de las sanidades más memorables de Jesús. Una mujer que sufría una hemorragia crónica y severa había agotado todos los métodos clínicos convencionales. Ella creía que si simplemente podía tocar el borde de la vestimenta de Jesús, sería sana. Por fe siguió a Jesús, lo tocó y se sanó. Cuando sucedió esto, Jesús se dio vuelta y dijo: *"¿Quién me ha tocado?"* Todos lo negaron.

Incluso Pedro se preguntó por qué haría esa pregunta cuando *"son multitudes las que te aprietan y oprimen"*. Pero Jesús le dijo: *"No, alguien me ha tocado (...) yo sé que de mí ha salido poder"* (Lucas 8:45-46, NVI). Pedro no podía entender lo que hacía a esa mujer diferente de todas las otras personas que lo tocaban. Jesús lo sabía: su fe. Ella no lo tocó accidentalmente, sino intencionadamente. Su fe le dio el coraje para intentarlo y la confianza para tener éxito en su misión.

Un joven de nuestra iglesia, que tenía alrededor de 35 años, murió hace unos años de cáncer. Casi al final de su vida, él y su esposa le pidieron a los ancianos que vinieran y oraran según las palabras de Santiago 5:14: *"¿Está enfermo alguno de ustedes? Haga llamar a los ancianos de la iglesia para que oren por él y lo unjan con aceite en el nombre del Señor"*. Fue así que lo ungimos y oramos. Dos horas más tarde, el joven falleció.

Mientras intentaba consolar a su esposa, ella dijo: "¿Sabe qué? Dios respondió nuestra oración, porque mi esposo ha tenido la sanidad final". La fe trae una victoria que no puede ser vencida ni negada.

Dios usa la fe para responder mis oraciones

La Biblia promete: *"Si ustedes creen, recibirán todo lo que pidan en oración"* (Mateo 21:22, NVI). Nunca ha habido una oración de fe que Dios no haya respondido. Por supuesto, Él pudiera decir: "No, tengo un mejor camino".

Una canción *country* popular de hace varios años llevaba el título *"Gracias por las oraciones no respondidas"*. He hecho algunas oraciones en mi pasado a las cuales Dios dijo: "No". Pero a medida que miro hacia atrás, solamente puedo decir: "¡Gracias Dios! Oh, ¡Qué carga hubiera sido eso para mí!"

Otras veces, Él dice: "Crece, necesitas ser una persona más fuerte. Si continuas creciendo en fe, van a suceder grandes cosas y, cuando sucedan, necesitarás un hombro más fuerte".

Algunas veces Él dice: "Ve más despacio, tengo un tiempo mejor". Dios nunca derrocha el tiempo que nosotros esperamos. Incluso así, tengo que confesar que detesto esperar algo. Pienso que es porque crecí en un pueblo pequeño. Si queríamos algo bueno, teníamos que pedirlo, y siempre parecía llevar dos semanas hasta obtenerlo. Por qué dos semanas, nunca lo sabré, pero esas dos semanas parecían meses. Algunas veces nuestra espera se sentía así, pero nunca obtendremos algo bueno intentando adelantarnos a la agenda de Dios.

Finalmente a veces Dios dice: "¡Ve por eso!" Él dice: "Estoy listo para financiar el primer paso; por eso, ¡lánzate en fe y ve por el oro!"

Dios usa la fe para financiar los primeros pasos

Sin embargo, algunas personas que quieren vivir por fe cometen el gran error de esperar que Dios financie la línea de llegada. Pero Dios nunca le dará todo lo que necesita para completar su viaje por adelantado. Si lo hiciera, usted comenzaría a pensar que ya no necesita más a Dios.

Lo que Dios hará es darle el visto bueno al financiarle los primeros pasos. La fe nos da la confianza de que lo que necesitamos para completar el viaje se nos hará disponible en una base "según se necesite". Esto no solo nos impide de intentar controlar todo, sino que también nos sirve como confirmación de que estamos caminando por el camino correcto. La provisión constante de Dios nos presenta con carteles a lo largo del camino para darnos seguridad de que permanecemos en el camino correcto.

Cuando el Señor nos llevó a mi familia y a mi a Nashville para plantar una iglesia nueva, por ejemplo, tuve la convicción de que cuando comprábamos una propiedad para la iglesia, necesitábamos comprar una lo suficientemente grande para un crecimiento futuro. Muchas iglesias compran demasiada poca propiedad mientras es todavía barata, y luego intentan asegurar más tierra cuando la misma se vuelve prohibidamente cara –o no disponible en absoluto–.

Cuando finalmente nos mudamos a nuestra primera instalación después de congregarnos en una escuela durante diez años, teníamos ciento trece hectáreas. ¿Cómo alguna vez las pagaríamos? Entonces recordé que un viaje de muchos kilómetros comienza con el primer paso. Empezamos mirando, orando y siendo pacientes. Cuando se hizo disponible una parcela de tierra, cinco de nosotros dimos mil dólares por persona para presentar un contrato. Cuando tuvimos el contrato, nos dieron treinta días para cerrarlo. ¿Sabe lo que hicimos? Suplicamos e imploramos durante el calor de nuestra crisis económica de verano. En la última semana de nuestra fecha límite señalada, habíamos levantado ochenta dólares; esto era aún deplorablemente poco.

Mientras orábamos en mi oficina –en realidad, el comedor de mi apartamento–, recibí un llamado de un negociante local:

– No asisto a su iglesia –dijo–, pero algunos de mis empleados sí, y me han contado de su dilema. He decidido prestarle cual sea la cantidad que necesite para que pueda comprar la tierra.

Con esa llamada telefónica, Dios confirmó que a Él le agrada financiar los primeros pasos.

Dios usa la fe para confirmar su agenda

Jesús hizo una promesa sorprendente que dudo que aún creamos o que la comprendamos plenamente: *"Ciertamente les aseguro que el que cree en mí las obras que yo hago también él las hará, y aún las hará mayores, porque yo vuelvo al Padre"* (Juan 14:12, NVI).

¡Imagínese eso! Por fe podemos hacer incluso cosas *más grandes* que las que hizo Jesús mientras caminó por este planeta. ¿Cómo? Ciertamente no por nuestro propio poder o mediante nuestros propios planes. Salomón nos advirtió que: *"El corazón humano genera muchos proyectos, pero al final prevalecen los designios del SEÑOR"* (Proverbios 19:21). La fe me hace un jugador en el gran drama de la agenda redentora de Dios. Por fe, puedo ir donde Jesús no fue y hacer lo que incluso Jesús no hizo. Puedo ser un ejemplo viviente y vivo de lo que significa vivir por fe.

Usted puede hacer la vida por fe creíble y accesible a los demás. Ellos verán el fruto de su vida con Dios y querrán conocer más. Este "querer saber más" se convierte en mi misión de vida. La agenda de Dios se ha vuelto mi agenda. Usted puede siempre identificar la agenda de Dios debido a las palabras "re" que Él usa. Dios usa palabras tales como *re*scatar, *re*novar, *re*nacer, *re*compensa, *re*clamar, *re*dimir, *re*staurar, *re*gocijar y *re*fugio. Por el contrario, usted puede reconocer la agenda de Satanás por sus palabras favoritas "de - di". Él expresa su obrar en palabras como *de*primir, *de*struir, *de*sesperar, *de*silusionar, *di*famar y *de*smoralizar.

Dios usa la fe para recompensar la audacia

George Bernard Shaw dijo:

– Estoy enfermo de ver personas razonables. Expresan todas sus razones para ser perezosas y no hacer nada.

Dios no solo recompensa la audacia; creo que también está a favor de ella. No la necedad sino la audacia. Dios recompensa las cosas audaces. Me gusta lo que dijo el filósofo Séneca:

– No es porque las cosas sean difíciles que no nos atrevamos. Es porque no nos atrevemos que las cosas son difíciles.

El apóstol Pablo nos advirtió: *"No nos cansemos de hacer el bien, porque a su debido tiempo cosecharemos si no nos damos por vencidos"* (Gálatas 6:9, NVI). Jesús prometió: "Ustedes no han dado algo, hecho algo, orado por algo, servido algo en mi nombre por lo que no hayan de ser recompensados en esta vida y en la vida venidera" ¡Qué personas seguras podemos llegar a ser al invertir nuestras vidas en agendas audaces en fe! John Scully, el anterior ejecutivo superior de Pepsico y Apple Computers, dijo:

– Las personas que corren riesgos son las personas contra las cuales usted perderá.

Dios usa la fe para hacerlo victorioso

"Todo lo que ha nacido de Dios vence al mundo –escribe el apóstol Juan–. *Esta es la victoria que vence al mundo: nuestra fe"* (1 Juan 5:4).

Cuando usted nació, no tenía rótulas. En realidad, no desarrollamos las rótulas hasta que tenemos tres o cuatro años. ¡Pero mírese ahora! Cuando usted nació no sabía su nombre, no tenía dientes, tampoco cabello e incluso no podía ir al baño por sí solo. ¡Pero mírese ahora! Ya ha vencido tanto para estar donde está hoy, leyendo este libro, queriendo edificar su fe. Usted es más fuerte y mejor, y más sorprendente que cualquier cosa que pudiera imaginar.

Por eso, ¡deje de condenarse! ¡Comience a creer en el Dios que cree en cuán sorprendente usted puede llegar a ser! Pero recuerde esto: Él usa la adversidad para llevarlo hasta ahí.

Dios usa la fe para matar sus suposiciones

Hace varios años mi esposa me regaló una hermosa placa pequeña con este versículo: *"Clama a mí y te responderé, y te daré a conocer cosas grandes y ocultas que tú no sabes"* (Jeremías 33:3, NVI). Esta es una promesa tan poderosa para mí que está colgada en la puerta de mi oficina para poder verla todos los días.

Necesito ser recordado de no reducir a Dios o intentar encajonarlo pensando en que sé lo que Él puede hacer o está dispuesto a hacer. Sea cauto con sus suposiciones y cuidadoso con lo que piensa que sabe sobre Dios. He descubierto que incluso después de que Dios me da una gran victoria por fe, rápidamente me olvido y vuelvo a caer en suposiciones y temores viejos, acerca de Dios. Me hago olvidadizo y, por lo tanto, irritable. No obstante, David dijo:

> *"No te irrites a causa de los impíos ni envidies a los que cometen injusticia; porque pronto se marchitan, como la hierba; pronto se secan, como el verdor del pasto. Confía en el SEÑOR y haz el bien; establécete en la tierra y mantente fiel. Deléitate en el SEÑOR, y él te concederá los deseos de tu corazón. Encomienda al SEÑOR tu camino; confía en él, y él actuará. Hará que tu justicia resplandezca como el alba; tu justa causa, como el sol de mediodía. Guarda silencio ante el SEÑOR, y espera en él con paciencia; no te irrites ante el éxito de otros, de los que maquinan planes malvados."* (Salmo 37:1-7, NVI).

¿Ha estado alguna vez en un circo y ha visto a los elefantes? Los peones los encadenan a estacas pequeñitas de metal; pero los elefantes pesan diez toneladas, así que fácilmente podrían romper sus estacas como si fueran escarbadientes. ¿Sabe usted lo que hacen los peones? Los elefantes bebés pesan solamente entre noventa y ciento cuarenta kilos; es entonces cuando los entrenadores los atan a estas estacas. Los elefantes bebés comienzan a tirar sus cadenas y a descubrir que no pueden salir. Por eso, su banco de memoria básicamente dice: "No tires de la cadena".

Nosotros los humanos algunas veces imitamos a estos elefantes. Alguien nos dice cuando somos chicos: "Tú no eres apuesto", "Tú no eres muy bonita", o "No eres un muy buen líder", y ¡ZAS!: una estaca de metal se establece fuertemente en nuestra mente. Con frecuencia, siendo adultos, todavía nos rezagamos debido a alguna estaca imprecisa y a alguna palabra que fue llevada a nuestra mente años anteriores.

Quizás usted ha vivido del lado de los espectadores de la cerca. Su mente dice: "No tires de la cadena. No puedes hacerlo". ¡Déjele a Dios darle la fe para aniquilar sus suposiciones y construir sus sueños!

LA AVENTURA INTERMINABLE

John R. Mott, el gran estadista misionero, dio un gran consejo santo cuando dijo:

– Desafíe las suposiciones con las cuales se le pide que trabaje. Si un estudio cuidadoso lo convence de que son las correctas, sígalas fielmente. Si, sin embargo, está convencido de que son las erróneas, intente ya sea revisarlas o abandonarlas. ¡No repita errores irrefutables!"

La aventura de la fe nunca termina. El viaje que usted justo finalizó lo califica para el que vendrá. Charles Schwab dijo:

– Un hombre puede tener éxito en casi todo para lo cual ha tenido un entusiasmo ilimitado.

Edward Teller sugirió:

– Cuando uno llega al fin de toda la luz que conoce y es tiempo de pisar la oscuridad de lo desconocido, la fe es saber que una de dos cosas ocurrirá: ya sea que se le dará algo sólido para pisar, o se le enseñará cómo volar.

Una vida caracterizada por la fe o una vida paralizada por el temor, ¿cuál escogerá? Y recuerde, es una elección. ¿Avanza en fe en contra de lo desconocido y lo no familiar? ¿O retrocede preso del temor? Él temor lo hará irritante o la fe lo hará productivo. Escoja hoy transformar su temor en fe, ya que Dios promete gran recompensa para aquellos que hacen esto.

Transforme sus pavores
en sueños

Señor, concédeme que pueda siempre desear más de lo que pueda lograr.

— MIGUEL ÁNGEL

La imaginación es algo maravilloso. Puede transformar un palo de escoba en un caballo galopante, una toalla en una capa y un día común en una aventura. Con ella, usted puede visitar lugares alejados sin avión ni pasaporte. Puede usarla en cualquier momento, bajo cualquier condición y sin preocuparse por el dinero o la mano de obra.

Por eso, imaginémonos por un momento que usted está en una suite presidencial de uno de los hoteles más buenos del país. Se está vistiendo para un gran evento. Su ropa le queda perfecta, cada cabello parece estar en su lugar y usted tiene un bronceado espectacular. Ha llegado a su peso ideal y nunca se ha sentido mejor. Mientras se mira en el espejo por última vez, se le forma una pequeña sonrisa de satisfacción… incluso tiene que admitir que se siente y se ve mejor que la mayoría de las personas que tienen la mitad de su edad.

Escucha un golpe suave en la puerta y saluda a su chofer aquella noche. Él lo guía por un ascensor privado y hasta su limousine personal. Después de un paseo corto, el vehículo se detiene enfrente de un edificio alto, elegante y radiante. Usted sale del auto y pisa sobre una alfombra roja que lo lleva a una gran antesala. A medida que entra, todas las miradas se vuelven hacia usted. Puede oír a la policía susurrar y ve al dedo discreto señalando desde la esquina de su ojo. El ascensor vidriado lo lleva a la parte superior con una velocidad impresionante. Las puertas se abren y a medida que sale, *la maître d'* lo saluda y abre las puertas revestidas con paneles de madera y con bisagras de bronce, las que presentan un magnífico salón de baile. A medida que ingresa, ve a otro cientos de personas bien vestidas, puestas de pie, aplaudiendo su llegada. Su atención se dirige hacia el lado derecho de la habitación, en el cual usted no solo ve la mesa principal, sino que arriba de ella un estandarte enorme que dice: "Felices 100 años".

¡Usted cumplió un siglo! Todas las personas significativas de su vida se han reunido para celebrar su impacto en sus vidas. Y ahora quiero que considere una pregunta en el tiempo real: ¿Quién quiere ser usted y por qué quiere ser recordado? ¿Quiere que un desfile de gente admita que en realidad no lo conocía, que usted era el tipo de persona tranquila y que no tenía mucho que decir, pero que era agradable, prolijo y que nunca tuvo algo malo que decir sobre alguien? ¿O preferiría tener una larga hilera de amigos y familias que caminen por ese escenario, conteniéndose las lágrimas, y uno por uno revelarle las maneras en las que Dios lo usó para cambiar sus vidas?

Usted está representando y llevando a cabo justo ahora, en este momento, la manera en la que será recordado posteriormente. Que esté leyendo un libro sobre el poder para prevalecer contra todas las probabilidades, dice mucho sobre lo que quiere para sí mismo. Por eso, hágase una pregunta: si permanezco en el camino en el que estoy justo ahora, si sigo pensando de la manera en la que pienso, hago lo que estoy haciendo, doy como estoy dando e intento lo que he estado intentado, ¿terminaré un día estando donde soñé estar? Si continúo influyendo de la manera en la que lo estoy ahora, ¿estaré contento y seré agradecido cuando esté al final de mi vida mirando retrospectivamente?

En otras palabras, si continúa de la manera en la que es hoy, ¿llegará a su destino preferido? ¿Sabe ya cuál es aquel destino? Si responde "no estoy seguro", entonces ahora es el tiempo para comenzar a realizar cambios.

EL PODER PARA PREVER UN FUTURO PREFERIDO

Dios le ha dado poder para cambiar el curso de su vida en cualquier momento al escoger su actitud, cambiar su aptitud y controlar sus acciones.

Tiene justo ahora el poder para prever un futuro preferido. Pero debe desearlo lo suficientemente mucho como para asumir una responsabilidad personal para tener control. Comience este proceso tomando una decisión que lo cambiará todo sobre su vida, así también como las vidas de todos aquellos a quien su vida afectará. Escoja que desde este momento en adelante, su vida se moverá hacia delante y hacia arriba sobre los hombros de sus sueños. William James expresó esto muy bien:

Comparado a lo que deberíamos ser, estamos solamente medio despiertos. Estamos haciendo uso de solamente una pequeña parte de nuestros recursos físicos y mentales. Dicho esto en sentido amplio, el individuo humano vive de este modo lejos dentro de sus límites. Así, posee poder de varios tipos, los cuales habitualmente no usa.[1]

Los sueños son increíblemente poderosos. Ellos llegan a ser la cultura y el contexto de nuestras vidas. Es difícil sobreestimar su impacto sobre lo que podemos llegar a ser. La Biblia lo expresa del siguiente modo: *"Esperanza frustrada, corazón afligido, pero el deseo cumplido es como un árbol de vida"* (Proverbios 13:12, Dhh). Ignorar nuestros sueños es invitar al temor a que secuestre nuestras esperanzas.

Todos nosotros tenemos temores. Los enfrentamos todos los días. Pero las personas que hacen de sus vidas algo que valga la pena celebrar, transforman sus temores comunes en sueños extraordinarios. Si fuera fácil hacerlo, más personas estarían practicándolo.

El poder para prevalecer le da las agallas necesarias para dejar su ruta y seguir un camino diferente. Y el viaje empieza cuando usted se enfrenta con el poder que sus temores pueden ejercer sobre usted. Dicho de manera simple, es su elección si va a ser ahogado en sus pavores, conducido por sus esquemas o llevado al futuro por sus sueños.

Ahogado en los pavores

Carl Sandburg dijo correctamente:
– Nada ocurre a menos que sea antes un sueño.
¿Qué alberga justo ahora: sus sueños o sus pavores?

Los pavores usualmente se introducen con las palabras *algún día*. Como por ejemplo, *"algún día* voy a hacerlo". Y cuando las cosas por las que oramos que ocurran, algún día suceden, en realidad nuestros pavores amenazan ahogarnos en una corriente de "qué si..." o "si solo".

Algunos de nosotros nos quejamos de trabajar hasta que ya no tenemos más un trabajo. Y, ¿no es irónico que oremos por los niños hasta que los tenemos? Algunas personas que oran: "Oh, Dios, ¡necesito casarme!" se casan y después claman: "Oh, ¡en qué estaba pensando!" Si no somos cuidadosos, terminamos volviéndonos una pequeña pila de nervios, preocupaciones y pavores.

¿Qué sucede cuando usted se centra en las cosas que lo aterran? Job confesó: *"Lo que más temía, me sobrevino; lo que más me asustaba, me sucedió"* (Job 3:25, NVI). Usted puede crear su propio caos al hablar del mismo.

En la universidad hice un curso sobre salvavidas. Para pasar el curso, tuve que hacer una flotación de supervivencia durante una longitud específica de tiempo. Aprendí cómo hacer esa flotación de supervivencia como para pasar el curso, pero no es así cómo quiero vivir. "Hacer vida" mediante el método de flotación de supervivencia significa que uno intenta mantener su nariz arriba de las olas de los pavores diarios.

Los americanos nativos tienen un dicho maravilloso: "Cuando usted nació, usted lloraba y el mundo se regocijaba. Viva su vida de tal manera que cuando se muera, el mundo llore y usted se regocije". Recuerde: solamente las cosas muertas flotan río abajo.

Conducido por sus esquemas

Hace varios años llevé a mi familia a visitar los Universal Studios en California. Fuimos en tren por los diferentes lugares en donde se filmaron películas actuales. En nuestro recorrido vimos las casas donde fueron filmados todos los programas populares de televisión. Vimos las casas desde de *Leave It to Beaver [Déjaselo al castor]* hasta la de *Empty Nest [Nido vacío]*. Me sentía muy impresionado por ver en persona las casas que tantas veces había visto por televisión.

Pero tuve una sorpresa muy desagradable cuando giramos la esquina y vimos las mismas casas desde la parte posterior. Estas casas no son verdaderas en absoluto. Son simplemente palos de madera que sostienen una fachada hermosa. Y eso es lo que son los esquemas: fachadas hermosas sin fundamento ni sustancia.

T. S. Eliot dijo sabiamente:

– La última tentación es la traición más grande: llevar a cabo el hecho correcto por la razón equivocada.

Usted no puede siempre distinguir con facilidad a los maquinadores, porque ellos hacen un montón de cosas correctas por las razones equivocadas. Fingen ser su amigo, pero en realidad quieren usarlo para conseguir cosas y posición. Ellos son grandes en los títulos, los trofeos y los tributos.

Al contrario, los sueños giran en torno al amor, al sacrificio y a la trascendencia. Ellos siempre tienen que ver con cómo las personas pueden ser halladas, amadas, celebradas, sanadas, animadas, redimidas, bendecidas y beneficiadas. Dicho de manera simple, los esquemas son para el ego, mientras que los sueños son para los demás.

SER LLEVADO AL FUTURO POR SUS SUEÑOS

Los verdaderos sueños provienen de Dios. Él podría darnos pesadillas, pero nos da sueños.

En el libro de Jeremías Dios nos desafía: *"Clama a mí y te responderé, y te daré a conocer cosas grandes y ocultas que tú no sabes"* (Jeremías 33:3, NVI). ¡Él promete mostrarle grandes cosas! No cosas miserables, sino cosas poderosas. Y Él nos manda a hacer esto: *"Olviden las cosas de antaño; ya no vivan en el pasado"* (Isaías 43:18, NVI). Dios dice: "Cada cosa que hice en el pasado palidecerá en comparación a lo que voy a hacer en el futuro".

En Isaías 43 Dios promete abrir camino en el desierto. Ahora, ¿de qué está hecho principalmente el desierto? De arena. Entonces, ¿cuál es la gran cuestión sobre la arena? Se lo diré. Algún soñador encontró una forma de transformar la arena en silicona y la silicona en una computadora. Y todos sabemos qué impacto han causado las computadoras en el mundo.

Dios puede tomar lo más mundano y hacer de eso, el producto más sorprendente. Pero antes de que la arena se convierta en una computadora, alguien en algún lugar tiene que soñar. J. A. Colmes dijo:

– Nunca digas a alguien que algo no puede hacerse. Dios puede haber estado esperando durante siglos para que alguien lo suficientemente ignorante de lo imposible haga esa cosa".

Los sueños hacen de lo ordinario algo extraordinario y de lo imposible, algo posible.

Dolly Parton asistió a una escuela secundaria tan pequeña que a cada estudiante se le daba la oportunidad de pararse en la graduación y de anunciar sus planes para el futuro. Cuando llegó el turno de Dolly, ella dijo: "Voy a ir a Nashville para convertirme en una estrella". Todo el lugar erupcionó en una carcajada y ella se sintió atónita. Tiempo más tarde dijo:

– De algún modo, esas risas me inspiraron una determinación aún más grande por hacer realidad mi sueño. Pudiera haberme derrumbado bajo el peso de las dificultades que iban a venir, si no hubiera sido por la respuesta de la multitud ese día. Algunas veces resulta divertida la manera en la que encontramos inspiración.

T. E. Lawrence, el famoso autor, soldado y aventurero británico que movilizó la rebelión árabe en contra del Imperio Otomano durante la Primera Guerra Mundial dijo:

– Todos los hombres sueñan, pero no de igual manera. Aquellos que sueñan por la noche, en los descansos de su mente se levantan de día para descubrir que fue vanidad; pero los soñadores de día son hombres peligrosos, ya que pueden actuar su sueño con los ojos abiertos para hacerlo posible. Esto fue lo que hice.

Sea cuidadoso con cómo sueña de día, porque el tamaño de sus sueños determinará el tamaño de su vida.

Los sueños extraen su inteligencia creativa

Dios lo creó con una cantidad inmensurable de inteligencia creativa. En el Salmo 139:14 David dice: *"¡Gracias Dios por haberme creado tan maravillosamente complejo!"*

Henry J. Taylor correctamente señaló:

– La imaginación encendió cada lámpara de este país, produjo cada artículo que usamos, construyó cada iglesia, realizó cada descubrimiento, ejecutó cada acto de bondad y de progreso, creó más y mejores cosas para más personas. La imaginación es el ingrediente sin precio de un mejor día.

Y Aristóteles creía que "el alma nunca piensa sin un cuadro".

Aunque todos los hombres son creados iguales, la energía creativa o la carencia de la misma pronto los separa. George Bernard Shaw dijo:

– La imaginación es el comienzo de la creación. Usted imagina lo que desea, usted quiere lo que imagina y al final, usted crea lo que quiere.

El gran filósofo Pascal declaró:

– La imaginación dispone de todo. Crea la belleza, la justicia y la felicidad, lo cual es de todas maneras, en realidad, todo.

Alguien definió lo imposible como algo que nadie puede hacer hasta que alguien lo hace. Quien sabe: usted puede ser la persona misma que Dios quiere que cree un invento, una cura, un producto o un servicio nuevo que bendecirá a cientos, a miles –o me atrevo a soñarlo– ¡a millones! Todo lo que hace a nuestra vida grande hoy, desde el auto que conducimos, el teléfono que usamos, los grandes hospitales, iglesias y universidades, comenzó cuando Dios le permitió a alguien que vea lo que todavía no era visto. Calvin Coolidge tenía razón cuando dijo:

– No necesitamos más poder intelectual, necesitamos más poder espiritual. No necesitamos más cosas que se ven, necesitamos más de las cosas que no se ven.

Los sueños sacan a nuestro potencial latente

A Tomas Edison se le da crédito por decir:

– Si hiciésemos todas las cosas que somos capaces de hacer, literalmente nos sorprenderíamos.

Dios lo creó con un gran potencial. Así es como Las Sagradas Escrituras lo explican: *"¡Te alabo porque soy una creación admirable! ¡Tus obras son maravillosas, y esto lo sé muy bien!"* (Salmo 139:14, NVI). Woodrow Wilson dijo:

– Nos hacemos grandes por los sueños. Todos los grandes hombres son soñadores. Ellos ven las cosas en la bruma suave de un día de primavera, o en el fuego rojo de una larga noche de invierno. Algunos de nosotros permitimos que estos grandes sueños se mueran, pero otros los alimentamos y protegemos; los alimentamos a través de los días malos hasta que podamos traerlos al sol y a la luz que siempre llega a aquellos que sinceramente esperan que sus sueños se hagan realidad.

Observe lo que dijo Wilson. No dijo que todos los hombres son soñadores. Eso no sería verdad, porque la mayoría de las personas alimentan sus temores privando así a sus sueños. Dijo que todos los "grandes" hombres son soñadores. No la clase de soñadores que sueñan durante la noche, ¡sino aquellos que sueñan valientemente durante el día! Estos soñadores viven por el compromiso de que la visión debe seguirse pronto por la ventura.

Muchos de nosotros vivimos por debajo de nuestro potencial, porque nada de lo que hacemos actualmente requiere lo mejor de nosotros o despierta la imaginación que nos dio Dios. ¿Describe lo que sigue a continuación a alguien que usted conozca?

> Había un hombre muy cuidadoso,
> que nunca se reía ni jugaba.
> Nunca se arriesgaba, nunca lo intentaba,
> nunca cantaba ni oraba.
> Y cuando un día murió,
> su seguro le fue negado.
> Ya que debido a que nunca en realidad vivió,
> dijeron que nunca murió.

Los sueños lo alinean a su propósito primordial

Debido a que me llamo David, he hecho a lo siguiente el versículo de mi vida: *"Ciertamente David, después de servir a su propia generación conforme al propósito de Dios, murió..."* (Hechos 13:36, NVI). Estoy orgulloso de compartir el nombre David con el rey del antiguo Israel. Me gusta la historia de David porque él supo su propósito primordial. Era un batallador y un matador de gigante. Cuando David salió para enfrentarse con Goliat, juntó cinco piedras lisas. Usó solo una para matar a Goliat y el resto para ir detrás de los cinco hermanos del gigante.

Pero además de todas las grandes batallas que David peleó y ganó, quería en realidad construir un templo para Dios. Pero Dios dijo: "No, ese no es tu trabajo. No eres un constructor, eres un batallador". Imagino que David se enfurruñó y enojó. Y, ¿usted sabe qué? Dios dijo: "No, no, no. Te voy a dar un hijo como constructor". El nombre del constructor fue Salomón.

Los sueños lo ayudan a enfocar su energía. Enfrentémoslo, usted solo tiene determinada energía y tanto tiempo como para cada día. Si intenta hacer todo, entonces terminará no haciendo nada bien. Usted necesita reclamar unas pocas cosas como propias. Realice esas cosas con todo el amor que pueda, tanto como pueda, lo mejor que pueda y por todo el tiempo que pueda. Conocer el sueño de Dios para usted lo ayuda a hacer esto. Los sueños conducen a un propósito, y el propósito le permite entender lo que a usted le interesa. Céntrese en esto y permita que el resto de la vida simplemente flote.

Los sueños lo obligan a superarse

El entrenador legendario de fútbol Vince Lombardi dijo:

– La calidad de la vida de una persona está en proporción directa con su compromiso con la excelencia, sin tener en cuenta su campo de esfuerzo escogido.

Es por esta razón que es imprescindible que sus sueños provengan de Dios. Si es así, entonces se sentirá obligado a superarse.

Los sueños le recuerdan que está aquí para algo grande. Robert Schuller lo expresó de este modo:

– Las personas que son en realidad un fracaso, son aquellas que colocan sus normas tan bajas, mantienen la barrera en un nivel tan seguro, que nunca corren el riesgo de fracasar.

Pablo le dijo a algunos de sus amigos: *"Por eso yo, que estoy preso por la causa del Señor, les ruego que vivan de una manera digna del llamamiento que han recibido"* (Efesios 4:1, NVI).

Un padre joven estaba entrenando al equipo de la Liga Pequeña de béisbol de su hijo. Mientras meditaba en cómo entrenar al equipo, pensó retrospectivamente en cómo su propio entrenador había causado un impacto tan grande en él cuando tenía la edad de su hijo.

– Una de las cosas que hacía nuestro entrenador era organizar un picnic para el equipo al comienzo de la temporada –dijo–. Después de que comíamos los panchos y las hamburguesas, nos hacía sentar para tener una charla alentadora. Así preguntaba: "¿Cuántos de ustedes sueñan con jugar un día en las Ligas Mayores?" Casi todas las manos se elevaban bien alto. Cada niño con su mano hacia arriba creía que podría lograrlo. Uno podía verlo en sus ojos. Luego nos decía: "Si eso va a suceder, ¡ese sueño comienza ahora!" Me sentía tan inspirado por este desafío –todos nosotros nos sentíamos así– que practicábamos y jugábamos tanto que estuvimos sin ser vencidos durante los próximos años. ¡Todos los equipos estelares de otras ligas jugaban y perdían!

El hombre pensaba que si este tipo de motivación funcionó bien para él y sus compañeros de equipo, entonces esta podría ser una buena manera de motivar al equipo de su hijo. Por eso reunió a todos los niños de su equipo al comienzo de la temporada, para darles una charla alentadora, la misma que le había dado a él su entrenador. Le hizo la misma pregunta a su equipo:

– ¿Cuántos de ustedes sueñan con jugar un día en las Ligas Mayores?

Y ni siquiera un niño levantó su mano. Ningún niño creía que podría lograrlo. Uno podía verlo en sus ojos.

– Me quedé sin palabras –dijo el hombre–. El resto de mi charla no tenía sentido, por eso dije: "¿De veras? ¿Nadie? Bien, agarren sus guantes y juguemos". Pensé en ese día por mucho tiempo. ¿Qué había ocurrido en esos veinticinco años desde que yo era niño? ¿Qué se había metido en sus vidas que le había robado sus sueños? ¿Qué les había convencido de que no serían más de lo que eran?

Los niños sin sueños son como autos sin combustible o aviones sin motor. Los niños deben ser alentados, incluso enseñados a cómo soñar, porque tan cierto como el Sol sale a la mañana, los niños conducen a un destino, y el destino no es cuestión de oportunidad, sino una cuestión de elección. El destino no es meramente algo a intentarse, sino algo para ser maravillosamente alcanzado.

Los sueños le dan un sentido de dirección

Una cita famosa de Thoreau dice:
– La mayoría de las personas viven una vida de desesperación tranquila.

En nuestro tiempo políticamente correcto y de múltiples elecciones, la verdad pudiese no obstante expresarse de manera más precisa:
– La mayoría de las personas viven vidas de distracción interminable.

Podemos ir a cualquier lado ahora mismo y terminar en ningún lado, pero esta no es la vida que vivió Jesús. Piense en cuán decidido y resuelto fue Él cuando les advirtió a sus discípulos que sería rechazado por la institución religiosa, traicionado por un amigo de confianza y acusado ilegalmente, arrestado y humillado. Predijo que sería golpeado, llevado a un lugar fuera de la ciudad y crucificado.

– Voy a morir solo –les dijo en esencia, pero la buena nueva es que después de ese viernes oscuro, habrá un domingo–. Y voy a salir de la tumba. Quiero que sepan que cuando todos digan que me bajé de la cruz, ustedes solamente recuerden que es mejor salir de la tumba que bajar de una cruz.

Algunas veces las personas que lo disuadirán más de hacer lo que fue creado para hacer, son aquellas que más lo aman. Algunas veces el "comité de agua fría" está presidido por un padre, un amigo o un hermano. ¿Por qué? Porque todos, en especial su familia, piensan que saben lo que usted no puede hacer. Saben que su nombre no es "Sorprendente", ¡sino "Fracasado, Ganso o Inútil"! Piensan que lo más cercano a un superhéroe que alguna vez va a llegar a hacer, es poniéndose esa ropa interior que usa.

Y permítame simplemente decirle esto: no espere que todos se paren y le digan:
– Eh, aplaudo eso.

Incluso si sigue un sueño que cree que lo inspiró Dios. Algunos de esas personas van a pensar que usted está loco. Después de todo, piensan que Jesús lo estaba. Es en estos momentos, en medio de detractores y protectores, que sus sueños le darán lo que otros no pueden entender o explicar: la determinación. Se requiere que aquellos a quienes se les ha dado una responsabilidad, sean fieles.

La seriedad implica hacer lo que cree que debería hacer, y permanecer en eso. Cuando sabe lo que se supone que debe hacer con su vida, también sabe lo que necesita "no" hacer. Un sueño lo libera de necesitar ser "todas las cosas para todos los hombres". Los sueños lo libran de la necesidad de ser omnipresente. Ellos son aliados poderosos, que lo ayudan a vencer al complaciente de la gente dentro de usted. Ellos lo llevan de una generalidad errante a un específico significativo. Pablo dijo "esta cosa hago", no "de estas cuarenta cosas me ocupo superficialmente".

Creo que Thoreau tenía razón cuando dijo:
– Si uno avanza en la dirección de sus sueños, y se esfuerza por vivir la vida que se imaginó, se encontrará con un éxito inesperado en horas comunes.

He vivido la verdad del credo olímpico: "Lo más importante en los juegos olímpicos no es ganar, sino participar". Lo más importante en la vida no es triunfar, sino luchar. Lo esencial no es haber conquistado, sino haber peleado bien. Recuerde el viejo proverbio árabe: "Una manada de ovejas dirigida por un león, vencerá a un grupo de leones dirigidos por una oveja".

CÓMO DESCUBRIR SU SUEÑO

Aunque todos tienen sueños, no todos los descubren. ¿Cómo puede descubrir su sueño? Considere unas pocas sugerencias.

Los sueños se descubren, no se entregan

Siendo niño, me encantaba un *show* de aventura televisivo de una hora que se llamaba *Misión imposible*. Cada semana el Señor Phelps recibía una misión secreta. Y cada semana el mensaje de esa misión terminaba con el mismo descargo de responsabilidad: "Si a usted lo atrapan, negaremos todo conocimiento de usted".

Estoy contento de que Dios no nos entregue sueños en grabadores con mensajes autodestructores. ¿Y no estamos todos contentos de que si nos enmarañamos, Él no nos niega? De hecho, Dios nos invita a explorar y a probar nuevas cosas con nuestras manos, porque así es como descubrimos nuestros sueños.

He aprendido que al menos a corto plazo, la necesidad es el llamado. Escucho un montón sobre personas que están buscando su "llamado", y aunque sí creo en el concepto del "llamado", el mismo no se le entrega a una persona como si fuera un paquete importante de UPS [empresa americana que se especializa en enviar paquetes por correo en todo el mundo] o FedEx [compañía americana que provee servicios de distribución rápida de paquetes y transporte de carga a nivel mundial]. Uno descubre los sueños a medida que se ocupa de suplir las necesidades que se encuentran enfrente de uno.

Jesús ilustró el proceso del siguiente modo: *"Entonces los justos preguntarán: 'Señor, ¿cuándo te vimos con hambre, y te dimos de comer? ¿O cuándo te vimos con sed, y te dimos de beber? ¿O cuándo te vimos como forastero, y te dimos alojamiento, o sin ropa, y te la dimos? ¿O cuándo te vimos enfermo o en la cárcel, y fuimos a verte?' El Rey les contestará: 'Les aseguro que todo lo que hicieron por uno de estos hermanos míos más humildes, por mí mismo lo hicieron'"* (Mateo 25:37-40, Dhh). Todos los días usted encuentra oportunidades para suplir necesidades al servir a la gente. En el hecho de hacer cosas simples, cosas pequeñas con gran amor, Dios nos permite descubrir las pocas cosas a las que Él nos llama a invertir nuestras vidas soñando y atreviéndonos a hacer.

Usted no va a descubrir sus sueños cuando baja su correo electrónico o en su buzón. Levántese, salga, encuéntrese con la vida a mitad de camino y vea lo que descubre.

Los sueños se descubren a medida que halla una necesidad y la satisface

¿Qué necesidades a su alrededor siente que no son suplidas? ¿Qué considera que necesita realizarse? ¿Qué cosas mueven su corazón y apenan su alma? ¿Qué cosas lo enojan?

Para mí, fue y es el crecimiento y el impacto saludable de la iglesia estadounidense. He pasado mi vida adulta comprometido con la iglesia de Jesucristo. Sin embargo, la iglesia puede ser a la vez lo más frustrante del mundo, como así también lo más sorprendente. Es terrible cuando se equivoca, pero sublime cuando hace lo correcto.

En vez de denigrar, maldecir y enloquecerme por la manera en la que no es, soñé con invertir mi vida intentando hacer la iglesia de la manera que podría ser. Esa fue mi necesidad; podría no ser la suya. Theodore Roosevelt señaló:

– Lejos, el mejor premio que ofrece la vida es la oportunidad de trabajar mucho en aquel trabajo que vale la pena hacer.

Encuentre una necesidad y súplala. ¿Cuál es su "trabajo que vale la pena hacer"?

Los sueños se descubren a medida que encuentra una herida y la sana

Gracias a Dios por los sensibles que se encuentran entre nosotros. Me refiero a los sensibles en el sentido humanitario, no en el sentido de los "fácilmente ofendidos".

Lindsey, mi hija del medio, parece tener una cualidad semejante a la de un radar, ya que puede reconocer la "herida" en la otra persona. Vi a esta cualidad actuar cuando su madre y yo asistimos a la clase de orientación de verano en su primer año en la universidad.

Cientos de graduados de escuelas secundarias andaban errantes por una gran ciudad universitaria, los cuales se veían como el ciervo proverbial atrapado por los faros delanteros. A medida que caminábamos hacia el estadio de fútbol para recoger una foto documento de Lindsey, descubrimos que la oficina deseada estaba ubicada en el lugar que no era al que íbamos. Cuando finalmente lo encontramos, tuvimos que hacer una cola durante aproximadamente treinta minutos. En nuestro camino de regreso al centro universitario, atravesando la ciudad universitaria, nos cruzamos con otros chicos que intentaban encontrar la oficina para la foto documento. Pensé: "¡qué suerte!", pero observé que mi hija instintivamente identificaba a los estudiantes que estaban perdidos, se dirigía directamente hacia ellos y les decía:

– ¿Buscan la oficina para la foto documento?

Los estudiantes asentían con su cabeza, y luego mostraban una sonrisa enorme de alivio cuando mi hija se ofrecía a caminar con ellos hasta el lugar donde estaba el documento. Recuerdo haber pensado: "¿Qué está haciendo? ¡Estamos apurados! Nosotros encontramos solos el lugar donde estaba el documento; deja que ellos también lo encuentren solos. Después de todo, se está haciendo tarde y tengo hambre. No traje a estos chicos para estudiar". Mi voz interior me decía que dejara a estos chicos, pero la de ella le decía que los ayudara. Ella veía a otros chicos de su edad solos, perdidos e intimidados por toda la experiencia universitaria. Algo dentro suyo le hacía decir: "Hay una herida que puedo sanar; hay una persona que puedo ayudar".

¿Quiere saber cómo descubrir un sueño? Así es como se hace.

Los sueños se descubren a medida que encuentra un error y lo corrige

G. K. Chesterson dijo:

– No creo en el destino que cae sobre los hombres que más actúan, pero sí creo en el destino que cae sobre ellos a menos que actúen.

La manera en la que Jesús limpió el templo revela mucho sobre su carácter. Marcos escribió:

"Después que llegaron a Jerusalén, Jesús entró en el templo y comenzó a echar de allí a los que estaban vendiendo y comprando. Volcó las mesas de los que cambiaban dinero a la gente, y los puestos de los que vendían palomas; y no permitía que nadie pasara por el templo llevando cosas. Y se puso a enseñar, diciendo: En las Escrituras dice: 'Mi casa será declarada casa de oración para todas las naciones', pero ustedes han hecho de ella una cueva de ladrones" (Marcos 11:15-17, Dhh).

Lo que enojó a Jesús es que algunos hubieran convertido un lugar de adoración en un centro comercial. Dejó que la gente supiera de su enojo al volcar sus mesas. ¿Puede ser que el Hijo de Dios y el Salvador del hombre supiera cómo mostrar una indignación justa?

Quizás usted también lo toma como algo personal cuando las cosas malas parecen eclipsar las cosas buenas. Quizás incluso intentó expresar su propia indignación justa, solamente para descubrir después que ha sido reprendido por eso. Ahora estoy de acuerdo con que la indignación justa mal encausada y dirigida puede volverse tediosa. Pero también puede ser la energía de su alma. Cuando usted ve las cosas como son, se siente más preocupado con el modo en que las mismas deberían ser. La posibilidad de cómo corregir algo malo despierta su imaginación creativa. Es la manera en la que Dios lo ha creado, y usted necesita comenzar a pensar en maneras constructivas para transformar sus preocupaciones en soluciones.

Los sueños se descubren a medida que encuentra un sueño y lo apoya

Un admirador una vez le pidió al famoso director de orquesta Leonardo Bernstein que mencione el instrumento más difícil de tocar. Él respondió con una agudeza rápida:

– Segundo violín. Puedo conseguir abundantes primeros violinistas, pero encontrar uno que toque segundo violín con todo entusiasmo o segundo corno francés o segunda flauta, es un problema. Y, sin embargo, si nadie toca segunda, no tenemos armonía.

Quizás Dios lo llama para que apoye a los soñadores. Quizás usted es como Josué para Moisés, o Jonatán para David, o Bernabé para Pablo o incluso Juan el Bautista para Jesús. Usted puede ser quien allane el camino para que los soñadores continúen progresando. ¿Adónde estaría cualquier soñador en cualquier campo de esfuerzo, sin aquellos que lo apoyan detrás de escena?

Durante su presidencia, Ronald Reagan fue citado diciendo:

– Uno puede lograr mucho si no importa a quien se le da el crédito.

No puedo pensar en una mejor manera de encontrar un sueño para su propia vida, que estar rodeados de personas en búsqueda del sueño de Dios para sus vidas. Busque un sueño y apóyelo. Así como Pablo le aconsejaba a sus seguidores: *"Anímense y fortalézcanse unos a otros"* (1 Tesalonicenses 5:11, Dhh).

EN BÚSQUEDA DE RENEGADOS

Después de que un asesino matara a Bobby Kennedy, Ted Kennedy dio las palabras de despedida en el funeral de su hermano. Lea el corto extracto de cómo Ted recordó a su hermano:

> Mi hermano no necesita ser idealizado o agrandado en la muerte más allá de lo que fue en vida. Debería ser recordado simplemente como un hombre bueno y decente, que vio lo malo e intentó corregirlo, que vio sufrimiento e intentó sanarlo, que vio guerra e intentó detenerla. Y dijo muchas veces: "Algunos hombres ven las cosas como son y dicen: '¿Por qué?' Yo sueño cosas que nunca fueron y digo: '¿Por qué no?'"

Esa es la elección que usted tiene que hacer. ¿Será recordado como un soñador audaz que se negó a aceptar el *status quo* (en latín, "el lío en que estamos")? ¿O se perderá la oportunidad de toda su vida? ¿Será un reaccionario o un renegado? Voto por el renegado. Los renegados nunca abandonan, a pesar de las heridas.

En el siglo XVIII Samuel Johnson escribió:
– Nunca se intentará nada si todas las objeciones posibles deben primero ser superadas.

Hágase la última pregunta: ¿Qué me detiene a vivir mis sueños? Quizás necesite volverse un poco más "irrazonable". Quizás necesite volverse un renegado.

Necesitamos más personas que sueñen soluciones para los problemas pasados, presentes y futuros; y menos gente que se queje de ellos. Necesitamos más soñadores que se vuelvan hacedores. Necesitamos más renegados que quebranten la sabiduría convencional y que desafíen las probabilidades. Necesitamos más acción y menos fricción. Necesitamos personas que puedan impulsar en otros una posibilidad, antes que provocarles a estar esterilizados por el temor. Necesitamos el medicamento de un esfuerzo de calidad más de lo que necesitamos el antiséptico de una excusa mediocre y ligera.

Cuando usted sabe que nació para escalar, rechazará arrastrarse o deslizarse por la vida. No haga que se diga de usted: "Cuando todo fue dicho y hecho, hubo más dicho que hecho". Dios "lo soñó para que existiera", y Dios implanta sueños dentro de usted. Luchar por sus sueños y esperanzas requiere de coraje, el cual es la orientación básica de un acto de esperanza. No soñar un futuro mejor es negar al Dios de amor fiel, negarnos de nuestra propia primogenitura.

Si usted se atreve a confiar en Dios para que Él perdone su pasado, Él forjará un futuro increíble con usted. Si puede dejar de preocuparse sobre dónde ha estado, disfrutará mucho más del lugar a donde se dirige. Si deposita su culpa en la bóveda de la gracia de Dios, puede extraer la corriente de paz y propósito, con interés.

Es tiempo de ofrecer sus propias soluciones a los problemas que enfrentamos. Es tiempo de soñar con una mejor manera, y luego seguir adelante para hacerla a esa manera aún mejor. Es tiempo de hacer algo grande para Dios y para la gente. Necesitamos más optimismo generado por Dios, y usted puede ayudar a proveerlo. Recuerde que no importa su edad o donde se encuentre; cuando sus recuerdos exceden sus sueños, la vida está por encima para usted. Prepárese. ¡Esa fiesta del cumpleaños cien comienza hoy!

7

Transforme los "no puedo" en "puedo"

Nunca digas a alguien que algo no puede hacerse.
Dios puede haber estado esperando siglos para que alguien
lo suficientemente ignorante de lo imposible realice esa cosa misma.

– J. A. HOLMES

Cuento con un trofeo barato de dos dólares como una de mis posesiones más preciadas. Aunque prácticamente no tiene valor efectivo, el mismo marca un momento decisivo en mi vida.

Gané el trofeo en un concurso local de "Patear, pasar y hacer goles". Ese trofeo simboliza dos lecciones muy importantes que aprendí temprano en la vida. Primero, uno puede lograr más de lo que piensa que puede. Segundo, la voluntad para ganar debe seguir a la voluntad para prepararse para ganar.

Cada año nuestro agente comerciante local de Ford patrocinaba la competición de "Patear, pasar y hacer goles". La inscripción siempre coincidía con el develamiento de los autos de último modelo. Mientras mi papá admiraba el modelo más reciente Thunderbirds, yo estaba en una fila para inscribirme para ganar el trofeo. Solamente tenía que hacer goles, pasar y patear la pelota de fútbol más lejos que todos los demás. *Fácil*, pensé, ya que era el más grande y más fuerte de todos los otros chicos. En las dos semanas anteriores al concurso, no veía ninguna necesidad de entrenarme. Pensé que solamente podría mostrar y usar mi fuerza bruta para dominar la competición.

Pasaron las dos semanas y aparecí en la cancha de fútbol de la escuela secundaria local, pero jugué tan mal que me clasifiqué cerca del final, con resultados cercanos a los de los niños que tenían la mitad de mi tamaño. Me sentí totalmente humillado.

Este fracaso, el primero realmente grande, me mostró desairadamente mis limitaciones. Aunque perder duele, sentía mayor dolor porque sabía en lo profundo de mi ser que no me merecía ganar, porque no había estado dispuesto a entrenarme. Decidí cambiar las cosas para la competición del año siguiente.

Todo por sí solo, me mantuve en un entrenamiento estricto. Todos los días después de la escuela me dirigía a un gran campo en la parte posterior de nuestra casa para pasar la pelota de una manera, luego caminaba por el campo y la pasaba de otra. Hice lo mismo con patear y hacer goles. Caminaba de acá para allá en ese lote vacío pasando, pateando y haciendo goles. Me decidí a trabajar más, a entrenarme más y a superar a todos los demás que tenían mi edad. Ese recuerdo doloroso se convirtió en el combustible de los cambios que necesitaba hacer.

A medida que se acercaba la competición del año siguiente, realicé una tabla rudimentaria de cuenta regresiva. Tachaba los días y las semanas, hasta que el día de la competición finalmente llegó. Ya no era más el más grande o el más fuerte en el nuevo grupo de mi edad. Miré a los otros chicos de la fila y me pregunté: "¿Me encuentro nuevamente en una repetición de la humillación del año pasado?" Pero para cuando el último niño había arrojado, hecho goles y pateado la última pelota, yo había superado a todos los de mi grupo de mi edad.

Sentí la emoción de la victoria y el orgullo personal de saber que había trabajado mucho. Nunca voy a olvidarme de esa ocasión agradable en el que escuché que mi nombre era llamado por el altoparlante. Di un paso hacia delante y recibí el premio. En ese momento alentador aprendí que uno puede hacer mucho más de lo que piensa que puede. Su pasado no predice su futuro, siempre y cuando usted esté dispuesto a dedicarse a una gran meta. Mediante la preparación, puede transformar un "no puedo" en "puedo". Ese momento fue lo suficientemente grandioso como para hacerme querer hacerlo una y otra vez.

ES UNA CUESTIÓN DE ENFOQUE

Una tira cómica "Peanuts" ilustra cómo muchísimas personas se sienten gran parte del tiempo. Lucy le dice a Charlie Brown:

– Chuck, sabes que la vida es como una silla de buque: algunos la ponen para poder ver a dónde se están yendo, otros la ponen para poder ver a dónde han estado, y otros la ponen para poder ver a dónde están en el presente.

– ¿Sillas de buque? –responde Charlie Brown–. Yo ni siquiera puedo conseguir que mi silla esté abierta.

Me pregunto: ¿cuándo comenzó usted a enfocarse tanto en lo que no puede hacer? ¿Puede recordar el tiempo y el lugar cuando descubrió que no podía hacer ciertas cosas? ¿Puede recordar los días cuando le gustaba dibujar? ¿Recuerda mostrarles su obra de arte a sus padres, ansioso por oír las palabras mágicas "¡Eso sí que está bueno!"? ¿Puede recordar esos días inocentes cuando no temía intentar cosas nuevas?

En mi caso, descubrí el "mal dibujo" en algún momento cuando estaba en los primeros años de la escuela secundaria. Aproximadamente en ese tiempo, los niños dejaban de jugar a que eran Superman usando las toallas de baño alrededor de su cuello. Aprendimos temprano de que hay tales cosas como "dibujos malos y preguntas tontas". Y aprendimos a sentirnos realmente unos necios cuando nos sentimos culpables de producir cualquiera de los dos.

A medida que crecimos creyendo en nuestros "no puedos", nos despertamos un día preguntándonos simplemente en quién nos habíamos convertido. Los investigadores descubrieron que los niños se ríen más de trescientas veces por día. Pero para cuando llegan a la adultez, ese número se reduce a menos de veinte veces. Una vez le pregunté a mi hija menor, Paige, que me diga su color favorito. Entonces ella tenía siete años. Pensó y luego me dijo:

– Papito, mi color favorito es rojo, azul, amarillo, anaranjado, verde y negro.

Su respuesta me golpeó como si fuera una tonelada de ladrillos. Ella no había aprendido aún que no podía tener más de un color favorito.

Por eso, ¿cómo es que vamos de un mundo de niños lleno de colores a un mundo oxidado y rutinario adulto? En un cartel de la autopista de Alaska se lee: "Escoja su senda cuidadosamente, ya que estará en ella durante los próximos 322 kilómetros". ¿Pero puede ser esto lo que se propuso Dios? ¿Se supone que nuestro mundo va a reducirse a medida que crecemos? Y el hecho de crecer más, ¿no debería hacerme más audaz en vez de más frío? He aprendido que crecer es un privilegio, pero envejecer es una elección.

¿QUIÉN TE DIJO "NO PUEDES"?

Gordon McKenzie escribió su precioso libro, *Orbiting the Giant Hairball [Orbitando a la gigante bola de pelo]*, después de trabajar como director creativo en Hallmark Cards durante treinta años. En la primera etapa de su carrera, visitaba escuelas primarias para enseñar el pensamiento creativo. Cuando entraba a un aula de primer grado, habitualmente preguntaba: "¿Cuántos artistas tengo en el salón?" Cada una de las manos del salón se elevaba siempre. Cuando visitó el segundo grado e hizo la misma pregunta, alrededor del ochenta por ciento de las manos se levantaron. En tercer grado, el número de artistas autoproclamados disminuyó a aproximadamente la mitad. Para cuando llegó a quinto grado, solamente tres o cuatro manos de toda la clase se pusieron en alto. Y McKenzie pregunta:

– ¿Qué ocurre entre el primer y el quinto o sexto grado, que nos convence a todos nosotros de que no somos artistas y de que no podemos dibujar?

¿Qué ocurre a medida que crecemos? Pensamos que no podemos dibujar.

No podemos hablar. No podemos hacer cálculos porque nuestros padres tenían genes malos en las matemáticas y nos los transmitieron. Cuando las personas en posiciones de autoridad nos dicen repetitivamente:
– ¡No puedes controlar tu enojo, no puedes aprender, no puedes obtener buenas notas, no puedes escribir, no puedes hablar, no puedes hacer nada!
–comenzamos a creerlo.

Y de repente nos convertimos en una colección de "no puedos".

Al perder el concurso de "Pasar, patear y hacer goles", aprendí que podía transformar los "no puedos" en "puedos" si cambiaba la manera en la que sentía, pensaba y actuaba. Usted también puede hacer lo mismo. Al cambiar por voluntad propia la manera en la que siente, piensa y actúa, usted asume responsabilidad por el tipo de persona que va a llegar a ser.

Por eso, permítame preguntarle: "¿Vive la vida que esperaba y se imaginaba? Y si no, ¿por qué no?"

Algunas personas dan un montón de excusas. "¡No tengo oportunidades!" o "Tengo demasiadas responsabilidades" o "¡No sé por dónde comenzar!" ¿Está usted enfermo y cansado de sentirse enfermo y cansado? En caso de que así sea, eso puede cambiar justo en este momento. ¡Esa es su elección!

Cualquier cambio significativo en su vida comienza con la primera elección. Por eso, permítame desafiarlo a repensar su definición de las palabras "no puedo". Uno de mis versículos favoritos de la Biblia dice: "*Todo lo puedo en Cristo que me fortalece*" (Filipenses 4:13, NVI). Esto no quiere decir que puedo hacer lo que quiero simplemente por creer en Dios, pero sí quiere decir que puedo hacer todo lo que Dios me llama a hacer.

Dios nunca le ha dado un mandamiento o un encargo para el cual Él no le ha dado poder para que sea hecho. Puedo hacer todo lo que se supone que debo hacer a través de Cristo. Debido a que todo lo que necesito hacer es lo que se supone que debo hacer, no tengo que hacer un montón de cosas; por lo tanto, es bueno que no pueda hacerlas. También quiere decir que todo lo que debo y debería hacer, y fui creado para hacer, *puedo* hacerlo, a través de Cristo que me fortalece.

Uno aprende escuchando a sus críticos

Los expertos criadores de pavos dicen que si un pavo está herido o tiene una mancha de sangre en sus plumas, los otros pavos van a picotear la mancha de tal manera que lastimarán al pavo herido hasta que este se muera.

¿Puede usted creer que exista un animal tan tonto como para continuar picoteando la herida de otro? Yo sí puedo creerlo, porque eso es lo que hacen los críticos crueles, y esa es la razón por la que causan tanto dolor.

No son las grandes heridas las que matan nuestro espíritu, sino los miles de pequeños cortes que se añaden con el tiempo. Por eso, ¿no deberíamos hacer nada, tener nada, decir nada y lograr nada para evitar la crítica? No creo, porque si usted no hace nada, no logra nada y no contribuye nada, será calificado como vago.

Enfréntelo, usted va a atraer a los críticos, y muchas veces sus críticos más duros pueden ser aquellos que están más cerca de usted. Recuerde, en solamente un solo lugar Jesús no hizo milagros: su pueblo natal. La gente no podía ver que el niño Jesús ya había crecido para así creer que el hombre podía hacer por ellos lo que había hecho por todos los demás. Sus críticos piensan que saben quién es usted y lo que usted puede hacer, pero con demasiada frecuencia la familiaridad genera desprecio.

El rey David, uno de los héroes más grandes de la historia bíblica, descubrió que por cierto esto era verdad. Creció siendo el menor de ocho hermanos. Cuando Israel necesitaba un rey, Dios envió a su sacerdote Samuel para que visitara al padre de David, Isaí. Samuel le informó a Isaí que uno de sus hijos llegaría a ser el rey de Israel. Isaí comenzó a hacer desfilar a sus siete hijos más grandes, para que Samuel inspeccionara. Uno tras otro trataron de crear una buena impresión; sin embargo, uno tras otro, Dios dijo: "Tampoco es este".

Samuel finalmente miró a Isaí y dijo:

– ¿Son todos estos tus hijos?

– ¡Son estos! –respondió Isaí.

Entonces uno de sus hijos más grandes interrumpió:

– Papá... bien, tú sabes, está David.

– Oh, sí, me olvidé de él. Pero no podría ser él porque está apacentando ovejas (ver 1 Samuel 16:11). Con esa sola frase, "está apacentando ovejas", Isaí lo dijo todo. David no cerró la marcha cronológica de su familia, sino que también su padre lo consideraba el hijo con el menos potencial obvio. Pero en realidad, David era el hombre mismo que Dios estaba buscando. David no solo llegó a ser un excelente batallador y un gran rey, sino que también Dios lo llamó un hombre conforme a su corazón.

¡Sea muy cuidadoso a quien escucha! Sus críticos no pueden ver su verdadero yo. Si escucha a sus críticos, no será nada, no tendrá nada y no disfrutará nada. Pero lo peor de todo es que usted pudiera perder la misión para la cual Dios lo ha creado. Y no crea que si pudiera simplemente ser una mejor persona, la gente no lo criticaría. Usted no puede apaciguar a sus críticos, por eso deje de intentar agradarles. Deje de permitirles decirle lo que no puede hacer, o lo que no puede ser, o lo que no puede lograr.

Fred Smith, el fundador de Federal Express, tuvo la idea de su sistema de entrega nocturna mientras estudiaba Administración de Empresas en la Universidad de Yale. Escribió sobre esta idea en un trabajo de investigación que fue calificada con C. "El concepto es interesante –dijo su profesor–, pero para obtener una mejor nota que C, la idea debe ser viable." Viable, razonable, racional... no preste atención al vocabulario de las personas pequeñas.

Aprenda al vivir con comparaciones

La gente nos compara con los demás desde el momento en que nacemos. Somos pesados, medidos y evaluados. David ilustra por cierto esta cuestión.

En una ocasión Isaí envió a David a llevar alimento a sus hermanos. Ellos, junto con el ejército de Israel, estaban por enfrentarse con sus temibles enemigos, los filisteos. Cuando llegó David, descubrió que nadie quería salir y pelear con Goliat, el súper guerrero de los filisteos. David evaluó la situación y decidió ofrecerse voluntariamente para esa tarea. Se presentó ante el rey Saúl para informarle que él, al menos, se sentía listo para luchar.

– ¡No seas ridículo –respondió Saúl–. ¿Cómo puede un muchacho como tú pelear con un hombre como él? ¡Tú eres solamente un muchacho y él ha estado en el ejército desde su juventud!

Las Sagradas Escrituras dicen que, sin embargo, David persistía (1 Samuel 17:34).

Me gusta la respuesta de David. No aceptó la valoración de Saúl, sino que persistió. Hoy nosotros diríamos que David prevaleció. Se negó a vivir según la medida de otra persona sobre lo que él podía hacer. Y rápidamente descubrió que "no hay mucha multitud en el kilómetro extra". La mayor parte de la multitud vive en el medio, esperando obtener una recompensa del logro de alguna otra persona.

Las personas que buscan la excelencia hacen algo de sus vidas. Aunque son distintas a las demás, no es siempre fácil identificar su talento. Estas personas viven en ese espacio enrarecido donde la voluntad de Dios y el corazón del hombre concuerdan. Porque se ven a sí mismos como destinados para grandes cosas, trabajan mucho. Tienen voluntad para trabajar durante muchas horas y están decididos a sacar el mejor provecho posible de su única y sola vida. ¿Cuántos conoce usted que se fatigan trabajando, que trabajan muchísimo, que corren riesgos? Sin embargo, no creo que alguien pueda vivir la vida que Dios se propuso para él o ella sin hacer de estas cosas un hábito.

Uno aprende al perder frente a sus competidores

Desde el comienzo la familia de David lo consideró como un fracaso. Luego tuvo que enfrentar un ridículo intenso cuando el formidable Goliat lo comparó con un perro. Pero al final del día, David tuvo la cabeza de Goliat, literalmente.

David sabía cómo transformar sus "no puedos" en "puedos" y, sin embargo, el camino no se le hizo instantáneamente más fácil. En un corto tiempo, el rey Saúl –el mismo hombre cuya batalla David peleó y ganó– consideró a David su rival, su principal competidor. Saúl odiaba a David. Y no podía evitar su mal humor al oír a su propio pueblo cantar: *"Saúl destruyó a un ejército, ¡pero David aniquiló a diez!"* (1 Samuel 18:7, NVI). Cada vez que David oía ese estribillo irritante, su naturaleza competitiva se convertía en ira. David se pasó años a las corridas y escondiéndose, todo porque la misma persona a quien él salvó su reino, ahora lo veía como un competidor. David no representaba una amenaza para Saúl, pero nadie podía convencer a Saúl de lo contrario.

Como David, vivimos en un mundo definido por ganar y perder. Se nos dice: "Si yo gano, tú debes perder". Tendemos a volcar esta actitud competitiva en todo. Algunas personas hacen del matrimonio un deporte de contacto. No hemos aprendido la ventaja de G.G.O.N.S.T ("ganar/ganar, o no siempre trato"). Y así, sin una alternativa más noble, nos conformamos con escuchar a nuestros críticos, extrayendo comparaciones injustas y viviendo hasta que se nos olviden las inseguridades que nuestros supuestos competidores nos impusieron.

¡Deje de escuchar la gran conversación de personas pequeñas! Deje de rodearse de gente negativa, esperando un resultado positivo. Salga del rincón del crítico. Como dicen las Sagradas Escrituras: *"Les ruego, hermanos, que se cuiden de los que causan divisiones y dificultades, y van en contra de lo que a ustedes se les ha enseñado. Apártense de ellos. Tales individuos no sirven a Cristo nuestro Señor, sino a sus propios deseos. Con palabras suaves y lisonjeras engañan a los ingenuos"* (Romanos 16:17-18, NVI).

Usted tiene demasiadas cosas importantes que hacer como para quedarse adherido en lo reñido de cosas pequeñas. Aléjese de los que no soportan a los héroes, que no abogan por causas y que no reconocen logros. Las personas pequeñas atacan y menosprecian a los demás. Cuando Jesús dijo *"Amarás a tu prójimo como a ti mismo"*, también dijo *"ni echéis vuestras perlas delante de los cerdos"* (Mateo 22:39; 7:6, RVR). Usted necesita ser lo suficientemente inteligente como para escoger al prójimo correcto.

Si se rodea de personas que creen lo suficiente en usted como para poner grandes expectativas en su vida, pudiese ser posible que simplemente alcance la grandeza. Siempre he orado: "Señor, permíteme ser la persona más pequeña del grupo. Permíteme estar rodeado de personas que puedan incitar en mí insatisfacción inspiradora, y sacar lo mejor de mí. Así, yo también quiero hacer lo mismo por los demás".

Dios no lo creó para coronarlo de mediocridad. Él lo creó y lo coronó de gloria. ¡De *gloria*! Usted porta su imagen. Dios lo creó y le infundió vida. Usted nació para ascender, para lograr y disfrutar la aventura.

¿QUÉ PUEDE HACER USTED?

¿Cómo puede transformar los "no puedos" en "puedos"? ¿Cómo puede dejar atrás a los críticos y continuar en la aventura impresionante que se encuentra por delante? Permítame hacer varias sugerencias.

Usted puede destacarse en ser usted

Contraria a la opinión popular, usted es solamente responsable de ser lo mejor que pueda ser. Por cierto, Dios no espera que se destaque en ser alguna otra persona. Usted no va a pararse ante Dios y va a rendir cuentas por su hermano, o por su hermana, o por su tía, o por las personas con quienes trabaja. Dios lo hizo a usted un original, lo cual significa que no tiene que vivir como un calco de alguien más.

Pero antes de que usted se destaque en algo, debe reconocer que tiene algo que ofrecer, alguien a quien agradar y alguien que le da permiso para vivir todo eso. Piense en el poder de la promesa: *"El pueblo que ama a su Dios se mantendrá firme y hará frente a la situación"* (Daniel 11:32, Dhh). ¡Viva ante un público de uno! Dios lo ama y se place en gran manera al ver que su seguridad crece. Él no lo puso aquí para agradar o apaciguar a sus críticos, sus competidores o aquellos que siempre hacen comparaciones injustas.

Haga que su preocupación principal sea ser todo lo que pueda ser. Destáquese en ser usted. Juan Steinbeck dijo:

– Es la naturaleza del hombre estar a la altura de la grandeza, si la grandeza se espera de él."

Pero antes de destacarse en algo, usted debe creer que puede. Alguien alguna vez le preguntó a un poeta:

– Si su casa se estuviera quemando y pudiese salvar solamente una cosa, ¿qué salvaría?

El poeta respondió:

– Salvaría al fuego, ya que sin fuego no somos nada.

Alimente el fuego de su pasión para vivir plenamente y libremente la vida que Dios se propuso que viva.

– Muéstrenme un hombre completamente satisfecho, y yo le mostraré a un fracasado –dijo bromeando Tomás Edison.

Miguel Ángel dijo:

– Si la gente supiera cuánto trabajo para conseguir mi maestría, no sería tan maravilloso en absoluto.

Espinoza señalo:

– Todas las cosas excelentes son tan difíciles como también lo son raras.

Difícil no es algo malo. Todo lo que valga la pena hacer va a ser difícil mucho tiempo, antes de que se vuelva algo fácil.

La cruz se ha convertido en el símbolo de excelencia para el evangelio cristiano. Dios tomó un símbolo de sufrimiento y vergüenza, y lo transformó en un símbolo de amor y sacrificio. Cambió el lugar último del dolor, la humillación y el rechazo, en un lugar donde Dios, en su mejor momento, se ofreció a sí mismo por el hombre que estaba en su peor momento. ¿Puede alguna respuesta al misterio y a la majestad de tal amor no implicar sacrificio, no restar de mí comodidad o exigir de mí menos de lo mejor que tengo para dar? Es el deber del cristiano ser fiel, no popular ni exitoso. Willie Mays dijo una vez:

– Casi todos pueden ser buenos en lo que hacen una vez en algún momento. Es ser bueno todos los días lo que separa lo bueno de lo grande.

Si eso porta el nombre de Dios, se merece lo mejor de usted.

Usted puede desbaratar a su oposición

Tengo que hacer una confesión en este punto: no es fácil tener una vida espléndida, feliz, siempre expansiva y destacada. Si así fuera, entonces todos estarían viviéndola.

La verdad es que es mucho más fácil vivir una vida de "no puedos". ¿Sabe por qué? Porque nos excusa del sufrimiento, del sacrificio y de los contratiempos. Considere una vez más el ejemplo del rey David.

Saúl se pasó años persiguiendo a David para matarlo. Una noche David y su ejército lo encontraron a Saúl sin guardia y dormido en una cueva. Los comandantes de David lo instaron: "¡Entra y mátalo! ¡Entonces tú eres rey y se termina toda esta pesadilla!" David respondió: "No, no voy a matarlo porque él es todavía el rey. Además, tengo un plan mejor. Lo que tengo en mente para Saúl será mucho peor para él que la muerte".

David se movió silenciosamente en la cueva y unos pocos momentos más tarde salió corriendo como un niño que acababa de tocar el timbre de su vecino a la medianoche. Él y sus hombres salieron disparando al otro lado del valle, a una distancia segura de Saúl, y David gritó a su perseguidor:

– *Mira, padre mío, mira la orilla de tu manto en mi mano; porque yo corté la orilla de tu manto, y no te maté. Conoce, pues, y ve que no hay mal ni traición en mi mano, ni he pecado contra ti; sin embargo, tú andas a caza de mi vida para quitármela. Juzgue Jehová entre tú y yo, y vénagueme de ti Jehová; pero mi mano no será contra ti. Como dice el proverbio de los antiguos: De los impíos saldrá la impiedad; así que mi mano no será contra ti. ¿Tras quién ha salido el rey de Israel? ¿A quién persigues? ¿A un perro muerto? ¿A una pulga? Jehová, pues, será juez, y él juzgará entre tú y yo. Él vea y sustente mi causa, y me defienda de tu mano* (1 Samuel 24:11-15 Dhh).

David no quiso decir: "No valgo nada". Simplemente quería decir: "¿Sabes qué? No soy nadie para ti, pero soy alguien para Dios. No tienes que preocuparte por mí. Dios cuidará de ti y Dios cuidará de mí. Al final del día, simplemente dejaremos que el fruto de nuestras vidas se vea y se defienda. ¿Y sabes qué? Dios es mi juez y mi defensor".

Él es el nuestro también, ya que el Nuevo Testamento lo llama a Jesucristo nuestro abogado.

Usted puede prevalecer contra todas las probabilidades

Dios promete a sus hijos que: *"No prevalecerá ninguna arma que se forje contra ti; toda lengua que te acuse será refutada. Esta es la herencia de los siervos del SE-ÑOR, la justicia que de mí procede, afirma el SEÑOR"* (Isaías 54:17, NVI).

Cuando uno pone su confianza en Dios, puede prevalecer en medio de cualquier oposición o desaliento. Saber que nadie llega hasta usted si no pasa antes por Él debería hacerlo valiente y sin temor. Y si algo sí pasa por Él y llega hasta usted, Él sabe que usted en Él puede ocuparse de eso. La Biblia dice: *"La esperanza de gloria es esta, ¡Dios en nosotros!"* No Dios y usted o Dios *con* usted, sino Dios *en* usted.

Usted puede hacer todo lo que debería estar haciendo mediante Él que lo fortalece. Puede amar a cada persona que debería amar. Puede hacer cada trabajo que debería estar haciendo. Puede orar cada oración que debería estar orando. Puede hacer todo, lo que como esposo, debería estar haciendo. Como papá, como trabajador, puede hacerlo. Puede hacer todas las cosas que debería estar haciendo, porque Dios le ha garantizado su poder, presencia, provisión y providencia.

Muchas veces he encontrado consuelo y coraje en la canción de David: El Señor *"me salvó de la fosa mortal, me libró de hundirme en el pantano. Afirmó mis pies sobre una roca; dio firmeza a mis pisadas"* (Salmo 40:2, Dhh). Y cuando estoy tentado a olvidarme del consejo de David, el siguiente poema de Edgar A. Guest me infunde ánimo:

> Alguien dijo que no podría hacerse,
> pero él con una pequeña risa respondió
> que "quizás no podría", pero él sería uno
> que no diría eso hasta intentarlo.
> Por eso, se encorvó directamente con el rastro de una sonrisa
> en su rostro. Si se preocupaba, lo ocultaba.
> Él comenzó a cantar a medida que abordaba la cosa
> que no podría hacerse, ¡y lo hizo!
> Alguien se burló: "Oh, nunca harás eso;
> al menos nadie alguna vez lo ha hecho";
> pero él se sacó el saco y se sacó el sombrero,
> y la primera cosa que sabía era que había comenzado.
> Con la elevación de su mentón y un poquito de una sonrisa,
> sin alguna duda ni vacilación,
> comenzó a cantar a medida que abordaba la cosa
> que no podría hacerse, ¡y lo hizo!
> Hay miles que le dirán "no puede hacerse",
> hay miles que le profetizarán el fracaso;

hay miles que le señalarán, uno por uno,
los peligros que esperan arremeter contra usted.
Pero simplemente encórvese directamente con un poquito de sonrisa,
entonces quítese su saco y vaya por ello,
simplemente comience a cantar a medida que aborda la cosa
que "no puede hacerse", y la hará.

Por supuesto, sé muy bien que es una cosa saber algo y otra cosa es conocer realmente algo por experiencia. Cuando digo que usted controla su propio destino, nunca quiero decir que usted es su propio Dios o que puede sortear los planes de Dios para este mundo. Pero sí quiero decir que usted puede evitar –o perder completamente– la voluntad de Dios para su vida, si no ejercita su poder para escoger.

Usted debe aprender la manera de controlar cómo se siente, piensa y actúa. Una debe seguir a la otra, porque uno no puede pensar su manera de actuar de una forma que no esté de acuerdo con cómo usted realmente siente. No es suficiente con "saber" objetivamente que puede hacer todas las cosas a través de Cristo; primero debe sentirlo o creerlo en su corazón. Usted gana o pierde la guerra en su corazón. Si Dios tiene su corazón, pronto le seguirá su cabeza y su mano.

Su actitud revela la condición de su corazón. Si tiene una mala actitud, entonces algo anda mal en su corazón. Algunas veces no son los críticos lo que nos deprimen, ni tampoco aquellos que intentan compararnos injustamente con los demás. Algunas veces nos sentimos desilusionados con Dios mismo. Nos preguntamos por qué permite que los demás nos critiquen, aunque ellos no conocen nuestro corazón. Cuando no pueda sentir el poder, la presencia y el placer de Dios, es tiempo de que se detenga para buscar una actitud de ajuste. Si usted está mal o furioso con Dios, dígaselo. Venga limpio, sea honesto; descárguese, Él puede tomarlo. Guarde su corazón mediante la honestidad total con Dios, y su actitud le seguirá.

Si ha perdido la fe para intentar grandes cosas, simplemente recuerde lo que aprendí mediante mi experiencia de pasar, patear y hacer goles. Su pasado no predice su futuro, a menos que así lo quiera. Dios lo creó para que intente y logre grandes cosas, pero usted debe añadirle la voluntad para prepararse para ganar a la voluntad para ganar. Helen Keller tenía razón cuando dijo:

– Uno nunca puede moverse sigilosamente cuando siente el impulso de rugir.

Sus palabras me recuerdan a la promesa que se encuentra en Isaías: *"Él da esfuerzo al cansado, y multiplica las fuerzas al que no tiene ningunas. Los muchachos se fatigan y se cansan, los jóvenes flaquean y caen; pero los que esperan a Jehová tendrán nuevas fuerzas; levantarán alas como las águilas; correrán, y no se cansarán; caminarán, y no se fatigarán"* (40:29-31, RVR).

Hago por usted la oración que ofrezco por mí todos los días: "Querido Señor, permíteme intentar hacer algo tan grande con mi vida que esté condenado al fracaso si tú no estás en eso grande". Si esta oración refleja su filosofía "poder-hacer", entonces respóndala con las palabras del proverbio chino: "La persona que dice que no puede hacerse algo, no debería interrumpir a la persona que lo está haciendo". Permita que esa persona que hace lo imposible sea usted.

8

Transforme la ansiedad en acción

Es en todo ese proceso de encontrarse con problemas y resolverlos
que la vida tiene sentido.

– M. SCOTT PECK

Me gusta volar, principalmente. Aparte de todo el lío en los aeropuertos
mismos, disfruto todo lo de la experiencia de volar. Solamente puedo
pensar en dos excepciones.

Admito que tengo sentimientos de gran ansiedad siempre que el avión ingresa a un pozo de aire. No me gustan esos sacudones y movimientos repentinos que parecen como que si una mano gigante le estuviese dando al avión
un golpe de *karate* para tirarlo al suelo.

Tampoco me interesan los despegues. Justo antes de que el avión se eleve en
el aire, miro rápidamente a mis pasajeros compañeros para ver quiénes están
tratando de apaciguarse y quiénes están tranquilos. Pero enfrentémoslo, no
hay nada "tranquilo" en ir velozmente sobre una pista de cemento a altas velocidades para poder inducir el vuelo. Si el avión no despega justo en el momento correcto, rápidamente se sale de la pista. El despegue ocurre en un momento decisivo cuando las fuerzas de propulsión, la resistencia y la
aerodinámica del avión se combinan para así elevar a la aeronave en el aire.
Cuando el avión opera con las leyes de la aerodinámica, se eleva elegantemente. Cuando esto no ocurre, le sigue una tragedia.

Volar y la vida real tienen mucho en común. Como el hecho de volar, la
vida produce ansiedad. En ambas experiencias uno desea que el viento debajo de sus alas cree la fuerza propulsora, a pesar de la turbulencia y la ansiedad que lo rodea. En ambas, uno tiene que mantener un movimiento hacia adelante. El movimiento nunca se detiene desde el momento en que
uno nace –despegue– hasta el día en que uno muere –el aterrizaje final–.

Todos sentimos ansiedad mientras nos movemos a través del "espacio aéreo" de la vida.

Sin embargo, Dios nos manda a que no estemos ansiosos por nada: *"Por nada estéis afanosos, sino sean conocidas vuestras peticiones delante de Dios en toda oración y ruego, con acción de gracias"* (Filipenses 4:6, RVR). Y Salomón nos advierte: *"La angustia abate el corazón del hombre"* (Proverbios 12:25, NVI). El peso en exceso obliga a permanecer en tierra tanto a los aviones como a las personas.

Según Salomón, la ansiedad produce una resistencia en exceso, como en un avión. La demasiada resistencia contribuye a un despegue abortado. Un avión se enfrenta con un tipo de resistencia producido por la masa y la forma del avión, la cual lucha contra la resistencia del viento, la inercia y la gravedad. Exceptuando esos breves momentos de descanso, su vida permanece en constante movimiento y, sin embargo, usted puede sentir la resistencia que crea la vida. Esta resistencia produce ansiedad, y la ansiedad produce preocupación. La preocupación produce peso a su vida, no el tipo de peso que le da a su vida sustancia y estructura, sino la carga excesiva y el equipaje innecesario.

Si se lo deja así, la preocupación puede actuar como un cáncer que ataca tanto a su alma como a su espíritu, y su vida puede rápidamente desequilibrarse. El desequilibrio no solamente sirve para causar más resistencia, la cual produce más ansiedad, lo que a su vez hace que usted añada preocupación sobre preocupación. Esta reacción en cadena puede formar rápidamente pozos de aires que lo sacuden y lo zarandean, a punto tal que usted se verá amenazado con tener un accidente.

CUATRO TIPOS DE PERSONAS

Cambie la imagen por un momento y piense en los pastizales de África. Cada mañana, la gacela se levanta sabiendo que debe correr más velozmente que el león más rápido o, de lo contrario, morirá. Pero el león se levanta cada mañana sabiendo que debe correr más que la gacela más lenta, o de otra manera, se morirá de hambre. No importa si usted es un león o una gacela; cuando el Sol sale, es mejor que se encuentre corriendo.

Todo lo de la vida produce ansiedad, ya sea en los pastizales de África o en las pistas de avión de la América moderna. Pero lo que más me fascina son las maneras en las que escogemos rodar por la pista en un intento por conseguir despegar. Tendemos a ocupar nuestro espacio aéreo personal en una de las siguientes cuatro maneras.

Algunas personas no tienen rumbo

Las personas de este grupo se van con la corriente. Denomínelas personas de baja confianza y de bajo intento. Debido a que han hallado que la velocidad de la vida y el estrés en intentar son demasiado dolorosos, decidieron andar sin rumbo, esperando que algo bueno finalmente suceda. Son como madera flotante, sin timón para andar en el agua ni vela para navegar con el aire.

Pero me pregunto: ¿saben ellos que solamente las cosas muertas van a la deriva corriente abajo? Todos los objetos sin vida flotan con la corriente. Todo lo que está muerto corre cuesta abajo, mientras que todo lo que está vivo lucha por nadar contra la corriente.

Las personas que no tienen rumbo no confían en Dios, y no pueden confiar en nadie más, por eso no intentan nada. No quieren sentir algo o desear algo porque estas actividades producen ansiedad y turbulencia. Por eso, no se arriesgan al no intentar, no interesarse, no orar, no planificar, no soñar o no esforzarse.

¿Pero es esto lo que Dios tuvo en mente cuando los creó?

Las personas de baja confianza y de bajo intento evitan las fuentes de motivación. Sin son desafiadas a interesarse en algo profundamente, o a atreverse en gran manera, se escabullen por temor a que eso pueda crear moción y movimiento hacia una meta específica.

Recientemente una organización instó a un grupo de trabajadores británicos a no hacer nada para marcar el segundo Día Nacional del Haragán del país –una encuesta sugirió que muchos piensan que ellos ya hacen lo poco suficiente–. Una compañía de ropa y de discos llamada Oncus lanzó un Día Nacional del Haragán para recordar a la gente que la vida no gira en torno a la oficina, y para persuadir a los británicos a permanecer en la cama y a relajarse cada 22 de febrero.

Sin embargo, una encuesta realizada por Mi Voz, una compañía encuestadora, llamó a la haraganería una actividad constante. Dos tercios de encuestados dijeron que tendrían mucho trabajo hecho, y que serían más efectivos si el país cambiara para tener una semana laboral de cuatro días. Casi un tercio de aquellos encuestados dijeron que navegaban por Internet una hora o más todos los días por razones no relacionadas con su trabajo. Tres cuarto de los encuestados afirmaron que usan el tiempo de la oficina para correspondencia o mensajes electrónicos personales, y cincuenta y nueve por ciento usaba el tiempo laboral para llamar telefónicamente a la familia y a los amigos. Entre las razones por holgazanear en el trabajo, un trece por ciento nombró al aburrimiento, un diez por ciento dijo que no tenía suficiente trabajo, y un tres por ciento dijo que odiaba su trabajo.

El organizador del Día del Haragán no estaba disponible para hacer algún comentario. Un partidario dijo: "No puedo contactarlo, probablemente no pueda salir de la cama".[1]

Carl Sandburg tenía razón: "En mí, hay un águila que quiere elevarse y un hipopótamo que quiere revolcarse en el barro". No escuche al hipopótamo; lo pondrá en problemas. Y usted nunca será feliz yendo a la deriva; Dios mismo se encargará de eso.

Algunas personas son conductoras

Los conductores tienen una orientación de alto intento y de baja confianza hacia la vida. Frecuentemente los llamamos buscavidas. Representan las hordas de personas que andan de un lugar a otro, no necesariamente haciendo algún progreso, pero que piensan que están pasándola muy bien.

Estos buscavidas conducidos no saben qué es aquello por lo que andan tanto tratando de conseguir, pero esto no parece desacelerarlos en su búsqueda de alta velocidad por el pote de oro difícil de aprehender al final del arco iris inexistente. Corren a gran velocidad en la pista de la vida, ¡y Dios los ayuda si usted se mete en el camino!

Los conductores son como la pelota de metal en la máquina de *pinball*. Rebotan, frecuentemente violenta e impredeciblemente, en cada obstáculo que encuentran. Y para ellos no importa mucho a quienes afecten a lo largo del camino. Están ahí "haciéndolo suceder". Así, el único progreso viene a costa de los demás. No tienen tiempo para la gente, ni para Dios, ni tampoco para ellos mismos, lo que es muy triste.

La Biblia advierte sobre la turbulencia terrible que este tipo de persona puede esperar encontrar. Salomón dijo: *"No le negué a mis ojos ningún deseo, ni a mi corazón privé de placer alguno, sino que disfrutó de todos mis afanes. ¡Sólo eso saqué de tanto afanarme! Consideré luego todas mis obras y el trabajo que me había costado realizarlas, y vi que todo era absurdo, un correr tras el viento, y que ningún provecho se saca en esta vida"* (Eclesiastés 2:10-11, NVI).

Un hombre en un globo aerostático se dio cuenta de que estaba perdido. Decidió reducir la altura y, a medida que descendía, vio a una mujer debajo.

– Disculpe –dijo–, ¿puede ayudarme? Le prometí a un amigo que me encontraría con él hace una hora, pero no sé dónde estoy.

La mujer respondió:

– Usted está en un globo aerostático aproximadamente a nueve metros del suelo, entre los 40 y 41 grados de latitud norte y entre los 50 y 60 grados de longitud oeste.

– Usted debe ser ingeniera –dijo el aeronauta.

– Lo soy –respondió la mujer–. ¿Cómo supo?

– Y bien –respondió el aeronauta–, todo lo que me dijo es técnicamente correcto, pero no tengo ni idea qué hacer con su información y todavía sigo perdido. Honestamente, usted no me ha sido de mucha ayuda hasta ahora.

– Bien –dijo la mujer–, usted no sabe dónde está o a dónde está yendo. Usted se ha elevado a su posición actual debido a una gran cantidad de aire caliente. Además, ha hecho una promesa que no tiene idea cómo cumplir y espera que la gente que se encuentra debajo de usted resuelva sus problemas. La realidad es que se encuentra exactamente en la misma posición en la que estaba antes de que nos encontremos, pero ahora, eso de algún modo, ¡es culpa mía!

El lema del conductor es: "Puedo no saber dónde estoy o por qué estoy donde estoy, pero la estoy pasando bárbaro".

Algunas personas son soñadoras

Los soñadores son personas de alta confianza y de bajo intento. Los soñadores ponen su fe en la fe misma. Hablan mucho sobre Dios y sus sueños y, tengo que admitir, tengo un lugar para ellos en mi corazón. Los soñadores vienen en dos modelos muy distintos. Algunos soñadores sueñan durante la noche. ¡Nunca se despiertan! Los otros sueñan de día. Saben que una visión debe ser seguida por un acto aventurado, o sino equivaldrá a nada más que una especulación imaginativa. Ellos creen, pero también actúan. La Biblia dice: *"Tú crees que hay un solo Dios, y en esto haces bien; pero los demonios también lo creen, y tiemblan de miedo. No seas tonto, y reconoce que si la fe que uno tiene no va acompañada de hechos, es una fe inútil"* (Santiago 2:19-20, Dhh).

Algunas personas son hacedoras intrépidas

Los hacedores son las personas de alta confianza y de alto intento que se encuentran entre nosotros. Son nuestros constructores, creadores, escritores, estadistas y héroes. Han despegado y ocupado su espacio aéreo personal con propósito y pasión. Saben qué hacer y por qué lo hacen.

Los hacedores llevan vidas de alto impacto porque, en algún lugar del camino, descubrieron el talento del "y". Ellos intentan como si todo dependiera de ellos y, sin embargo, confían sabiendo que todo verdaderamente depende finalmente de Dios. Confiar sin intentar, lo que no es bueno, porque el que verdaderamente confía, también intenta.

Usted nunca se encontrará con un grupo más increíble que el de los hacedores intrépidos. Es gente común, que hace las cosas de todos los días con gran amor. Considere lo que ocurrió en los atentados horrorosos del 11 de septiembre de 2001. Cuando las Torres Gemelas del World Trade Center estallaron en llamas, ¿quién respondió al llamado? Los bomberos, los oficiales de policía y el personal médico de emergencia. Estos individuos son los primeros en responder en nuestra sociedad. Se entrenan en el anonimato, y gran parte de su rutina diaria parece mundana y trivial. Pero cuando viene el llamado de coraje y valentía resuelta, salen sin pausa ni duda.

¿Qué héroes celebramos pasado el 9 de septiembre? ¿Son estrellas de *rock*, estrellas de cine o maravillas de un éxito? No: simplemente hombres y mujeres comunes, que hacen su trabajo en momentos extraordinarios. Los bomberos y la policía que se metió con prisa en las Torres Gemelas y que subieron esas escaleras no dijeron: "Debe ser la voluntad de Dios que estas personas perezcan".

Ellos hicieron su trabajo. No intentaron jugar a ser Dios, y tampoco deberíamos nosotros. En algún momento, lo que usted dice que es y lo que afirma creer lo forzarán a comportarse como si realmente sí lo creyera. Durante tiempos de cambio y de crisis, y la discontinuidad siguiente, el talento del estilo de vida de alta confianza y de alto intento es el que se destaca.

CONFIAR E INTENTAR

Volar da miedo, pero también es emocionante. Me encanta subir a un avión en Nashville y descender en Los Ángeles. ¡Es fantástico volar!

Usted fue creado para elevarse. Usted no es un pavo, aunque pudiera estar rodeado de varios –o quizás estar relacionado con unos pocos–. Estoy de acuerdo con san Agustín que dijo: "Dios está más ansioso en concedernos sus bendiciones que nosotros en recibirlas". En otras palabras, lo que Dios quiere hacer por nosotros, espera hacerlo mediante nosotros.

Un héroe del Antiguo Testamento, llamado Gedeón, hizo este descubrimiento emocionante. Nos encontramos primero con este joven "don Nadie" durante un momento particularmente malo en la historia de Israel:

"Cuando el ángel del SEÑOR se le apareció a Gedeón, le dijo:

– ¡El SEÑOR está contigo, guerrero valiente!

– Pero, Señor –replicó Gedeón–, si el SEÑOR está con nosotros, ¿cómo es que nos sucede todo esto? ¿Dónde están todas las maravillas que nos contaban nuestros padres, cuando decían: '¡El SEÑOR nos sacó de Egipto!'? ¡La verdad es que el SEÑOR nos ha desamparado y nos ha entregado a Madián!

El SEÑOR lo encaró y le dijo: Vé con la fuerza que tienes, y salvarás a Israel del poder de Madián. Yo soy quien te envía" (Jueces 6:12-14, NVI).

Los nómades del desierto llamados madianitas y amalecitas habían invadido Israel. Estos guerreros del desierto usaron sus camellos para descender, destruir los cultivos, matar y saquear; y luego desaparecieron en las arenas con tal velocidad que los israelitas no pudieron atraparlos. Esta crisis amenazó la misma existencia del pueblo de Dios.

¿Y cuál fue la solución de Dios para este dilema? Gedeón, un nadie de la tribu más pequeña de Israel.

Podemos describir a Gedeón como una persona que no rinde al nivel de su capacidad, atrapado en medio de una guerra. Él se sentía aterrado, y con razón lo estaba. Por lo tanto, hizo lo que cualquiera de nosotros podría hacer: se escondió en el fondo de un granero, gorroneando unas pocas migajas de comida.

Naturalmente lo confundió cuando el ángel del Señor lo llamó "guerrero valiente". Estoy seguro de que pensó: "¿Valiente qué? ¿Guerrero valiente? ¿Yo?" Gedeón aprovechó la oportunidad para decir lo que pensaba y

respondió al ángel con un cinismo no disimulado: "Si el Señor está con nosotros, odiaría ver lo que sería si el Señor no lo estuviera".

¿Se ha sentido alguna vez de ese modo? "Si este es Dios siendo bueno con
nosotros, no estoy seguro de querer que Él sea algo mejor." Y Gedeón tenía un
buen argumento. Él miraba alrededor y veía un mundo duro, un mundo difícil, un mundo doloroso y un mundo en el cual la gente buena moría. Veía un
mundo en el cual él parecía no poder confiar en alguien o en algo. Por eso,
¿dónde estaba Dios en todo este lío? "Pensé que se suponía que éramos el pueblo escogido de Dios."

¡Pero qué respuesta recibió!

– Gedeón –dijo el ángel–, la situación es mala, pero esto es lo que quiero que
hagas: Vé con esa fuerza que tienes y salva a tu pueblo.

Oh, ¿es eso todo? C-o-o-o-o-rrecto.

Estoy seguro de que Gedeón no se esperaba esa declaración. A la luz de las
atrocidades de las que había sido testigo, probablemente pensó: "¿Fuerza? ¡No
tengo nada de fuerza! No soy nada, soy un nadie. Estoy escondido en este granero precisamente porque no soy valiente, no soy audaz y no tengo nada que
ofrecer a alguien, especialmente en medio de las probabilidades abrumadoras
que enfrentamos. Soy tímido, estoy cansado y enojado, y lo último que quisie-
ra hacer es tener la muerte de un mártir".

Sin embargo, las palabras del ángel permanecían: *"Vé con la fuerza que tienes, y salvarás a Israel del poder de Madián. Yo soy quien te envía"* (Jueces 6:14,
NVI). Quizás Gedeón pensó: "Este debe ser un caso burdo de identidad equivocada. No hay nada que un tipo como yo pueda hacer. Soy incapaz y tengo
razón en mi manera de sentirme impotente e inútil".

Pero nuevamente las palabras del ángel del Señor vinieron fuertes y claras:
"Vé con la fuerza que tienes, y salvarás a Israel".

En la historia de Gedeón encontramos una verdad universal: debemos ser
el cambio que queremos ver. Dios no hace magia. Él hace milagros, no magia. Dios libraría a Israel de sus enemigos, pero requería de un hacedor intrépido para que fuera adelante. Dios llamó a Gedeón para que librara a su
pueblo y, al mismo tiempo, para que confíe en que Dios se manifestara y lo
hiciera posible.

¡Y lo hizo suceder!

Gedeón reunió un ejército de treinta y dos mil hombres, pero Dios dijo
que había reunido a demasiados. Le dijo a Gedeón que enviara a casa a todos los hombres que tenían miedo. Eso recortó el número a diez mil. Todavía demasiados. Dios dijo que hiciera bajar al agua a los hombres restan-
tes, y todos aquellos que lamían el agua como perro iban a permanecer, el
resto iba a volver a su casa. Ese episodio redujo el número a trescientos. Y
con estos trescientos hacedores intrépidos, Gedeón, siguiendo las instrucciones específicas de Dios, quitó la amenaza madianita. Así fue como Dios

lo hizo entonces, y este es el modo que permanece, como Él lo hace todavía hoy.

Cuando era niño me encantaba la historia de cómo Jesús alimentó a los cinco mil. Cuando uno toma en cuenta todas las familias y las familias extensas, podría haber habido el doble o incluso el triple de ese número. Estos muchos miles escucharon a Jesús hablar durante todo el día. Tenían que sentirse cansados, acalorados y, por sobre todo, hambrientos. Los discípulos se preocuparon por el control de la multitud y le pidieron a Jesús que los mandara a sus casas, para que compraran algo para comer.

La respuesta de Jesús se asemeja al consejo que el ángel del Señor le dio a Gedeón. Les dijo a los discípulos que alimentaran a la multitud hambrienta. Ellos objetaron: "¡No tenemos alimento!" Pero Jesús no dejaría a la multitud irse así. Les dijo que miraran nuevamente. Cuando lo hicieron, tenían cinco rodajas de pan y dos pescados.

Y con este comienzo pequeño, Jesús alimentó a todos y aún sobró comida. Sus discípulos aprendieron ese día la lección que Gedeón aprendió muchos siglos antes. Debemos estar dispuestos a hacer nuestra parte, no importa cuán pequeña o aparentemente insignificante sea, antes de que Dios haga su parte. No es confiar *o* intentar, sino confiar *e* intentar.

¿Ha tenido usted alguna vez una experiencia similar con Dios? Si no la ha tenido, la tendrá. Desde la perspectiva de Dios, uno nunca no tiene nada. Usted nunca no tiene poder, no tiene opciones ni elecciones. Usted puede enfrentar momentos en los cuales no tenga "nada mucho", pero todo lo que Dios necesita es lo que usted tiene. Entonces Él dice: "Dámelo". Y el resto es historia.

Quizás Dios le está diciendo hoy: "¡Haga algo!" pero usted dice: "No tengo nada". Y Él responde: "¿Nada? No, ¡tú siempre tienes algo!" Lo que usted tiene puede no ser suficiente para realizar el trabajo, pero es definitivamente suficiente para comenzar.

Recuerde: usted siempre tiene el poder para escoger su actitud, cambiar su aptitud y controlar sus acciones o respuestas. Usted controla cómo siente, piensa y actúa.

TRES HÁBITOS DE PERSONAS ORIENTADAS HACIA LA ACCIÓN

Aquellos que ocupan su espacio aéreo como personas de alta confianza y de alto intento, tienen una orientación hacia la acción. Son personas con propósito. La ansiedad hace que ellos se muevan. Los hacedores intrépidos tienen tres hábitos en común.

Ellos piensan en grande

¿Se ha centrado alguna vez tanto en sus problemas que todo lo que puede ver son solamente problemas? Si continúa en este camino, sus problemas se expandirán hasta eclipsar todo lo demás. Y cuando esto ocurra, verá y sentirá solamente dolor, el dolor del divorcio, o el dolor de la separación o el dolor de la pérdida de un trabajo. Si usted no es cuidadoso, el dolor se extenderá hasta llenar todo su universo.

Dios dice: ¿Sabe qué? "Piense en grande. Piense en mí". Jesús dijo: *"Para Dios todo es posible"* (Mateo 19:26, NVI) y *"Para Dios no hay nada imposible"* (Lucas 1:37, NVI). Él prometió: *"Lo que es imposible para los hombres es posible para Dios"* (Lucas 18:27, NVI).

Me fascina la idea de "pensar en grande", según se ilustra en el relato en el cual Pedro camina sobre el agua. Todos los discípulos en la barca vieron a Jesús caminando sobre las olas, pero solamente Pedro preguntó: "¿Puedo caminar sobre el agua?" Esto nos dice dos cosas: que él creía que Jesucristo era lo suficientemente grande como para caminar sobre el agua; y que él creía que una relación con Cristo le daría derecho a pedir que él también pudiese caminar sobre el agua.

Pero incluso con Jesús llamándolo para que caminara sobre el agua, usted tiene que pensar "afuera de la barca". Debe estar dispuesto a que sus pies se humedezcan. En otras palabras, lo que Dios quiere hacer *para* usted, Él espera hacerlo *con* usted. Algunos de nosotros nos sentimos adheridos al pensamiento "adentro de la barca", porque nadie nos ha dado permiso de pensar en grande. Cuando nos ponemos serios en pensar acerca de Dios, sin embargo, ¡tenemos que recordar que Dios es el gran pensador final! Y cuando comenzamos a pensar como Dios, las posibilidades empiezan a expandirse. Comenzamos a pensar en grande, a soñar en grande y a atrevernos en grande. Pensamos: "Soy un hacedor de sueños, no simplemente un soñador".

Tenemos que aprender a cerrar el lazo entre la alta confianza y el alto intento. Abraham Lincoln dijo:
– El talento destacado desprecia un sendero marcado, ya que busca regiones hasta ahora inexploradas.

Y Oliver Wendell Holmes dijo:
– La mente humana, una vez que es ensanchada por una idea, nunca más recupera sus dimensiones originales.

Peter Senge, el destacado autor y profesor del Instituto de Tecnología de Massachussets, dijo correctamente:
– En la ausencia de un gran sueño, prevalece la pequeñez de espíritu.

¿Se ha dado cuenta con cuánta frecuencia aquellos que se atreven a hacer grandes cosas han demostrado que "los expertos" han estado equivocados? En

el último siglo Lord Kevin, médico y presidente de la prestigiosa Sociedad Real de Gran Bretaña, señaló que "la radio no tiene futuro". También sostuvo que:
– Las máquinas para volar más pesadas que el aire son imposibles.
Y, además, que:
– Los rayos demostrarán ser un engaño.

Al mismo tiempo, un comité parlamentario británico desestimó a la lámpara incandescente de Tomas Edison como "no merecedora de atención de hombres prácticos o científicos". En 1889, el director del Registro de la Propiedad del Automotor de los Estados Unidos, instó al presidente William McKinley a que cerrara el registro porque "todo lo que se puede inventar, ya ha sido inventado".

Dios está en las grandes cosas como en los mundos, las estrellas y las galaxias. Él hace milagros, levanta a los muertos y extrae belleza de cosas quebrantadas. Y quiere que nosotros, en todo lo que seamos capaces, sigamos su ejemplo de soñar en grande.

Ellos actúan en pequeño

Los hacedores intrépidos piensan en grande, pero actúan en pequeño. Las personas humildes que logran lo que se proponen y que están orientadas hacia la acción, saben que todos los grandes viajes hacia destinos exóticos comienzan con los primeros pequeños pasos.

En la vida, el mundo verdadero viene solamente en versiones denominadas "tal como está". Cada vez que usted rechaza hacer cosas pequeñas, se vuelve más pequeño. Si espera ser sorprendente cuando su barco llegue, entonces se encuentra en una larga espera.

Alguien me dijo hace unos años:
– Si usted es demasiado grande para las cosas pequeñas, siempre será demasiado pequeño para las cosas grandes.

Las Sagradas Escrituras lo expresan de este modo: *"El que es honrado en lo poco, también lo será en lo mucho; y el que no es íntegro en lo poco, tampoco lo será en lo mucho. Por eso, si ustedes no han sido honrados en el uso de las riquezas mundanas, ¿quién les confiará las verdaderas? Y si con lo ajeno no han sido honrados, ¿quién les dará a ustedes lo que les pertenece?"* (Lucas 16:10-12, NVI). El Antiguo Testamento nos advierte que Dios no mira favorablemente a quienes *"menospreciaron los días de los modestos comienzos"* (Zacarías 4:10, NVI).

Muchos de nosotros malgastamos demasiado de nuestro tiempo precioso esperando hacer la gran cosa en público. John Wooden, el legendario entrenador de basquetbol de UCLA, no lo veía de este modo. Dijo:
– No permita que lo que usted no pueda hacer interfiera con lo que puede hacer.

Cualquiera puede ser un intrépido justo ahora en este momento, porque cualquiera puede comenzar. Haga *algo*, no importa cuán pequeño e insignificante eso pueda parecer.

Un novelista se fue para trabajar en su nuevo libro en su casa de la playa. Cada mañana se levantaba muy temprano para caminar sobre la playa, antes de comenzar. Un día se encontró con un hombre mayor. El hombre caminaba usando un bastón y examinaba cuidadosamente la playa que había quedado expuesta después de retroceder la marea. De tanto en tanto, el hombre se inclinaba para recoger algo y lanzarlo al océano. El novelista observaba fascinado a medida que el anciano exploraba la playa ante él. El escritor finalmente se dio cuenta de que el hombre estaba buscando una estrella de mar. Cada vez que veía una que estaba indefensa en la arena, incapaz de volver al océano por sí sola, la recogía con cariño y la arrojaba con delicadeza al mar. El novelista se acercó al viejo y le preguntó por qué hacía eso.

– Las estrellas de mar son dejadas atrás después de que la marea retrocede –dijo el anciano–. Si no vuelven al océano, se deshidratarán y morirán debajo del caluroso sol del verano.

– Pero hay kilómetros interminables de playa y deben haber millones de estrellas de mar –dijo el novelista–. Seguro que usted no puede salvarlas a todas. ¿Qué diferencia pueden hacer posiblemente sus esfuerzos?

Lentamente el hombre se inclinó y recogió otra estrella de mar. Y a medida que la lanzaba al océano dijo:

– Hace una diferencia para esta estrella de mar.

Ellos se apoyan mucho

Mi esposa Paula y yo conservamos una lista de cosas que queremos hacer. Una de ellas era dejarse llevar por las olas en un gran velero.

Hace no mucho tiempo, mientras estábamos en un viaje a Key West, Florida, subimos a un gran velero, una goleta doble. Una goleta doble tiene dos mástiles y una tripulación considerable; por eso, como pasajeros, no ayudábamos mucho. Habíamos venido para observar, o así lo pensamos, hasta que las velas agarraron una gran ráfaga de viento.

En ese momento el capitán nos llamó al lado opuesto del barco y gritó para que todos nos apoyáramos bien. Me encontré apoyándome sobre el barco, pensando en que si de repente el viento calmaba, me tiraría al agua. Entonces oímos las palabras tranquilizadoras del capitán:

– Apóyense mucho en el viento. Confíen en el viento, amigos; nos llevará a casa si nos apoyamos en él.

Del mismo modo, confíe en Dios para las grandes cosas. Apóyese mucho en Él con todo su peso. Podemos confiar en Él para que nos lleve a casa.

ENCONTREMOS SENDAS DERECHAS

Los despegues pueden causar tanto momentos de ansiedad como de excitación. Piense en la última vez en que se encontró apresurado al final de la pista, sujetado a un asiento atornillado al piso de un cilindro gigante, tembloroso y metálico, y luego, en un momento de gran ansiedad, se elevó con éxito. En todos los momentos de despegues, Dios le dice:

– Abra su corazón, déme todo lo que tiene, y apóyese mucho en mí.

Salomón nos dio la gran promesa: *"Fíate de Jehová de todo tu corazón, y no te apoyes en tu propia prudencia. Reconócelo en todos tus caminos, y él enderezará tus veredas"* (Proverbios 5:5-6, RVR). Y san Francisco de Sales dio su propio testimonio:

– El mismo Padre eterno que cuida de usted hoy, lo cuidará mañana y todos los días. Ya sea que Él lo protegerá del sufrimiento, o le dará la fortaleza para soportarlo. Esté en paz entonces, y deje de lado todos sus pensamientos e imaginaciones ansiosas.

Cuando usted haya hecho todo lo que pueda y se sienta sin aliento, es agradable sentir de repente el aliento de Dios y el viento debajo de sus alas. En esa fortaleza nueva, usted puede actuar... y dejar la ansiedad en la pista bien abajo.

9

Transforme el estrés en fortaleza

No existen atajos para cualquier lugar que valga la pena ir.

– BEVERLY SILLS

En el anterior capítulo mencioné cómo conservo una lista de cosas que quiero hacer antes de morir. Correr una carrera de larga distancia solía estar en esa lista, la que marqué cuando estaba en la universidad después de terminar una carrera de diez kilómetros.

Durante diez meses me entrené todos los días. Con el tiempo, comenzaron a interesarme cosas que nunca antes me importaron demasiado en mis días más sedentarios. Cosas como zapatillas y vestimenta para correr, y revistas de carrera empezaron a despertar mi interés. Comencé a escoger más cuidadosamente los alimentos que comía. Aprendí sobre la carga de carbohidratos por un lado, y sobre los batidos de proteínas por otro. A medida que los meses transcurrían, sentí que mi cuerpo respondía a las exigencias que le hacía. Los corredores denominan a esto el efecto de entrenamiento. El efecto de entrenamiento surge de simplemente exigirse lo suficiente como para que su cuerpo cambie y así responda a las nuevas exigencias, pero no tanto como para que el estrés y la tensión hagan que su cuerpo se lesione y dañe.

El día de la carrera, miles de atletas se presentaron para correr. Rápidamente se hizo evidente quién había considerado a la carrera con seriedad y quién no. Aquellos que se habían entrenado diligentemente sobresalían de aquellos que simplemente se presentaron.

A medida que pensaba en esta experiencia, me di cuenta de que la vida misma es muy similar a prepararse para correr en una carrera; quizás es por eso que se nos llama la carrera humana. Cada carrera presenta un acto de equilibrio entre el estrés suficiente para lograr el efecto de entrenamiento, y el demasiado estrés, lo cual da como resultado la herida. Ese equilibrio delicado hace la diferencia entre vivir pendiendo de un hilo o lograr la posición de ventaja de un corredor.

Cada ganador busca una posición de ventaja para ganar. Incluso Las Sagradas Escrituras usan una analogía de la carrera para enseñarnos sobre correr la carrera humana. Pablo dijo: *"Sigo avanzando hacia la meta para ganar el premio"* (Filipenses 3:14, NVI). Dios nos creó para ser ganadores, no quejicosos. Y vivir la vida a la manera de Dios, nos da el efecto de entrenamiento. Necesito correr mi carrera con agallas y con gracia, pero también requiero de una cantidad importante de ayuda.

AEP: LA POSICIÓN DE VENTAJA DEL CORREDOR

En la escuela secundaria conseguí una posición en un equipo local de carrera, en el cual se comparaba el poder de aceleración entre dos automóviles. Mi primera tarea era ayudar a construir un motor por completo. Tenía que recubrir todas las partes del motor con un lubricante que se llama AEP, un producto milagroso que usaba el eslogan "AEP, la posición de ventaja del corredor".

A medida que construíamos el motor, revestíamos cada parte movible. Ninguna de sus partes podía alguna vez tocarse con otra sin algún lubricante entre ellas. El AEP se adhiere a la superficie y sirve como revestimiento protector para combatir dos de los peores enemigos del motor: el calor y la fricción.

El calor y la fricción no solo dañan las partes en movimiento, sino que también producen estrés para las personas en movimiento. Por lo tanto, Dios ha construido misericordiosamente un tipo de AEP en nuestra estructura personal: Autocontrol, Entrenamiento y Perseverancia. El acrónimo me ayuda a pensar lo que debo hacer cada día para prepararme para la carrera que se encuentra adelante. Y debido a que nuestra carrera es más similar a una maratón que a una carrera de cien metros, todos necesitamos protegernos del calor y de la fricción.

La mayoría de los historiadores consideran a Pablo el más grande de los misioneros cristianos que haya existido alguna vez. Casi sin la ayuda de nadie cristianizó al mundo conocido, y tuvo que caminar la mayor parte del tiempo. ¡Piense en eso! No había autos, ni Internet, ni teléfono, ni aviones. Se ponía las sandalias, caminaba hasta el pueblo, hablaba y luego seguía caminando hasta el pueblo próximo.

Pablo amablemente quitó la cortina para dejarnos entrar en las operaciones internas de su vida. Reveló sus secretos de transformar el estrés común en fortalezas extraordinarias, usando la fórmula del AEP: Autocontrol en los momentos definitorios, Entrenamiento en los momentos de ocio y Perseverancia en los momentos de desánimo.

Autocontrol en los momentos definitorios

Pablo dice: *"Ustedes saben que, en una carrera, no todos ganan el premio sino uno solo. Y nuestra vida como seguidores de Cristo es como una carrera, así que vivamos bien para llevarnos el premio. Los que se preparan para competir en un deporte, dejan de hacer todo lo que pueda perjudicarles. ¡Y lo hacen para ganarse un premio que no dura mucho! Nosotros, en cambio, lo hacemos para recibir un premio que dura para siempre"* (1 Corintios 9:24-25, TLA).

Cuando comencé a entrenarme para mi carrera, tuve que empezar a decirle a mi mente y a mis emociones lo que quería que hagan. Tuve que introducir disciplina en mi vida. Tuve que hacerlo yo solo, porque mi esposa no podía hacerlo por mí. A diferencia de la mayoría de las cosas que había hecho hasta ese momento, no tenía que correr para obtener una calificación de aprobación o una copa de ganador. Sentía una compulsión interna y autoimpuesta, antes que cualquier presión externa.

El autocontrol significa que le pongo límites a mi libertad. Estaba totalmente libre para no correr al final de un día largo y difícil, pero esta elección significaba que escogía no correr en la carrera para la cual ya me había inscripto. Pablo puso al autocontrol en una perspectiva como la que sigue a continuación: *"Se dice: 'Yo soy libre de hacer lo que quiera'. Es cierto, pero no todo conviene. Sí, yo soy libre de hacer lo que quiera, pero no debo dejar que nada me domine"* (1 Corintios 6:12, Dhh).

Los ganadores saben que las condiciones de juego raramente son perfectas. Saben cómo jugar a herir. Se alinean y se mueven a través del dolor. Demasiadas personas se detienen en él y nunca se esfuerzan por conocer el incremento de energía que surge más allá del dolor. Realizar lo correcto, lo inteligente, lo mejor antes que tenga que hacerlo trae mayores victorias sobre los estreses de la vida, que de lo contrario lo dejarían agotado y exhausto. El motor de alto octanaje del autocontrol le da la fortaleza interna para disponerse a realizar lo que sea que debe hacerse.

Si usted quiere respeto de sí mismo, entonces debe desarrollar el autocontrol. Mi imagen de mí mismo es un producto de mi autoestima; y mi autocontrol es un producto de mi imagen de mí mismo. Por eso, para desarrollar el respeto de mí mismo, debo ejercitar el autocontrol al conservar mi imagen, la cual está determinada por quién Dios dice que soy. Debido a que Dios dice que soy amado y fuerte, debo actuar en sincronización con lo que Dios dice que soy, para sentirme del modo que Dios dice que debería ser.

Niéguese esa cosa misma que usted quiere, y finalmente tendrá más de ella. Sin embargo, negarse lo que uno quiere parece extraño en este tiempo de lo rápido y de lo fácil. Si conceptos como la abnegación y la autodisciplina no le son atractivos, considere esto: si usted no ejercita el control y la disciplina para usted mismo, entonces alguna otra persona lo hará por usted.

Les enseñé esto a mis hijos porque los amo; ellos podían esperarse de que los disciplinara en la privacidad de nuestro hogar, así no se enfrentaban con la vergüenza de ser disciplinados por la sociedad en público. Disciplinamos a aquellos que pisan fuera de ciertos límites; los cuales los denominamos leyes. No disciplinamos a los infractores porque los amamos, ¡sino porque tenemos miedo de ellos! Los ponemos en prisión, no para su protección, ¡sino para la nuestra!

Del otro lado del espectro, tenemos a los hombres y mujeres que no necesitan de las leyes. ¿Sabe por qué? Porque no viven en los límites de la vida, sino que viven en el centro mismo. Ellos se exigen más de sí mismos y nunca se preguntan: "¿Qué puedo hacer solamente para sobrevivir?" Estas personas corren su carrera para ganar. Y tampoco les gustan los requisitos mínimos, sino el desempeño máximo.

Dios lo ha creado para que sea libre, Él no va a obligarlo a hacer ciertas cosas. Él le ha dado un cuerpo de un billón de dólares y un cerebro de un trillón de dólares, pero no lo obligará a usar alguno de ellos. Si usted quiere malgastar su vida preocupándose, retorciéndose las manos y buscando un lugar cómodo, siga adelante y persiga eso. Pero si quiere exprimir lo más que puede de cada día, debe desarrollar el autocontrol.

Hay mucho más dentro de usted que lo que cualquier persona puede observar desde afuera. Las apariencias verdaderamente engañan. Pero el "verdadero usted" nunca saldrá hasta que se exija más de sí mismo. Uno no puede ganar el amor de Dios, pero debe ganar el que le es propio. Cuando algunas personas oyen a alguien decir: "Dios te ama", no suena verdadero porque ellos no se gustan ni se aman a sí mismos demasiado. Se preguntan: "¿Cómo podría el Dios que me conoce completamente alguna vez amarme totalmente?"

El respeto a sí mismo proviene del autocontrol. Usted puede arreglárselas para hacer un montón de cosas, pero no puede hacerlas y obtener algún sentido de respeto a sí mismo. Si se deja guiar por sus sentimientos, más que probablemente los seguirá por el camino de menor resistencia. He oído a hombres decir: "Voy a dejar a mi esposa porque simplemente no *siento* que la amo". He aconsejado a otros que lamentan: "Voy a dejar mi trabajo porque simplemente *siento* que ya no es más divertido". Cuando alguien llega a ese punto de "renunciar", es difícil de hacerle entender que nunca se sentirá de la manera en que quiere hasta, o a menos, que comience a hacer lo que deba hacer. Cuando hacemos eso que debemos, finalmente nos sentimos del modo que queremos. Pero la fortaleza del autocontrol implica que usted se imponga un imperativo moral.

Recuerde: el autocontrol consiste en realizar elecciones antes de que se vea obligado a hacerlas. Y cuando usted aplica el autocontrol, puede esperar experimentar el efecto de entrenamiento.

Entrenamiento en los momentos de ocio

Un cartel en la pared del aula de gimnasia de mi hija me impactó tanto, que todavía recuerdo su mensaje muchos años después de haberlo leído: "Si quiere rendir como un campeón, ¡entonces debe entrenarse como si fuera uno de ellos!" La Biblia nos enseña lo mismo usando una metáfora: *"Así que yo no corro como quien no tiene meta; no lucho como quien da golpes al aire. Más bien golpeo mi cuerpo y lo domino"* (1 Corintios 9:26-27, NVI). Usted no pierde tiempo preparándose. Si alguna vez se siente tentado a interrumpir su vida de entrenamiento, recuerde: "Todos pagan el precio, pero no todos pagan lo mismo". El atleta paga el precio cuando se levanta y se va a la pista, mientras que los demás permanecen metidos en la cama. El atleta que espera ganar sabe que debe pagar el precio por adelantado, antes de tiempo. Mientras que los demás disfrutan de un refrigerio, él está en la pista. Mientras que los demás se van al cine, él corre el kilómetro extra.

Los grandes músicos pagan el precio practicando sus escalas. Los grandes intérpretes saben que el talento es forjado en privado antes de que se lo presente en público. La grandeza en la sala de conciertos es lo que sigue a muchas horas de labor en la sala de práctica. Los grandes atletas no se hacen en el campo de juego, sino en el campo de la práctica. El juego se decide, no en el partido enfrente a una multitud que alienta, sino en la soledad del verano y en el dolor tortuoso.

Me gusta lo que Ignacio Paderewski, el gran pianista, gobernante, político y compositor polaco dijo en 1941, justo antes de morir:

– Si no practico un día, lo sé. Si no practico el próximo día, la orquesta lo sabe. Si no practico el tercer día, todos lo saben.

¿Tiene usted este tipo de actitud? ¿Exige más *de* sí mismo porque exige más *para* usted mismo?

Cuando me puse un horario de entrenamiento, las cosas cambiaron dramáticamente. Al comienzo entrenaba en una escuela secundaria que estaba cerca de donde vivíamos. Tenía una pista artificial de forma ovalada, llana, con una superficie linda y lisa. Al comienzo apenas podía dar una vuelta a la pista sin sentirme como si estuviera por tener un ataque cardíaco. Pero después de dos o tres semanas, podía trotar un kilómetro y medio sin parar. Estaba sorprendido por cuán rápido comencé a sentir el efecto del entrenamiento. ¡Cuán maravilloso Dios lo ha creado a usted y a mí! Él ha hecho nuestra composición física, emocional y espiritual para que seamos capaces de adaptarnos a las demandas del estrés y la tensión, desarrollando la fortaleza y la resistencia.

Hace varios años mi esposa me pidió que plantara flores alrededor de nuestra casa nueva. Debido a que nunca antes había hecho este trabajo, no pensé en usar guantes y, por eso, para media mañana me habían salido varias ampollas. Al atardecer comenzaron a sangrarme las manos.

– Cariño –dije–, me están sangrando las manos.

– Y bien –respondió ella– ponte los guantes, regresa al jardín y sé hombre.

¿Sabe qué? Al día siguiente esas ampollas comenzaron a volverse costrosas y antes de que pasara mucho tiempo, mis manos tenían callos. Pero le había dicho a mi esposa:

– Cariño, si sigo teniendo ampollas así, para mañana a la mañana tendré nudos. En realidad, me voy a gastar las manos si sigo con esto.

¡Tonterías! Dios nos ha creado tan temerosa y maravillosamente que si nuestro trabajo nos saca ampollas, hará que tengamos callos. Bajo el estrés controlado, nuestros cuerpos responden a las exigencias que hacemos de ellos. Y eso es verdad no solo física sino también emocional e intelectualmente. Denominamos efecto de entrenamiento a este fenómeno glorioso y sorprendente. Pablo lo describe de la siguiente manera:

"No es que ya lo haya conseguido todo, o que ya sea perfecto. Sin embargo, sigo adelante esperando alcanzar aquello para lo cual Cristo Jesús me alcanzó a mí. Hermanos, no pienso que yo mismo lo haya logrado ya. Más bien, una cosa hago: olvidándome lo que queda atrás, y esforzándome por alcanzar lo que está delante, sigo avanzando hacia la meta para ganar el premio que Dios ofrece mediante su llamamiento celestial en Cristo Jesús. Así que, ¡escuchen los perfectos! Todos debemos tener este modo de pensar. Y si en algo piensan de forma diferente, Dios les hará ver esto también" (Filipenses 3:12-15, NVI).

Perseverancia en los momentos de desánimo

Shakespeare dijo:

– Hay una marea en los asuntos de los hombres que, arrastrada por su corriente, lleva a la buenaventura. Omítala y todo lo que es de los viajes de la vida va rumbo a lugares bajos.

Créalo o no, son las circunstancias abrumadoras de la vida las que Dios usa para conducirnos hacia nuestra mayor efectividad. Si no prevalecemos en esos momentos de desánimo, no tendremos momentos placenteros para celebrar.

Pablo expresó su propia preocupación de esta manera: *"Más bien, golpeo mi cuerpo y lo domino, no sea que (...) yo mismo quede descalificado"* (1 Corintios 9:27, NVI). En el libro de los Hebreos leemos:

"Por eso, nosotros, teniendo a nuestro alrededor tantas personas que han demostrado su fe, dejemos a un lado todo lo que nos estorba y el pecado que nos enreda, y corramos con fortaleza la carrera que tenemos por delante. Fijemos nuestra mirada en Jesús, pues de él procede nuestra fe y él es quien la perfecciona. Jesús soportó la cruz, sin hacer caso de lo vergonzoso de esa

muerte, porque sabía que después del sufrimiento tendría gozo y alegría; y se sentó a la derecha del trono de Dios. Por lo tanto, mediten en el ejemplo de Jesús, que sufrió tanta contradicción de parte de los pecadores; por eso, no se cansen ni se desanimen" (Hebreos 12:1-3, Dhh).

Recuerde esa vieja propaganda de reloj que decía: "Timex: ¡aunque reciba una paliza, sigue haciendo tictac!" ¡Para nada una mala descripción de la perseverancia!

La motivación, la inspiración y el objetivo –los factores M.I.O– hacen que la resistencia personal sea posible. Para perseverar debemos ser capaces de responder tres preguntas:

1. ¿Cuál es mi motivación para proseguir el curso en el cual estoy?
2. ¿Qué fuentes de inspiración me mantendrán en curso?
3. ¿Dónde está mi objetivo?

Su manera de responder a estas preguntas puede darle el combustible que necesita para conservar sus esfuerzos de alto octanaje y así, avanzar.

Una fábula moderna cuenta sobre un perro al que le encantaba perseguir a otros animales. Fanfarroneaba por su gran habilidad para correr, y decía que podía atrapar cualquier cosa. Un día, un conejo afable puso a prueba sus afirmaciones jactanciosas. Con facilidad, la pequeña criatura corrió más rápido, pasó al perro y se mostró más hábil que su perseguidor. Los otros animales, observando con júbilo, comenzaron a reírse. El perro, sin embargo, se disculpó diciendo:

– Se olvidaron, solamente estaba corriendo para divertirme. ¡Él está corriendo para salvar su vida!

¡Eso sí marca una diferencia!

La motivación hace toda la diferencia. San Francisco de Asís dijo:

– Nadie conocerá alguna vez la profundidad plena de su capacidad para la paciencia y la humildad, siempre y cuando nada lo moleste. Es solamente en los tiempos arduos y difíciles cuando uno puede ver cuánto de alguno de ellos hay en él.

Cuando nada parezca ayudar, piense en el picapedrero. Él martilla la roca, quizás cien veces, sin más que una grieta que muestre todo su esfuerzo. Sin embargo, en el golpe ciento uno la roca se parte en dos, y él sabe que no fue el golpe final lo que hizo eso, sino todos los anteriores a este.

George Matheson dijo:

– Rendirse en tiempo de aflicción, estar tranquilo bajo un golpe de suerte adversa, implica una gran fortaleza. Pero sé de otra fortaleza que envuelve a una fortaleza más grande aún. Es el poder de trabajar bajo estrés, de continuar a pesar de la dificultad, de tener angustia en su espíritu y, no obstante, realizar las tareas diarias. Esto es asemejarse a Cristo. Lo más difícil es que la mayoría de nosotros somos llamados a ejercitar la paciencia, no en el lecho de enfermo, sino en la calle.

Los premios se distribuyen en la llegada. Ser capaz de perseverar, ser capaz de resistir, ser capaz de avanzar, eso es ganar. No es dónde comienza ni incluso cómo comienza lo que importa, sino cómo cruza la línea final. No sea recordado por lo que abandonó porque es débil, sino más bien, por lo que resistió porque es fuerte.

Tenemos que ejercitar el autocontrol, el entrenamiento y la perseverancia todos los días. Sigamos adelante cada único día, a pesar del estrés. Y esto es lo que va a ocurrir. Con el tiempo, un día nos despertaremos y descubriremos que tenemos habilidades que nunca soñamos que tendríamos. Y esto no se detiene ahí, sino que cuanto más autocontrol, más entrenamiento y más perseverancia empleemos, más fuerte nos haremos.

Nunca le pida a Dios que haga por usted lo que usted debe hacer por sí mismo. Usted descubre la verdadera espiritualidad cuando se pone en alineamiento con cómo Dios obra en su vida, y sigue adelante con coraje y determinación.

SIGA ADELANTE HACIA LA META

Un momento definitivo de cada carrera es cuando se siente tentado a detenerse, a aminorar la marcha o a desplomarse derrotado. Los corredores lo llaman "golpear la pared". Llega un punto en la carrera cuando han corrido demasiado como para echarse atrás, aunque no lo suficientemente mucho como para ganar algo. Todo lo de la carrera se decide en ese momento. ¿Abandonarán o seguirán adelante?

Permítame sugerirle tres cosas para ayudarlo a avanzar cuando usted "golpee la pared" y piense que no pueda continuar. Cuando se sienta tentado a estresarse, recuerde controlarse el tiempo, prepararse y agraciarse.

Esté seguro de controlarse el tiempo

Cuando completé el formulario de inscripción para la carrera de diez kilómetros, respondí varias preguntas de manera falsa. Mentí sobre mi peso y sobre cuánto tiempo había estado corriendo. Sé que estas pequeñas "mentiras piadosas" hablan de mi vanidad, pero la tercera mentira revelaba mi ridiculez: mentí sobre cuán rápido podía correr la carrera.

Aunque no lo sabía en ese momento, la respuesta a esta pregunta determinó mi posición en la salida. Nunca se me ocurrió que donde comenzaba determinaría no solo cómo terminaba, sino, además, si siquiera terminaba.

Siendo un atleta joven y tonto, sabía que no iba a terminar con los corredores más rápidos, pero sí al menos quería tener una idea de lo que era comenzar con ellos. Por eso mentí, y los directivos me creyeron. Me corrí al frente de la línea de comienzo y me paré ahí, hombro a hombro con algunos corredores de África, y justo ahí y entonces supe que había hecho una mala elección. Estos tipos parecían anoréxicos al lado mío: largos, delgados, angulosos y musculosos. Usted los miraría y pensaría: "Hechos para la velocidad", y luego se daría vuelta un poco, me miraría y pensaría: "Hecho para la comodidad". Parecía como que si justo había salido de la tienda de New Balance con todas mis ropas nuevas puestas. Ellos se veían como que si justo habían salido de la pista.

Cuando sonó el disparo de comienzo, ellos corrían como si fueran un grupo de gacelas. Yo galopaba como una mula, esforzándome por tirar el arado. Intenté seguir el ritmo de los corredores y lo hice... solamente aproximadamente un kilómetro y medio. Aún corriendo lo más rápido que podía, no podía correr a su ritmo. Necesitaba correr con otros corredores que corrieran a un ritmo similar al mío.

Cuando corremos con personas que corren a nuestro ritmo, todos corremos más rápido. Comenzamos a presionarnos unos a otros según nuestro ritmo. Si está intentando correr su vida al ritmo de alguna otra persona, ¡deténgase! Usted no está preparado para ese tipo de estrés. Recuerde que mientras que el estrés excesivo mata, el estrés correcto construye.

Desde ese día aprendí acerca del ritmo mediante mi esposa Paula. Vivo con una mujer que puede trabajar veintitrés horas al día. Solía intentar mantenerme al ritmo de ella, hasta que un día recordé mi experiencia de la carrera de los diez kilómetros, y entonces me dije, ¡olvídalo! No compito con mi esposa. Somos compañeros de por vida. Estamos juntos en esta carrera y está bien que no corramos al mismo ritmo ni tampoco del mismo modo.

Encontré liberación de mi culpa autoimpuesta, ese día en el que admití a las 09:30 que mis baterías físicas y emocionales se habían acabado, mientras mi esposa –que Dios la bendiga– estaba justo recobrando sus energías. No puedo correr a su ritmo, y Dios no espera que lo haga. ¡Qué libertad!

Usted no tiene que correr mi carrera ni yo tengo que correr la suya. No todos comenzamos en el mismo lugar; por eso, deje de juzgarse considerando las personas que se encuentran adelante o detrás de usted.

Esté seguro de prepararse

La vida en el mundo real puede volverse ciertamente difícil lo verdaderamente rápido. Juan Wesley, el fundador del gran movimiento metodista, dijo:

– Hombres, nunca se desesperen, pero si lo hacen, trabajen en la desesperación.

Y Jesús mismo advirtió: *"Yo les digo estas cosas para que en mí hallen paz. En este mundo afrontarán aflicciones, pero ¡anímense! Yo he vencido al mundo"* (Juan 16:33, NVI). Todos enfrentamos montañas que parecen surgir de la nada. Tratar de evitarlas no funcionará, e intentar ignorarlas puede ser fatal. Aprendí algo sobre subir corriendo colinas el día de mi carrera de los diez kilómetros. Neciamente me entrené en una pista lisa y artificial. Aproximadamente tres semanas antes del gran día, comencé a correr dieciséis kilómetros cada día, de promedio, en esta pista. Había leído que dicha rutina me prepararía para correr los diez kilómetros más rápido. Por eso, corría dieciséis kilómetros en la pista, y recién el día de la carrera me di cuenta de que estaría corriendo en cualquier tipo de pista, menos en una pista llana. Tendría que correr por calles de la ciudad, subiendo y bajando algunas de las colinas principales.

Lo único lindo de correr en una colina, es que una vez que se llega a la cima, uno puede correr cuesta abajo del otro lado, al menos que, como en este caso, el otro lado nos conduzca a una colina aún más grande.

Confíe en mí: cuando se esté entrenando para una carrera en el mundo real, entrénese para las colinas.

Esté seguro de agraciarse

Después de terminar su presidencia, Ronald Reagan confesó:
— Saben, para cuando ustedes lleguen a mi edad, habrán cometido abundantes errores si han vivido adecuadamente.

San Francisco de Sales expresó la misma opinión en palabras distintas:
— Sean pacientes con todos, pero por sobre todos, con ustedes mismos.

Usted va a cometer errores, ¡y algunos serán monumentales! Va a caer y va a flaquear; por eso, agráciese. Me fascina el versículo 3 del Salmo 130: *"Si tú, Señor, tomaras en cuenta mis pecados, ¿quién, Señor, sería declarado inocente?"* (NVI) ¿La respuesta? ¡Nadie!

Tenga en cuenta no solo las cosas tontas que se hace a sí mismo, sino también la advertencia sobria de las Sagradas Escrituras: *"Estén siempre atentos y listos para lo que venga, pues su enemigo el diablo anda buscando a quien destruir, como si fuera un león rugiente"* (1 Pedro 5:8, TLA). Relájese, porque no sabe cuándo pudiese despertarse con un mal caso de "tonterías". Yo sé porque me brotó toda la enfermedad durante mi gran carrera.

La carrera fue en uno de los días más calurosos de año. Cuando llegó la hora de la carrera, la temperatura había ascendido muchísimo, acompañada de una humedad elevada. A medida que corría, veía varias tomas de agua derramando agua fresca en la calzada. Ver esa agua fresca y limpia derramada en las calles, me proveía una tentación irresistible. Pasé por la primera toma y el agua estaba bárbara. Pensé: "Ahora, este es pasaje. Si puedo pasar por suficientes de estas, lograré una ligera diferencia". Eso me proveyó un gran alivio temporal del calor agobiante; ¡incluso podía ver el vapor que se elevaba de mis zapatillas!

Simplemente me pareció que todo eso era demasiado bueno, hasta que me di cuenta de que ninguno de los corredores serios parecían estar pasando por las tomas de agua. Al comienzo no le di importancia. Luego comencé a pensar: "Tiene que haber una razón por la que simplemente estos tipos que se parecen a mí pasan así por las tomas". Después de cruzar aproximadamente cuatro o cinco tomas, miré hacia abajo y me pregunté: "¿Comencé a correr con medias rosas? No me acuerdo haberme puesto medias rosas". También empecé a sentir algo de dolor. Antes de que pasara mucho tiempo, un globo rojo comenzó supurar por los cordones de mis zapatillas. Entonces me di cuenta por qué los corredores experimentados evitaban las tomas de agua. La fricción entre mi pie, las medias húmedas y las zapatillas comenzaron a formarme ampollas en los dos pies. Tenía ampollas en la parte de arriba del pie, incluso entre los dedos. Sentía como que estaba corriendo sobre dos pedazos de carne cruda; y las zapatillas y las medias empapadas me hacían sentir como que si estuviera usando yunques. Y demasiado tarde pensé: "¡Qué tonta que puede ser una persona!"

¿Se ha despertado alguna vez con un caso de tonterías? Todos cometemos errores, pero si se le empieza a gastar la goma de borrar, eso puede ser una señal de que algo anda mal. Cuando haga algo tan tonto que se sienta tentado a abandonar, deténgase y agráciese. ¿Por qué asirse de una norma de conducta que ni siquiera Dios demanda? No se olvide, Dios es mucho más fácil de agradar que lo que lo es usted. Él considera a la confesión como una señal de fortaleza, no de debilidad.

TRIUNFE MÁS ALLÁ DE LOS CODAZOS

Aunque me sentía agotado de subir corriendo las colinas para lo cual no me había entrenado, y aunque rengueaba por las ampollas, no se me ocurría retirarme de la carrera, me sentía obligado y decidido a terminarla.

Recuerdo claramente doblar en una curva poco visible y ver la línea de llegada. La simple vista de esa línea me daba un aumento renovado de energía. Recuperé mi ritmo –o pensé que lo hacía– hasta que una pareja que parecía estar en sus ochenta me pasó por la izquierda. Justo entonces sentí la voz más dulce que no había oído en todo el día. Paula puede pronunciar mi nombre como ninguna otra persona en el mundo puede hacerlo.

– Vamos, ¡puedes hacerlo! ¡Te estoy viendo, cariño! ¡Te ves bien!

Sus palabras me infundieron más ánimo, inclusive.

Con la línea de llegada a la vista y la dulce voz de mi esposa resonándome en los oídos, bajé la cabeza e hice mi impulso final. Y funcionó. Comencé a alcanzar a la pareja mayor que recientemente me había pasado. Juré que iba a pasarlos y que iba a vencer a estos dos que se atrevieron a avergonzar a un tipo en sus veinticinco, al pasarlos llegando a la línea de llegada. Y como Dios es mi testigo, cuando intenté pasar a la anciana por mi izquierda, ella me dio un codazo en el pecho. Y luego su esposo vino sobre la derecha e intentó ponerme una tranca. ¡Ellos verdaderamente intentaron unirse para sacarme de juego! Y yo me dije: "Dios, moriré hoy aquí, pero estos dos octogenarios no van a vencerme".

Por eso los alcancé y apelé a mi arma secreta, mi AEP. Sabía que tenía de mi lado al autocontrol, al entrenamiento y a la perseverancia; por eso busqué y hallé una nueva energía en mi paso. Me olvidé de las colinas, de las ampollas y de las horas solitarias de entrenamiento. Todo lo que podía visualizar era cruzar esa línea final. Al hacerlo, este hecho creó un recuerdo permanente en mí. Ese día aprendí algo que usé en muchas otras situaciones muchos otros días.

Todos nos enfrentamos con el estrés; esa es una parte de la vida del mundo real. El estrés mata a algunas personas y fortalece a otras. Solo usted puede aceptar la responsabilidad al escoger su actitud, cambiar su aptitud y controlar sus acciones. Solo usted puede controlarse el tiempo, prepararse y agraciarse. Por la gracia de Dios y con un poco de AEP, usted puede transformar al estrés en una fortaleza. Créame, vale la pena atravesar un poquito de infierno para sentir que ha tocado un poquito de cielo. Y no permita que un pequeño codo lo detenga.

10

Transforme el riesgo en recompensa

Uno no puede escapar a la responsabilidad de mañana evadiéndola hoy.

– ABRAHAM LINCOLN

Un productor de película de alto nivel decidió organizar una fiesta en su mansión palaciega de Hollywood, para celebrar la terminación de lo que él consideraba su película más excelente. Varios miembros del elenco y del equipo de filmación se amontonaron alrededor de su gran piscina. Para hacer la noche más memorable, el productor puso un gran tiburón blanco –usado en filmación de la película– dentro de la piscina. En forma de chiste, ofreció a cualquier persona que nadara de un lado al otro de la piscina cinco millones de dólares, o el cinco por ciento de las ganancias netas de la película.

No habían alcanzado a salir las palabras de su boca, que los invitados oyeron que alguien se tiró al agua en un extremo distante de la piscina. Alguien realmente había saltado y comenzaba a nadar frenéticamente la longitud de las aguas infestadas por el tiburón. Una multitud atónita observaba cómo un joven audaz que tenía un esmoquin roto y andrajoso salía de la piscina. Estaba pálido como un fantasma, y conmocionado por seguir con vida. El anfitrión dijo:

– Y bien, nunca pensé en que alguien me tomaría en serio la broma, pero tú lo hiciste, y soy un hombre de palabra. ¿Qué quieres: los cinco millones o el cinco por ciento de las ganancias?

– Justo ahora –respondió el héroe joven y reacio– no me interesa el dinero. ¡Todo lo que quiero es saber quién me empujó a la piscina!

Es fácil sentirse empujado a aguas infestadas por tiburones, ya que este mundo es un lugar riesgoso. Usted corre un riesgo solo con levantarse de la cama cada mañana. Todos nosotros, en un momento u otro, nos hemos sentido como que si alguien nos empujó a aguas infestadas por tiburones. A veces usted puede sentir como que trabaja y vive rodeado de tiburones humanos. La vida puede ser muy implacable.

En una entrevista con Laurencio Fishburne, Santiago Lipton preguntó:
– ¿Qué significa ser actor y negro?
– Actuar es todo sobre riesgo –respondió Fishburne–. Uno no puede actuar
o ser un artista, sin estar dispuesto a vivir en riesgo todo el tiempo. Por otro
lado, ser negro en los Estados Unidos es "estar en riesgo".

Fishburne realizó una observación sutil sobre la distinción entre "vivir en
riesgo" y "estar en riesgo". Todos vivimos en riesgo; es parte de vivir en este
mundo. Pero hay una diferencia enorme entre vivir en riesgo y estar en riesgo. Estar en riesgo significa que vivo en un mundo peligroso, solo y en la mi-
noridad. Y mientras que esto puede ser verdad, no tiene que serlo. No necesitamos estar en riesgo, ya que vivimos en riesgo.

Dios nos permite controlar el riesgo; es su dádiva para nosotros. Él no nos
ha dejado sin medios para transformar nuestros riesgos en recompensas. Correr riesgos nos introduce a la posibilidad de fracasar, pero excluye la posibilidad de llegar a ser un fracaso. Existe una diferencia enorme entre los dos.

Tengo un póster en la pared de casa del basquetbolista súper estrella Michael
Jordan. El póster dice: "He perdido más que nueve mil lanzamientos en mi carrera. Perdí casi trescientos partidos. En veintiséis ocasiones se me ha confiado el lanzamiento que haría que ganáramos el partido, y perdí. Y he fracasado
una y otra vez en mi vida. Y es por esto que tengo éxito".

VIVIR EN RIESGO

No hay éxito sin arriesgar el fracaso. Quizás es por esto que Dios nos creó con
un cuello, porque quiere que lo estiremos de vez en cuando. El hombre más
sabio que jamás existió alguna vez nos advirtió en contra de esperar condiciones perfectas y sin riesgo: *"El que al viento observa, no sembrará; y el que mira
a las nubes, no segará"* (Eclesiastés 11:4, RVR).

Gracias a Dios por los que corrieron riesgos como los Pilgrims y los Padres Fundadores de América, o los presidentes valientes que dirigieron durante tiempos de crisis, tales como Abraham Lincoln o Theodore Roosevelt.
Gracias a Dios por los atrevidos pioneros del espacio tal como Juan Glenn,
los pioneros del deporte tales como Isaí Owens y Vilma Rudolph, y los re-
formadores sociales como Rosa Parks y Martín Lutero. Si usted planifica hacer algo significativo con su vida, debe conocer la diferencia entre los riesgos que valen la pena correrse, y aquellos no lo valen. El primero le permite
vivir confiadamente mientras vive en riesgo; el segundo, sin embargo, lo lleva a volverse "en riesgo".

Permítame sugerirle cuatro riesgos que nunca valen la pena correrse. Los
mismos representan los cuatro riesgos principales del estilo de vida de "estar
en riesgo".

La persona ilegal está en riesgo

Jan Davis, una paracaidista profesional de sesenta años, participó en un deporte peligroso llamado *base-jumping*, en el cual todos los participantes ilegalmente se lanzan en paracaídas desde superficies fijas como acantilados y torres. Mientras estaba haciendo *base-jumping* el 22 de octubre de 1999, Davis cayó y se murió. Su esposo filmó su caída fatal. Jan era la cuarta de las cinco personas que se lanzaban ese día, y cayó en caída libre durante veinte segundos hasta estrellarse contra las rocas de abajo. Poco tiempo antes de que saltara el acantilado llamado "El capitán", hecho de granito y de noventa y siete metros de altura en el Parque Nacional Yosemite, California, su paracaídas no se abrió adecuadamente.

Ella y su compañera de lanzamiento sabían que no podían practicar ese deporte legalmente en el Parque Yosemite. Los legisladores adoptaron la ley después de que el *base-jumping* en el parque causara seis muertes y numerosas heridas. Jan y las otras cuatro saltadoras habían venido a protestar por las restricciones del parque en cuanto al salto; irónicamente, querían demostrar la seguridad de su deporte. Estas saltadoras no solo sabían los riesgos, sino que también conocían las leyes y deliberadamente las quebrantaron. Jan Davis pagó con su vida. Ella vivía en riesgo en virtud de estar viva, pero murió debido a su estilo de vida de "estar en riego". Al ignorar las leyes mismas que fueron creadas para protegerla, escogió correr un riesgo que le costó todo y que no le dio nada.

De un modo similar, muchas personas piensan que pueden violar con toda seguridad la ley de Dios. Pero finalmente aprenden –algunas veces de una manera dura– que las leyes de Dios existen para nuestro bienestar. Nosotros no quebrantamos la ley de Dios; somos quebrantados por ellas.

La persona desamorada está en riesgo

Amar cualquier cosa es arriesgar algo. Amar a alguien en gran manera, es arriesgarse a que su amor pueda no ser correspondido.

Suponga que después de mirar, orar y esperar, finalmente encuentra a su caballero que usa su armadura resplandeciente. Usted planifica una gran y gloriosa boda y un matrimonio largo y cariñoso, pero después de unos pocos años, él resulta ser un ogro. O incluso peor, ¿qué si su matrimonio funciona y su esposo muere? He conversado con parejas que oraron y planificaron durante años tener un hijo propio. Dios finalmente las bendice con lo que creen ser el hijo perfecto. Ellos aman al pequeño más que a la vida misma. Pero un día, cuando menos se lo esperaban, el niño se enferma y muere de una enfermedad rara.

He tratado de consolar a padres quebrantados que lloran la muerte de un hijo aplastado bajo la rueda de un vagón cargado de heno, después de caerse mientras se divertía en un paseo organizado por la iglesia. He intentado consolar a una mamá y a un papá consternados de haber recibido la noticia de que sus hijas murieron en un accidente insólito mientras estaban de regreso a casa después de unas vacaciones en primavera.

Cualquiera de estas situaciones podría atemorizarnos y alejarnos de los riesgos de amar. Me he sentado con hombres y mujeres quebrantados que, en su dolor, piden a gritos un remedio para el quebrantamiento y la traición de su amor y amistad. He oído y frecuentemente me lo he declarado: "Nunca más voy a amar a alguien. No voy a permitir que alguien se acerque tanto a mí. Es demasiado doloroso arriesgarse a ser herido así de profundamente otra vez. Simplemente no voy a hacerlo más".

Una definición de paternidad y maternidad dice: "Ser padre es estar dispuesto a vivir durante dieciocho años con el corazón en la boca". No estoy seguro de que dieciocho sean suficientes. ¿Qué le parece toda una vida?

Amar algo es arriesgar dolor. Y Shakespeare tenía razón cuando dijo:

– Es mejor haber amado y perdido, que nunca haber amado.

Lea acerca del valor que Dios da al amor: *"Tres cosas hay que son permanentes: la fe, la esperanza y el amor; pero la más importante de las tres es el amor. Procuren, pues, tener amor, y al mismo tiempo aspiren a que Dios les dé dones espirituales, especialmente el de profecía"* (1 Corintios 13:13-14:1, Dhh). Solamente el amor, de las tres virtudes cristianas, permanecerá en el cielo. No habrá necesidad de fe allí, ni tampoco habrá necesidad de esperanza. En el cielo, el amor reinará por sobre todo. Por eso, evitar el riesgo del amor y el dolor asociado con él, es arriesgarse a nunca ser amado. Ahora, eso es realmente "vivir en riesgo".

La persona sin lírica está en riesgo

Tengo el privilegio de vivir en Music City [Ciudad de la Música], Estados Unidos. El apodo provino primero de la posición de Nashville como la tierra de la música *country*, pero la ciudad también se ha vuelto la tierra del segmento que crece más rápido en el mundo de la música: la música cristiana. La verdad es que simplemente casi toda forma de música puede encontrarse, escribirse, ejecutarse y grabarse en algún lugar de Nashville.

La industria de la música ha atraído a un abundante número de compositores. Para ellos, nada suena mejor que una canción bien hecha que diga grandes cosas en espacios pequeños. Los grandes líricos viven según la sabiduría de Mark Twain, quien una vez dijo:

– La diferencia entre la palabra correcta y la palabra casi correcta, es la diferencia entre el relámpago y la luciérnaga.

¿Sabe usted que está escribiendo líricos con su vida? ¿Qué historia está contando? Si tuviésemos que transformar su vida en una canción, ¿sería "Tu corazón engañador", "Malo hasta los huesos", o qué le parece "Todavía no encontré lo que estoy buscando"? Usted no puede permitirse una vida sin la letra admirable de una canción.

Todas las grandes canciones tienen excelentes letras. Las letras usualmente cuentan una historia, relatan un incidente o describen un sentimiento que conmueve el corazón. Estas canciones tienen poder para renovar nuestras esperanzas, recargar nuestra energía y reenfocar nuestros esfuerzos. Como una gran canción, su vida necesita contar una historia de quién es usted, lo que cree, lo que quiere lograr y cómo quiere ser recordado. Puede parecer arriesgado tener creencias y convicciones fuertes, pero la ausencia de dichas creencias dejará la página de su historia vacía en el mejor de los casos, y trágica en el peor de ellos.

Dios lo puso aquí, en este momento, para contribuir con una línea, una letra, una canción al drama humano. ¿Qué será: una carga, un himno o un grito de batalla? ¿O una endecha o un cuento con moraleja? El poeta James Russell Lowell lo expresó de este modo:

La vida es una hoja de papel en blanco
en donde cada uno de nosotros puede escribir
una palabra o dos, y entonces, llega la noche.
¡Grandiosamente, comience! Aunque tenga tiempo
sino solo para una línea, sea tan sublime,
no un fracaso, ya que un objetivo bajo es un crimen.

La persona sin legado está en riesgo

Amelia Earhart dijo una vez:
– Algunos de nosotros tenemos grandes pistas ya construidas para nosotros. Si usted tiene una, ¡despegue! Pero si no la tiene, dése cuenta que es su posibilidad de agarrar una pala y construir una para usted y para aquellos que lo seguirán.

Una vida sin una misión es una vida sin sentido. El sentido le da dirección a la vida. Un sentido de dirección crea la esperanza de llegada a un destino preferido. Para ver ese destino antes de que aparezca en el horizonte y desearlo más que nada, es para lo que es la vida. La vida en el mejor de los casos es sobre aventura, y vivirla plenamente es estar en una misión que de veras importa.

Pero como todas las otras cosas que hacen que la vida valga la pena ser vivida, perseguir una misión definida implica riesgo. Dios quiere que nosotros algunas veces nos aventuremos; ahí es donde hallamos el fruto.

Me fascinan las palabras que Lucas usó para describir la vida del rey David: *"Ciertamente David, después de servir a su propia generación conforme al propósito de Dios, murió"* (Hechos 13:36, NVI). Aquí vemos un ejemplo clásico de lo eterno y de lo oportuno. Quiero servir a ese propósito que es eterno y oportuno. Por lo tanto, me encanta esta oración de los que corren riesgos:

> Padre, sé que deben correrse riesgos, porque el riesgo más grande de la vida es no arriesgar nada. Sé que si no arriesgo nada, lo perderé todo. Y que si no doy nada, recibiré solamente lo que sobra. Y si no amo nada, nunca sabré lo que es ser amado. Si evito la profundidad del sufrimiento, nunca sabré el peso de la sanidad. Si rechazo cometer errores, nunca conoceré la euforia de aprender. Si no me arriesgo a cambiar, seré un esclavo de mi pasado. Si no me arriesgo a confesar, nunca conoceré el sentimiento de ser perdonado.

Intentar audazmente es arriesgar el fracaso, pero intente denodadamente de todos modos. Creer profundamente es arriesgarse a estar equivocado; crea profundamente de todos modos. Dar generosamente es arriesgarse a que su dádiva se pierda; dé generosamente de todos modos. Sacrificar mucho es arriesgar a que su sacrificio pase inadvertido; sacrifíquese mucho de todos modos. Amar apasionadamente es arriesgarse a no ser amado a cambio; ame apasionadamente de todos modos. Vivir mucho puede significar que usted muera siendo grande; viva mucho de todos modos. Reírse mucho es arriesgarse a parecer un tonto; ríase fuerte de todos modos. Llorar cuando es herido es arriesgarse a parecer débil; llore de todos modos. Tender la mano a otra persona es arriesgarse al rechazo; tiéndale la mano de todos modos. Exponer mis sueños, mis esperanzas y mis ideas en frente de una multitud, es arriesgarme al ridículo; pero voy a soñar de todos modos.

Brooks Atkinson, el crítico de teatro de Nueva York, hizo una buena observación cuando expresó:

– Esta nación fue construida por hombres que corrieron riesgos, pioneros que no tuvieron miedo al desierto, negociantes que no tuvieron miedo del fracaso, científicos que no tuvieron miedo a la verdad, pensadores que no tuvieron miedo al progreso, soñadores que no tuvieron miedo a la acción.

Carlos Kettering correctamente declaró:

– Nadie hubiera jamás cruzado el océano si hubiese podido bajar del barco en medio de la tormenta.

Pero cruzar aguas inexploradas para descubrir nuevas tierras y posibilidades, hace a la vida maravillosa e impresionante. Vivimos en una tierra descubierta y domeñada por los Pilgrims, pioneros y exploradores llenos de fe.

LAS RECOMPENSAS DEL RIESGO

Si aquellos que quieren vivir plenamente y atreverse en gran manera se niegan a "vivir en riesgo", entonces ¿qué riesgos pueden correr correctamente? Me parece que los riesgos que valen la pena correrse son aquellos que prometen las recompensas más grandes.

En los negocios lo denominamos RDI, "rendimiento de inversiones", cuanto más alto es el RDI, más fácil se vuelve determinar si el riesgo tiene la recompensa correcta. Determinamos el RDI de cualquier riesgo al preguntar: "¿Promete Dios bendecir este riesgo?" Considere estos cuatro riesgos con un RDI alto y eterno.

Dios recompensa un riesgo sabio

Un riesgo sabio es el riesgo que no tiene que correrlo ahora, y que no será capaz de correrlo posteriormente. Tiene mucho que ver con el momento oportuno.

Las personas sabias que corren riesgos entienden ese momento. La sabiduría me arma con el conocimiento de que la vida es corta en el mejor de los casos, por eso debo aprovechar al máximo cada momento. La sabiduría también me arma con el poder para prevalecer cuando me siento "en riesgo", porque sé que la providencia de Dios guarda mi vida y "esto también pasará".

La versión de la Biblia en inglés [King James] usa la frase "it came to pass" [que significa "aconteció"] cuatrocientas cincuenta y dos veces. Y aunque es meramente una manera arcaica de traducir la palabra "ocurrió", es incluso una advertencia sabia. Todo lo que usted tiene vuelve a su caja. Todo aquello de lo que usted se ocupa, va a transferírselo a otro. *Algún día* es la palabra que usa un tonto para no correr un riesgo sabio. Jim Elliot, un misionero joven martirizado por su fe, animó sabiamente a los demás cuando dijo:

– No es un tonto quien renuncia a lo que no puede conservar por obtener lo que no puede perder.

El hoy es la única garantía que tiene, extraiga toda la vida que usted pueda del mismo.

Arriesgarse sabiamente implica poner los bienes de su vida a disposición de Dios. Descubra lo que Dios hace en el mundo, e involúcrese en ello. Jesús contó una vez una historia sobre un hombre que les confió a tres siervos tres grupos de responsabilidades. A uno le dio cinco miles dólares, al segundo dos mil dólares y al tercero mil. El siervo de cinco mil dólares invirtió el dinero y le devolvió diez mil dólares; el siervo de dos mil dólares también invirtió sus recursos y le devolvió cuatro mil, pero el siervo de mil dólares cavó un pozo, puso el dinero en él y lo tapó. Posteriormente, pidió disculpas por su comportamiento diciendo: "Lo enterré porque sé que eres un capataz severo, y sabía que si lo perdía, me enterrarías vivo" (mi paráfrasis). Jesús contó que el hombre le sacó todo a este último siervo infiel, y que lo echó en las tinieblas de afuera.

¿Por qué disgustarse tanto por el dinero? En realidad, el dinero no hacía la diferencia. El siervo infiel tenía miedo de sus temores más de lo que amaba y le confiaba su señor. Confesó que sabía que su señor lo llamaría para rendir cuentas.

Las personas inteligentes entienden que mientras que las bendiciones de Dios son gratuitas, no son baratas y, por cierto, vienen con obligaciónes. Perder el RDI financiero no era el verdadero riesgo. Fue negarse a obedecer al señor lo que puso al siervo "en riesgo".

Dios recompensa un riesgo voluntario

Dios nos pedirá cuenta si usamos sabiamente lo que nos confió, pero no nos obligará a actuar sabiamente. Simplemente dice:

– Cuando tu cuenta venza, no estoy tan preocupado sobre lo que haya producido tu mente o tus manos, como lo estoy con lo que tu corazón esté dispuesto a creer.

La sabiduría requiere que sepamos qué hacer, cuándo hacerlo y que lo hagamos de buena gana por la razón correcta. Dios no nos obliga a hacer nada. Escuché a gente decir:

– Esta vida es mía. Voy a hacer lo que quiero de ella.

Bien, pero qué triste es estar así de engañado y solo.

¿Le gustaría esta llamada de aviso? Esta *no* es su vida; Dios se la dio y la vida finalmente se la quitará. Job dijo: *"El SEÑOR ha dado; el SEÑOR ha quitado"* (Job 1:21, NVI). El Señor da, la vida quita y Dios recibe. Y cualquier cosa que nosotros dejemos ir, Dios devuelve y más que eso. Pero creer tal cosa requiere de fe, no fe en la fe misma, sino fe en Dios. Es el principio de inversión.

Dios le dice:

– Tiene que estar dispuesto a hacer esto, pero no voy a obligarlo a hacerlo. No voy a hacerlo hacer. No estoy buscando robots; busco amigos.

Jesús dijo: *"Ya no los llamo siervos, porque el siervo no está al tanto de lo que hace su amo; los he llamado amigos"* (Juan 15:15, NVI). Jesús nos dice: "Ustedes conocen mi corazón".

Los agricultores tienen que ser personas tanto sabias como dispuestas a correr riesgos. Saben que la vida opera por la ley del campo, no la ley de la fábrica. La ley del campo dice: *"El que siembra escasamente, escasamente cosechará, y el que siembra en abundancia, en abundancia cosechará. Cada uno debe dar según lo que haya decidido en su corazón, no de mala gana ni por obligación, porque Dios ama al que da con alegría"* (2 Corintios 9:6-7, NVI).

Una mujer que se estaba muriendo de cáncer sabía que tenía poco tiempo, pero quería ir al picnic de la iglesia. Todos se sentían incómodos por la presencia de esta mujer muy enferma, pero uno a uno se acercaba a ella para tratar de consolarla. Uno de sus amigos le preguntó:

– ¿Pensó alguna vez en su funeral y cómo quiere que se lo realice?

– Sí –dijo la mujer–, le dije a mi familia que quiero que se me entierre con un tenedor en la mano.

– ¿Un tenedor? –Le preguntó el amigo–. ¿Por qué un tenedor?

– Cuando era niña –dijo–, crecí yendo a cenas y a picnics de la iglesia como este. Una vez al año, teníamos una reunión de regreso a casa. Siempre había abundante buena comida y postres deliciosos. Recuerdo que una de las mujeres más ancianas decía, cuando venían a buscar nuestros platos: "Conserven su tenedor, porque guardamos lo mejor para lo último". Esto siempre quería decir que estaba por venir el postre. Quiero que la gente sepa, cuando pasen por mi funeral y vean el tenedor en mi mano, que entiendo que algo bueno está por venir porque Dios siempre guarda lo mejor para lo último.

Las personas que de buena gana corren riesgos sabios, comprenden que lo que sea que dejen ir, lo que sea que den, Dios lo tomará, bendecirá y multiplicará, y luego se los devolverá directamente como algo incluso mejor.

Dios recompensa un riesgo redentor

¿Quiere usted saber lo que Dios se propone con el mundo? Entonces lea esto: *"Porque de tal manera amó Dios al mundo, que ha dado a su Hijo unigénito, para que todo aquel que en él cree, no se pierda, mas tenga vida eterna"* (Juan 3:16, RVR). Y Él no ha dejado de dar desde ese momento.

Dios derramó todos sus recursos en un acto épico de redención. Pablo dice: *"Me siento en deuda con todos, sean cultos o incultos, sabios o ignorantes; por eso estoy tan ansioso de anunciarles el evangelio también a ustedes que viven en Roma"* (Romanos 1:14-15, Dhh). Cualquier cosa que usted arriesgue para ser una persona de buenas nuevas, Dios lo consolidará y bendecirá. Ayudar a las personas a llegar a Dios es siempre el riesgo correcto.

Un riesgo redentor significa que nunca renunciamos al deseo de la gente o de Dios a ver la gente sanada o hecha íntegra. Este concepto se me aclaró un viernes a la mañana hace no mucho tiempo, cuando recibí una llamada telefónica informándome de que un niño chico de nuestra iglesia había sido llevado de urgencia al hospital. Mientras maniobraba mi camino del centro hasta el hospital, pensaba en cómo el saludable Trevor se veía el domingo anterior sentado en el frente al costado de su papá. Parecía un cuadro de salud. Cuando Trevor se despertó el próximo jueves a la mañana, quejándose de síntomas comunes para su edad, su mamá sabiamente le permitió que se quedara en casa y no fuera a la escuela. Pero a la mañana siguiente no se sentía nada mejor. Gracias a Dios, la mamá de Trevor prestó atención a sus síntomas y lo llevó al pediatra. El doctor sospechaba que Trevor pudiese estar mostrando síntomas tempranos de un brote de meningitis; por eso, los envió a Trevor y a su mamá al Hospital Vanderbilt. Vanderbilt es simplemente uno de los mejores hospitales del país que trata este tipo de infección. Lo suficientemente seguros, tanto la mamá de Trevor como su doctor tenían razón. Para cuando llegué alrededor de las 13:30, Trevor luchaba con un brote de meningitis al que pocos, si algunos, han sobrevivido. Cuando me fui a la terapia intensiva pediátrica, Trevor se parecía más a una máquina con tubos y mangueras que a un pequeño niño. Me sentía inútil e impotente, pero no iba a dejar que la desesperanza se mostrara, ya que había aprendido que la verdadera esperanza puede cambiar las cosas.

Con cada hora que pasaba, Trevor se hundía más y más profundamente bajo el ataque de esta terrible infección. Para este momento, los doctores habían confirmado que Trevor había contraído septicemia meningocócica. Y aunque no podía pronunciarlo o deletrearlo, sabía que el pronóstico parecía sombrío. Dos casos prominentes de esta infección ya fueron noticia hace varios meses; ambos casos terminaron en la tragedia. Trevor tenía solamente probabilidades pequeñas de sobrevivir, incluso unos pocos días. Mientras estaba parado con el papá y la mamá de Trevor, todo lo que podía pensar era cuán rápido la vida puede cambiar. Si usted no está preparado, la vida puede adelantársele y abrumarlo.

Durante los próximos varios días, visité a Trevor. Y con cada visita, las esperanzas de que Trevor se recuperara, disminuían. Temprano ese domingo a la mañana, me dijeron que en un esfuerzo desesperado por salvar a Trevor, los doctores le dieron una droga experimental que había sido usada solamente en un puñado de casos extremos. No quería renunciar a la esperanza de que quizás Dios haría algo si tomábamos el riesgo de orar por su sanidad. En cada una de las reuniones esa mañana, le informé a la congregación sobre la situación y los llamé a orar por la sanidad y la recuperación de Trevor. Oramos juntos, y les pedí a todos que se reunieran en grupos para orar a favor de Trevor, y que llamaran a todos los que conocían para pedirles que oraran por él también.

Más tarde esa tarde, me informaron de que alrededor de media mañana, Trevor comenzó a responder a la medicación. Las cosas finalmente comenzaron a dar un pequeño giro para bien. Al día siguiente, cuando visité a Trevor y a su familia en el hospital, él estaba progresando y los doctores se sentían muy esperanzados. Cuando el papá de Trevor y yo nos sentamos en la cafetería del hospital, le dije lo que habíamos hecho el día anterior, y él me informó de la hora aproximada en la que Trevor comenzó a responder. Cada uno de nosotros sabía lo que el otro estaba pensando. Dios había respondido a las oraciones de miles de personas que se atrevieron a arriesgar, creyendo que Dios se preocupa por los niños de once años. La supervivencia de Trevor nos sorprendió a todos, pero su completa recuperación no es sino un milagro.

Requeríamos de un riesgo redentor ese día, un riesgo llamado oración. No una oración tímida o poco entusiasmada, sino una oración que penetrara las puertas del cielo. Orar en fe por alguien es asumir un riesgo redentor. La oración obra, pero para que la oración obre poderosamente, alguien tiene que estar dispuesto a orar y a creer poderosamente. Hicimos oraciones simples de la fe de un niño esa mañana, y Dios realizó un milagro. ¿Hubiera Él aún sido Dios si las cosas continuaban en su curso natural? Por supuesto, pero está el hecho de que un montón de personas asumieron el riesgo redentor de orar, y Dios recompensó.

Trevor se recuperó completamente. Él y su papá juegan mucho al golf estos días, y creo que eso también es un milagro.

Vale la pena correr el riesgo de creer en un Dios grande que nos ama y que espera moverse en representación de nosotros. Dios recompensa un riesgo redentor. Un riesgo redentor cubre mucho más territorio que la mera sanidad física o la restauración relacional. Es el impulsor que hace que las personas abandonen sus zonas de comodidad, y se atrevan a pararse en el mercado de ideas y necesidades. Quizás sea una persona que se atreva a creer que los niños de color y los niños blancos puedan y deberían ir a la escuela juntos. Quizás sea una persona que se atreva a creer que un hombre de color y un hombre blanco deberían ser capaces de vivir en el mismo barrio.

¿Qué loca fue la persona que se atrevió a enfrentar la cirugía de corazón abierto, o que sugirió que un hombre podría y debería pisar la Luna? Más de una persona ha sentido el escozor del ridículo por arriesgarse a tales ideas "tontas". Sin embargo, resulta que ahora consideramos a algunas de estas personas que se atrevieron a proponer dichas posibilidades, genios, revolucionarios y héroes estrafalarios. Y ocurrieron solamente porque ellos se atrevieron a cuestionar a los demás y cuestionarse a sí mismos.

Gracias a aquellos que se atrevieron a arriesgar su reputación en actividades que corrigieron lo que estaba mal, que promovieron la verdad por sobre la tradición, y la belleza por el quebrantamiento, y que hicieron la vida mejor para todos nosotros.

¿Qué errores está usted intentando corregir? ¿Qué riesgos está corriendo a beneficio de la redención, de usted y de aquellos que lo rodean? ¿Qué en su profesión, negocio, familia o iglesia podría ayudar a mejorar? ¿Qué riesgo corre para hacer que sus relaciones sean más saludables?

Solamente usted puede decidir si parece sabio emprender algo tan ambicioso y costoso. Habrá falsos comienzos, cometerá errores penosos a lo largo del camino, pero si es lo suficientemente afortunado como para tener un sueño en su corazón, esté dispuesto a cometer errores en búsqueda de ese sueño. Atrévase a ser tonto. Usted pudiese simplemente cambiar el mundo.

Dios recompensa el riesgo de identificación

Dios recompensa a cualquiera que se atreva a identificarse con Él. Jesús lo expresó de este modo: *"Y cualquiera que dé a uno de estos pequeñitos un vaso de agua fría solamente, por cuanto es discípulo, de cierto os digo que no perderá su recompensa"* (Mateo 10:42, RVR). Dios dice: "Cada vez que hagas algo para identificarte conmigo, yo estoy ahí". Cualquier clase en la cual usted haya enseñado alguna vez, le interesa a Dios. Cualquier dólar que usted haya alguna vez dado por una causa redentora, le importa a Dios. Cualquier oración que haya hecho alguna vez por los quebrantados, los heridos, los aburridos, le interesa a Dios.

Siendo joven, pensaba que la iglesia era para identificarse con Dios, pero lo último que quería era que se me identificara como "religioso". No había visto nada en mi infancia que me hacía querer pasar mis fines de semana en la iglesia, juntos con los demás que no parecían querer estar ahí más que yo.

Pero sí quería saber si alguien de ahí me conocía o me amaba. Anhelaba que alguien me respondiera las preguntas difíciles que ni yo ni las personas religiosas que me rodeaban podían responderme. Quería saber "¿Por qué estoy aquí?" Y "¿Por qué sufren las personas buenas?" y "¿Por qué le ocurren tantas cosas malas a las personas buenas?" Había oído que tenía un problema de pecado –los tres grandes eran fumar, maldecir y escaparse de clase– y que Dios tenía un programa de control de pecado para mí.

Mirando retrospectivamente, quizás sea por esta razón que me iba de la iglesia sintiéndome mucho peor que cuando me fui por primera vez. Fue como una paliza semanal de Dios.

Mi vida cambió durante mi primer año en la universidad, cuando Dios entró en mi vida. Mirando hacia ese momento, mi conversión se asemeja más a un cortejo que a una advertencia. No podía ser llevado a Dios –escuchar a predicadores que gritan demostraba eso– pero no podía resistir ser atraído a Cristo. Cuando descubrí la gracia de Dios, mi vida cambió para siempre. Cuando aprendí que Dios por voluntad propia vino a esta Tierra para identificarse conmigo, presté atención a todo. Cuando oí que Dios no me quería hacer mejor sino diferente, entonces escuché. ¡Y hoy estoy tan contento de haberlo hecho! Correr el riego de identificarse con Jesús fue lo más sabio que jamás haya hecho.

Escoger identificar a Jesucristo como mi Dios y Salvador me ha traído paz, perdón, propósito, gozo y una vida llena de sentido y misión. No me ha protegido de las realidades de vivir en un mundo riesgoso, pero nunca estuve "en riesgo" un momento desde el día en el que incliné mi cabeza y confesé mi necesidad de un Salvador.

Cuando corrí el riesgo de identificarme con Jesucristo, emprendí un caminar en fe que haría a mi vida no solo obrar, sino también cantar. Jesús no es una deidad distante, sino un amigo íntimo. Él es mi Salvador, mi Sanador, mi Redentor y mi Abogado. Él me ama, cree en mí y tiene un plan para mi vida, que se revela un día por vez. Me ha dado poder para prevalecer, porque prometió nunca dejarme o desampararme. Nadie –y quiero decir nadie– puede acercarse a eso en absoluto. Lo amo y confío en Él con cada detalle de mi vida.

Por eso, ¿no hay riesgos en identificarse con Cristo? No puedo decir eso. Todavía no comprendo un montón de cosas. ¿Por qué Dios hizo un milagro y sanó a Trevor, pero no hizo un milagro para sanar a mi papá o a mi hermano? ¿Por qué parece que algunas veces Dios está en silencio en el mejor de los casos, o ausente en el peor de ellos? ¿Por qué todavía lucho con sentimientos de desconfianza de mí mismo y de autoaborrecimiento cuando sé que Dios me ama y me perdonó incondicional y permanentemente? ¿Por qué todavía tengo problemas en confiar en Él incluso después de que Él ha hecho tanto por mí y que tenemos una historia tan larga juntos? Tengo más preguntas que respuestas, pero sé esto con seguridad: puede confiarse en Dios. Por esto escojo correr los riesgos correctos. Sé que Dios recompensa ricamente a cualquiera que así lo hace, porque Él me ha recompensado.

LA EMOCIÓN DE UNA VIDA FRUCTÍFERA

Transformar un riesgo en recompensa es la especialidad de Dios. Usted va a vivir en un mundo riesgoso el resto de su vida, pero no tiene que vivir otro día en riesgo.

Termine con correr riesgos ilegales, desamorados, sin lírica y sin legado. Corra solamente los riesgos que Dios promete recompensar. Si se atreve a confiar en Dios más de lo que teme a lo que pudiese estar enfrente de usted, conocerá la emoción de una vida altamente fructífera, y mostrará el poder para prevalecer.

11

Transforme el dolor en ganancia

Dios nos susurra en nuestros placeres, nos habla en nuestra conciencia,
pero nos grita en nuestros dolores: es su megáfono para despertar a
un mundo sordo.

– C. S. LEWIS

En las próximas pocas páginas, quiero explorar la idea de que el dolor es necesario. Creo en Dios, y acepto al dolor como parte de creer en un Dios bueno. Puede ser difícil de explicar, pero el dolor es una parte de la vida, así como lo es el placer. La vida produce infelicidad, así también como magia. La sanidad viene después de la herida. Y en este mundo uno no puede existir sin el otro. El dolor es parte del ADN de la vida de un mundo caído.

Esta es la realidad: si usted no puede vivir en un mundo de dolor *con* Dios, vivirá en un mundo de dolor *sin* Dios. Usted no elige entre tener dolor y no tenerlo, sino que debe escoger entre el dolor con un propósito y el dolor sin sentido. Entonces esto es lo que creo: Dios es el maestro, y el dolor es frecuentemente el currículo.

En el libro de Santiago, el medio hermano de Jesús, escribe:

> *"Hermanos míos, considérense muy dichosos cuando tengan que enfrentarse con diversas pruebas, pues ya saben que la prueba de su fe produce constancia. Y la constancia debe llevar a feliz término la obra, para que sean perfectos e íntegros, sin que les falte nada. Si a alguno de ustedes les falta sabiduría, pídasela a Dios, y él se la dará, pues Dios da a todos generosamente sin menospreciar a nadie"* (1:2-5, NVI).

Un poco después, Santiago continúa: *"Dichoso el que resiste la tentación porque, al salir aprobado, recibirá la corona de la vida que Dios ha prometido a quienes lo aman"* (1:12, NVI). Pudiésemos parafrasear su mensaje: "Deberíamos considerar un don total cuando nos vengan pruebas y desafíos, porque la presión obliga a que nuestra fe esté al frente de todo, revelando su verdadero carácter".

Algunos de nosotros rehuímos del dolor, porque este implica cambio, y odiamos cambiar. Recibimos las cosas que nos hacen mejores, pero preferimos que las cosas permanezcan como son, si es que tienen que volverse difíciles antes de que se mejoren. Oímos que atravesar el dolor y sobrevivirlo nos hace más fuertes, pero esa es una verdad que preferimos tomar por fe, que aprenderla por experiencia personal.

No obstante, a pesar de nuestros deseos, el dolor ocurre y, cuando lo hace, para siempre cambia nuestras vidas. La manera en la que escogemos responder al dolor es la clave para llegar a ser la persona que queremos ser y, más importante, más cercana a la persona que Dios nos ha diseñado para que fuéramos.

Un proceso lento

El dolor cambia cosas, pero lo hace l-e-n-t-a-m-e-n-t-e. Por otro lado, vivimos en un mundo acostumbrado al cambio instantáneo. El cambio lento no es solo impopular aquí, sino que también es muy temido. Queremos que el dolor sea un simple pasar por la puerta, presionar unos pocos botones, un cambio rápido y llegar, sin dolor, sin manchas, sin presión y sin pensar. Este es nuestro camino preferido en la ruta a la buena vida.

Solamente que hay un problema: nuestra vida no funciona de ese modo. Cambiar una bombita de luz lleva unos pocos minutos, pero cambiar el corazón humano lleva toda la vida.

Dos motivaciones para el cambio

El cambio mediante el dolor no solo nos deja diferentes, sino que también nos deja en un lugar distinto. Como dijo Santiago, Dios usa el dolor para ayudarnos a ser *"perfectos e íntegros, sin que les falte nada"*. He observado que las personas cambian bajo una de dos condiciones básicas:

1. Algunas personas cambian porque quieren. Cuando cambiamos porque queremos, cambiamos en realidad antes de que tengamos que hacerlo. Usualmente, se llega a este estado de mente, solo después de que hayamos sido sacudidos por algo que le sucedió a alguna otra persona que conocemos.

2. La mayoría de nosotros cambia solamente cuando tiene que hacerlo. La mayoría de nosotros cambiamos solamente cuando no tenemos otra opción. Este tipo de cambio nos agarra del cuello y consigue nuestra atención plena. Cuando su esposa muere y se va a casa solo por primera vez, sabe que cada aspecto de su vida va a ser diferente. Cuando los padres tienen que enterrar a un

hijo, ven a la muerte como un orden no natural de acontecimientos. Después de que vuelven a casa del funeral, los cumpleaños y las vacaciones del hijo todavía continuarán cruzando por la mente, y la escuela aún seguirá comenzando cada año. Cada día y cada evento provee un recordatorio cruel de que las cosas nunca serán lo mismo.

Este es un cambio que altera la vida con un mordisco "esté listo o no, aquí vengo" para con ella. Cuando una pérdida importante nos lleva al dolor, con frecuencia terminamos apesadumbrados. Incluso hiere simplemente decir la palabra mordisco.

Muchas personas que se enfrentaron con el dolor cometen el error de hablar sobre la "recuperación del dolor", un término que implica que ellos se repondrán, restaurarán y reclamarán lo que han perdido o lo que tuvieron que abandonar. Pero cuando la vida se sale de lo que era, no hay manera de volverla como era antes. Una realidad nueva ha llegado, un mundo extraño y nuevo. Inconscientemente y de mala gana, somos insertados en una realidad nueva en donde debemos adaptarnos para sobrevivir. Y en estos momentos es cuando clamamos en angustia: "¿Por qué yo? ¿Por qué yo, Señor? ¿Por qué debería yo tener tanto de este *gozo* del cual habla Santiago? ¿Qué hice ahora?"

Pero la verdadera pregunta no debería ser: "¿Por qué yo?" sino "¿Por qué *no* yo?"

Kurt Warner, el defensor de St. Louis Rams que dirigió al equipo a su primera victoria Súper Tazón, escribió un libro titulado *Todas las cosas posibles*. Warner no guarda secreto de su compromiso cristiano, y si escuchó su historia, se dará cuenta de que aquí se encuentra un hombre, que de manera no diferente a muchos otros, podía pararse y decir: "¿Por qué yo?" Este atleta profesional alcanzó uno de sus sueños de toda su vida al formar la lista de un equipo profesional de fútbol, los Green Bay Packers. Sin embargo, poco tiempo después, fue sacado del equipo y terminó vendiendo estantes a almacenes para poder llegar a fin de mes. Así conoció, se enamoró y se casó con Brenda, una madre soltera con dos hijos. Uno de sus hijos, Zacarías, era ciego y tenía una lesión cerebral causada por una caída de una bañera cuando era bebé. Justo después de que se casaran, los padres de Brenda murieron en un accidente automovilístico.

Warner finalmente recibió una llamada telefónica de St. Louis Rams, para que llenara un formulario como defensor temporal. Y a través de las circunstancias que algunos llaman destino, Warner llegó a ser defensor... y el resto es historia. Durante ese año milagroso, el *Denver Rocky Mountain News* lo entrevistó para preguntarle cómo se sentía por toda esta adversidad. Así es como respondió:

Cuando pienso en mi vida, pienso en mi hijo, Zacarías. Él es todo para mí. Él es el niño más especial que jamás haya conocido. Cada día es una lucha para él, pero simplemente avanza y continúa mejorándose. Zacarías se cae de veras fuerte al menos diez veces todos los días, y se levanta y en cada caída, se ríe. Por eso, cuando veo a Zacarías atravesar lo que tiene que pasar, me conmueve la vida al punto tal que si arrojo tres intercepciones en la cancha de fútbol, es un chiste para mí realmente enojarme cuando veo todo lo que Zacarías tiene que enfrentar cada día.[1]

Warner mide sus pruebas y tribulaciones contra todas las pruebas y tribulaciones diarias de su hijo Zacarías, y no encuentra comparación. Aquellos que no pueden caminar o ver considerarían un gran privilegio ser capaces de arrojar una intercepción o dejar caer una pelota.

Sabemos en teoría que nuestro tiempo en esta Tierra es limitado; por eso algunas veces nos obsesionamos con el fin de nuestra vida en vez de disfrutar estar vivos *ahora*. Entonces clamamos: "¿Por qué ahora, Dios? Justo cuando tengo todas las cosas que quiero en orden, justo cuando la vida es realmente buena, ¿por qué ahora tengo cáncer, mi hijo se muere, mi madre fallece, ocurren estas cosas, pierdo mi trabajo?"

Quizás la pregunta más importante que podemos hacer no es: "¿Por qué ahora?" sino "¿Para qué?" Muchas veces Dios permanece en silencio, no porque a Él le gusta ser malo, sino porque sabe que estamos buscando pelea, no una respuesta. Lo que realmente queremos es que Dios use su poder para restaurar las cosas del modo en que eran, hacerlas justo como eran. ¿No es divertido que queramos lo mejor de Dios siempre y cuando eso no moleste al *status quo*?

¿Recuerda la historia de Dave Dravecky, anteriormente un *pitcher* para los Gigantes de San Francisco? Llegó a ser una de las primeras figuras de la Liga Nacional, y lanzó la pelota en dos Campeonatos de la Liga Nacional y en un partido de la Serie Mundial. Parecía estar en un gran camino durante el primer tiempo de su carrera, cuando se descubrió que tenía cáncer en el brazo con el cual lanzaba. Sus doctores trataron el problema y pensaron que lo curaron. Él superó muchas circunstancias desfavorables en su recuperación, y volvió a su equipo; ganó en su primer partido después de regresar. Escribió un libro sobre su regreso al béisbol titulado *Regreso*.

Recuerdo mirar su segundo partido de regreso en la televisión en 1987, cuando tomó el montículo en Montreal, se preparó y lanzó, y el hueso de su hombro se quebró. Y terminó perdiendo no solo su brazo, sino que también su hombro. Para tratar el dolor, escribió su segundo libro titulado *Cuando no puedes regresar*, en el cual incluye una historia interesante.

Una noche, una "supersanta" lo enfrentó. La mayoría de nosotros nos encontramos con una de estas santas en algún momento triste de nuestra vida. Si a usted le ha sucedido, nunca se lo olvidará. Esta sugirió que Dave no tenía ni brazo ni hombro porque no tenía fe suficiente. Ella le aseguró que era siempre la voluntad de Dios para todos sus hijos que estos sean sanos todo el tiempo. Y así es como él reflexionó sobre el encuentro:

> Ella insinuó al principio que yo sufría porque no tenía suficiente fe, y luego me acusó completamente de no tener la fe que Dios quería para mí. Que por eso Dios me había abatido y yo había perdido mi brazo. Pero sus acusaciones lo hacían a Dios algún tipo de máquina expendedora cósmica, donde si usted presiona el botón derecho, obtiene una vida agradable y libre de sufrimientos. Posteriormente aprendí, al conversar con cristianos de todo el mundo, que una de las diferencias claras entre la cristiandad estadounidense y la cristiandad como se practica en el resto del mundo, es esta: solamente en los Estados Unidos los cristianos estadounidenses sí oran para que la carga del sufrimiento sea sacada de sus espaldas. En el resto del mundo, los cristianos solamente oran por tener espaldas más fuertes.[2]

Dravecky aprendió a pensar de una manera diferente sobre el dolor. Ha tomado control de un acontecimiento no deseado. Su actitud de honrar a Dios, lleno de fe y esperanza, ha abierto su mente para ver el lado positivo del sufrimiento. Como resultado, se está fortaleciendo mediante el dolor como una respuesta antes que como un reactor que, más interesado en sentirse víctima, culpa a Dios por ello o simplemente desea que el dolor se vaya. Y hoy lidera un ministerio que se llama *"Alcance de esperanza de Dave Dravecky"*, una organización maravillosa que ministra a aquellos que sufren de cáncer o de alguna amputación.

En su perspicaz *Fuentes de fortaleza*, el ex Presidente Jimmy Carter decía que aprendió de su padre sobre cómo considerar la adversidad. Siendo agricultor, su padre sabía del papel fundamental del clima, especialmente la lluvia, para conseguir que los cultivos estén listos para la cosecha. Carter escuchaba con frecuencia a su padre orar por lluvia, pero en la misma oración escuchaba a su padre pedir por la fortaleza para tratar con la sequía continua. Esto tiene los elementos principales de perseverancia que Dravecky identificó:

– Los cristianos estadounidenses sí oran para que la carga del sufrimiento sea sacada de sus espaldas. En el resto del mundo, los cristianos solamente oran por tener espaldas más fuertes.

Isaac Singer, que ganó el Premio Nobel de Literatura en 1978, dijo:

– La vida es la novela de Dios, déjelo escribirla.

Creo que podemos triunfar sobre los problemas, si oramos no tanto para ser protegidos de los peligros, sino para encontrar el coraje para enfrentarlos. Me gusta mucho este versículo del libro de Romanos: *"También nos gloriamos en las tribulaciones, sabiendo que la tribulación produce paciencia; y la paciencia, prueba; y la prueba, esperanza"* (5:3-4, RVR).

EL SUFRIMIENTO TIENE SU PROPÓSITO

¿Quiere Dios que nuestro sufrimiento tenga propósito? Sí, pero sería tonto decir que el sufrimiento automáticamente produce personas más fuertes, más agradables, más saludable, más vigorosas o más vitales. En realidad, algunas veces el sufrimiento produce personas miserables, malhumoradas, resentidas, avejentadas, aborrecibles e hirientes. ¿Por qué la diferencia? Nuevamente, la diferencia se encuentra en lo que usted hace con su poder para escoger.

No es la muerte de alguien amado, la ceguera, el dolor, el cáncer, la discapacidad, el rechazo o el abuso lo que destruye nuestra vida. Lo que nos destruye es la autocompasión, la preocupación, la desesperación y la desesperanza. El dolor nos empuja a nuestro peor momento, pero es entonces cuando cambia la marea. Continuamente llegamos a momentos decisivos y críticos. Erinhold Niebuhr admitió esa verdad cuando escribió la ahora famosa oración:

– Dios, danos gracia para aceptar con serenidad las cosas que no pueden ser cambiadas, coraje para cambiar las cosas que deberían ser cambiadas y sabiduría para distinguir una de la otra.

Una vez más, volvemos a la elección. ¿Escogemos *a favor de* la vida o *en contra de* ella? Escojo creer que Dios tiene un propósito en todo dolor. Estoy convencido de que no sufrimos dolor innecesario si sabemos cómo responder a él. Puedo pensar en al menos tres maneras en las que Dios usa el dolor para formarnos.

Dios usa el dolor para hacernos mejores, no resentidos

Si le preguntara a alguien: "¿Cómo sería su vida perfecta?" muchas veces obtendría una respuesta rápida similar a esta:

– Una vida perfecta estaría llena de comodidad, placer y gozo interminables.

Pero cuando escucho a alguien pedir una vida llena de placer interminable, recuerdo uno de los primeros episodios de *Twilight Zone [Zona de penumbra]* de Rod Serling.

En este episodio, se mata a un gángster y su alma es transportada a las puertas del cielo –o al menos a su versión del cielo–. En vez de puertas perladas, se encuentra con las puertas relucientes de un magnífico casino. Él mira hacia abajo y ve que está usando un esmoquin elegante. Mira hacia arriba y porteros elegantemente vestidos lo llaman por su nombre y abren las puertas para permitirle entrar. Adentro, mira boquiabierto al casino más magnífico que jamás haya visto. Una moza de cóctel le extiende una bandeja con copas de cristal que contienen champagne; él toma una copa a medida que ella le dice que las bebidas corren por cuenta de la casa.

Se acerca a una mesa de juego con una rueda de ruleta, mete la mano en su bolsillo y saca un fajo de billetes de cien dólares. No importa cuánto apueste, gana. Lo mismo ocurre en la mesa de los dados; lo mismo en el póquer, lo mismo en el *blackjack*. Cada mano es una mano que gana, las máquinas tragamonedas siempre pagan, y no puede tirar otro número sino un siete en los dados. Los otros hombres del casino elogian su habilidad; las mujeres comentan de su buen estilo y apariencia. Luego, entra a un restaurante y cena una comida suntuosa con sus amigos nuevos y elegantes. Cada día sucede lo mismo; todos los días gana. Tiene todo lo que quiera beber, todo lo que quiera comer y juega hasta el amanecer. Esto sigue así semana tras semana y mes tras mes. Un día el gángster, finalmente, sube hasta donde está el gerente del casino y dice:

– Sabe, sé que este es el cielo y es fantástico… pero quizás Dios cometió un error enviándome al cielo porque sabe, después de un tiempo…

El gerente lo mira y responde:

– Oh, no, no, no. Dios no cometió un error. Señor, este no es el cielo. Este es su propio infierno privado.

Algunas veces pensamos que el cielo debería ser: "Querido Señor, permíteme complacerme en nada sino en el placer. Solamente dame todo lo que he hecho bien y borra todos mis errores. Simplemente permíteme complacerme. Ese sería el cielo, donde todas las calles son de una mano y van en mi dirección".

¿Pero sería ese en realidad el cielo? Ni por asomo.

Dios mismo administra algo de nuestro dolor. Mi esposa y yo hemos sido bendecidos con tres hijas, tres niñas encantadoras. Y hemos aprendido con los años una notable diferencia entre niños que son seguros de sí mismos y competentes, y aquellos que no lo son. La diferencia puede siempre encontrarse en un hogar que muestre expectativas y límites realistas. El escritor de Hebreos habla de la disciplina de Dios para con sus hijos:

> *"'No desprecies, hijo mío, la corrección del Señor, ni te desanimes cuando te reprenda. Porque el Señor corrige a quien él ama, y castiga a aquel a quien recibe como hijo.' Ustedes están sufriendo para su corrección: Dios los trata como a hijos. ¿Acaso hay algún hijo a quien su padre no corrija? Pero si Dios no los corrige a ustedes como corrige a todos sus hijos, entonces ustedes no son hijos legítimos. Además, cuando éramos niños, nuestros padres aquí en la tierra nos corregían, y los respetábamos. ¿Por qué no hemos de someternos, con mayor razón, a nuestro Padre celestial, para obtener la vida? Nuestros padres aquí en la tierra nos corregían durante esta corta vida, según lo que les parecía más conveniente; pero Dios nos corrige para nuestro verdadero provecho, para hacernos santos como él. Ciertamente, ningún castigo es agradable en el momento de recibirlo, sino que duele; pero si uno aprende de la lección, el resultado es una vida de paz y rectitud"* (12:5-11 Dhh).

Hoy hablamos más de disciplina que de "castigo"; es el término más políticamente correcto. En mi tiempo de más joven, siendo un niño ruidoso en

Glasgow, Kentucky, diariamente le ponía los nervios de punta a mi mamá. Tampoco se llamaba disciplina entonces sino un "chirlo". Mi hermano y yo nos ganamos nuestra parte justa de chirlos.

En Kentucky nunca nos íbamos muy lejos del negocio de tabaco, por eso todos reconocíamos lo que era una regla de tabaco, una de las principales herramientas que usaban para curar las hojas. No era un palo plano como el que usted ve en la ferretería, sino un pedazo de madera de aproximadamente un metro y de treinta y ocho milímetros de cuadrado. Parecía una escoba cuadrada, y teníamos una colgada en el armario del pasillo de casa, pero la que conocíamos tanto no tenía nada que ver con el tabaco. Aprendí muy temprano el sonido distintivo de la puerta del armario del pasillo abriéndose. Siempre que escuchaba su sonido, incluso cuando mi mamá quería solamente ir a buscar la aspiradora, me venía un sudor frío.

Mi hermano más grande tenía una teoría: "No muestres temor". Cuando mi mamá nos había soportado ya lo suficiente, sacaba ese palo de tabaco. Primero lo agarraba a mi hermano del brazo y le daba uno, dos, tres golpes. Mi hermano nunca decía una palabra. Ni un quejido, ni un grito ni un vistazo. Pero esta muestra de ningún temor no la impresionaba a mamá, sino que simplemente le hacía pensar que ella necesitaba volverse más efectiva. Por eso, en una sucesión rápida, él tenía tres golpes más.

Cuando llegaba mi turno, ella me agarraba del brazo mientras yo agarraba su hombro para disminuir su eficacia. Yo comenzaba a poner el grito en el cielo incluso antes de que ella me tocara. Suplicaba misericordia, confesaba mis pecados y charloteaba sobre cuán malo había sido, que no quería hacerlo, que lo sentía tanto, que no lo haría nuevamente. No obstante, los golpes llegaban. Pero al agarrarme de ella y al permanecer cerca, sentía no solamente el calor de su enojo, sino que también veía en sus ojos el dolor de su desilusión en mí. Y eso hería mucho más que la oscilación de un palo de escoba.

Al mirar hacia atrás, me doy cuenta que es así como Dios opera. Algunas veces Dios usa el dolor para intentar hacernos mejores. Nuestra elección es simple: ¿nos volveremos mejores, abandonaremos esto, detendremos aquello, dejaremos ir lo otro? El amor demanda algo de dolor.

Dios usa el dolor para fortalecernos

En 2 Corintios 12:7-10, Pablo escribe sobre su dolor como misionero:

> *"Para evitar que me volviera presumido por estas sublimes revelaciones, una espina me fue clavada en el cuerpo, es decir, un mensajero de Satanás, para que me atormentara. Tres veces le rogué al Señor que me la quitara; pero él me dijo: 'Te basta con mi gracia, pues mi poder se perfecciona en la debilidad'. Por lo tanto, gustosamente haré más bien alarde de mis debilidades,*

para que permanezca sobre mí el poder de Cristo. Por eso me regocijo en debilidades, insultos, privaciones, persecuciones y dificultades que sufro por Cristo; porque cuando soy débil, entonces soy fuerte" (NVI).

Tres veces Pablo le suplicó a Dios para ponerse bien nuevamente, y tres veces Dios dijo: "No, pero yo estoy contigo". Y eso es en realidad, lo que todos necesitamos.

El poder de Dios se muestra mejor en las personas débiles. Por eso Pablo se regocijaba en su debilidad; se sentía contento de vivir una demostración del poder de Cristo. Es como lo dijo Juan Banbridge:

– Si usted no tiene problemas; debería arrodillarse y preguntar: "Señor, ¿no confías más en mí?"

En todo su dolor, la voluntad de Dios nunca lo llevará a donde la gracia de Dios no pueda alcanzarlo y guardarlo.

Santiago Brady, el Director de Comunicaciones de la Casa Blanca bajo el mandato del Presidente Ronald Reagan, se interpuso en el camino de la bala de un asesino, que estaba destinada para el presidente. Aunque la bala afectó el cerebro de Brady, milagrosamente sobrevivió. Así, atravesó meses de rehabilitación dolorosa: lentamente recuperó su habla, su capacidad para alimentarse, para caminar, pero el dolor nunca se fue de su cuerpo. Brady se negó a sentarse en casa y a ser un ermitaño amargado. En cambio, él y su esposa Sara se volvieron una fuerza constante en los pasillos del Congreso, instando a los legisladores a un control de revólver. ¿Quién podía atreverse a desafiar su autoridad para hablar sobre este asunto? Él usa su dolor como un punto de concentración, no para pedirle a Dios una vida "feliz", sino una vida plenamente responsable, útil, honorable y compasiva.

Sentado en su silla de ruedas en casa, una vez le dijo a un entrevistador:

– Usted tiene que jugar la mano que se le ha dado. Puede haber dolor en esa mano, pero juéguela. Y yo la he jugado.[3]

¿Quién podría discutir? Brady usa su dolor para marcar una diferencia notable que demuestre que verdaderamente vivió.

Dios usa el dolor para enfurecernos

Creo que la mayoría de nosotros diariamente vive algún tipo de enojo de bajo nivel. Y pienso que Dios algunas veces usa el dolor para enfurecernos. ¡Quiero decir realmente ENFURECERNOS!

¿Recuerda al gran teólogo Paulie de la película Rocky III? Clubber Lang está nuevamente dejándolo para el arrastre a Rocky Balboa y Mickey grita:

– ¡Lo está matando, lo está matando!

Paulie se estira, agarra el micrófono y dice:

– ¡Él no es golpeado! ¡Él se está poniendo furioso!

Algunas veces necesitamos ponernos del todo furiosos y dejar de estar simplemente enojados. ¿Porque sabe lo que es enojado? Enojado es una comprensión negativa de la realidad y de usted mismo.

Aprendí la diferencia entre enojarse y ponerse furioso en un verano. Siendo un alumno nuevo del noveno año, tuve el privilegio de presentarme para una prueba de fútbol universitario. En el sur, nos tomamos en serio al fútbol. El fútbol casi representa su derecho de pasar de la infancia a la hombría. Por eso, yo había llegado.

Ese verano asistí al campamento de fútbol. El sol estaba lo suficientemente caluroso como para hacer ladrillos, y ahí estaba yo, asándome debajo de un casco y más de trece kilos de almohadillas de fútbol. Pero no me importaba. Era como el cielo para mí. El entrenador Butch Gilbert –una cruza entre un buldog y una motosierra, y a quien hasta este día lo odio con el sumo amor cristiano– se me acercó, me agarró fuertemente y decidió que debería alinearme contra Jerry England.

En nuestro pueblo teníamos bravucones y teníamos matones; un matón es un bravucón de esteroides. Jerry England era un matón hecho y derecho. Este tipo era grandote, resentido y tosco. Nunca me había encontrado con él, pero sabía de su leyenda. Por eso nos alineamos y yo asumí mi posición, justo a un lado de él y pensé: este es el ser humano más grande que alguna vez haya visto. Estaba que me moría de miedo. Recuerdo que ellos decían: "¡Ahora!", pero eso es todo. No puedo decir qué me dolió porque no recuerdo nada.

Cuando me desperté, me fui detrás de la línea para comenzar de nuevo. Esta es la manera en la que funciona el fútbol: uno da lo mejor que puede y entonces lo rotan detrás de la línea, así no está al lado del mismo tipo repetidamente. Pero no esta vez y no con el entrenador Gilbert. Ese día nos hicieron coincidir contra el mismo tipo una y otra vez. Por eso, una vez más era yo el que estaba contra Jerry England. Pero esta vez sabía lo que se venía. Mi mente y mi cuerpo rápidamente se ajustaron. Me equipé con toda mi capacidad para absorber el dolor. Y cuando gritaron "¡Ahora!" sentí todo. Jerry me golpeó como si fuera un tren de carga. Oí mi cabeza golpeteándose en el casco y mis dientes hacer ruido en mi cabeza. Esta locomotora de hombre me golpeó tanto, que mis pies volaron del suelo, seguido por el golpe tan aprisa del suelo que me dejó sin aliento.

Siguió así toda la tarde. Se me pondría yeso y se me daría una paliza, solamente para levantarme, desempolvarme y recibir otra paliza nuevamente. Me caí tantas veces ese día que desempolvarme se convirtió en un lujo que ya no podía permitirme más. Solamente mantener la conciencia e intentar oír el ladrido temido de "¡Ahora!" otra vez zumbándome en los oídos parecían desafiar lo suficiente. Ese día, el entrenador Gilbert permitió que Jerry England me golpeara como si fuera un tambor. Me sentí humillado. Me sentí vencido.

Tenía tanto miedo, estaba tan asustado, tan abatido, que esperé hasta que todos los demás se ducharan y se fueran para así yo poder bañarme. ¡Me dolía todo! ¡Sangraba! Mi garganta estaba comprimida. Sentía como que si me había fracturado la nariz. "Se terminó mi carrera de fútbol –pensé–. Quiero volver a ganar a los alumnos del séptimo año".

Cuando pasé por el armario de Jerry, dije fuerte:

– ¡Vos, pedazo de pelmazo! ¡Ojalá estuvieras aquí AHORA!

Y entonces vi su camiseta colgada sobre la puerta del armario. Por alguna razón que desconozco, saqué esa camiseta y miré el cuello para ver cuán grande este monstruoso tipo era en realidad. Encontré el talle de la camiseta, y no podía creer lo que leía. Tenía mi camiseta en mi otra mano y la puse al lado de la suya, y ¿adivine qué? Usábamos el mismo talle.

Algo en mi interior cambió en ese momento. ¡Me puse furioso! Dije:

– ¡Pero si no es tan grande! Si él puede ponerse esta camiseta que apenas puedo ponérmela yo, ¡entonces estoy furioso!

Instantáneamente me sentí motivado a actuar decisivamente, y formé parte del equipo. Mejoré ese año, pero Jerry England todavía me vencía inconscientemente en la práctica todos los días. Pero hoy soy una persona mejor, más fuerte y más enérgica, porque decidí enfurecerme y dejar de estar simplemente enojado. Dejé de sentirme indignado e hice algo con eso. Ralph Waldo Emerson dijo una vez:

– Nuestra gloria más grande no consiste en no caer nunca, sino en levantarnos cada vez que caemos.

Esa fue la lección que aprendí al ir en noveno año, y la llevo que conmigo hasta el día de hoy.

¡Algunas veces pienso que Dios está intentado ponernos furiosos a algunos de nosotros! Algunas veces Dios está intentando motivarnos a actuar con decisión, en vez de simplemente quedarnos sentados y lloriquear sobre nuestras vidas.

Nuevamente, todo es cuestión de elección. Usted ya sea escoge crecer mediante el dolor, o comienza a morir debido a él.

LAS MANOS DE DIOS, NUESTRAS MANOS

Me gustaría cerrar este capítulo contando una historia verídica de un hombre común que sufrió una pérdida casi simultánea del amor y de la vida. Él escogió vivir mediante el dolor, y al hacerlo, inconscientemente se convirtió en las manos de Dios.

Él era un gran oso de hombre, con un "Hola" estentóreo e incluso una risa aún más fuerte. Con el pasar de los años, se había construido un próspero negocio de construcción. Finalmente llegó el tiempo de pensar en vender su compañía y de comenzar los trámites de su jubilación. Tenía abundantes buenas ofertas que considerar, y se tomó su tiempo para escoger la compañía que más cerca reflejaba sus propios valores. La compañía compradora insistió en un contrato de empleo de varios años con el vendedor, para ayudar a supervisar la transición de los clientes y para ayudar a atraer un nuevo negocio. Poco tiempo después de la venta, el hombre supo que su único hijo había muerto: se había suicidado. Sus amigos, familia y conocidos del negocio inmediatamente vinieron para estar a su lado, pero ellos en realidad no podían entender el dolor de un padre cuyo hijo de veinte y algo más de años se quitara su vida. Una oscuridad descendió sobre el alma del hombre, amenazando destruir su propia vida. Día tras día, oraba a Dios. Él elevaba su dolor al Señor, y en angustia, clamaba:

– ¿Por qué, Dios? ¿Por qué mi hijo? ¿Por qué ahora?

Y no llegaba ninguna contestación, ninguna respuesta, ninguna señal. Solamente silencio.

Después de varias semanas de llorar su muerte, este hombre comenzó a volcarse totalmente en su trabajo. Lentamente, siempre muy lentamente, la oscuridad se disipaba y comenzó a moverse en lo que él describe como una penumbra gris. Vivió ahí durante más de un año. El agobio resultó ser demasiado para su matrimonio, el cual terminó silenciosamente en el divorcio. Nuevamente sus oraciones quejumbrosas de "¿Por qué, Dios? ¿Por qué mi hijo? ¿Por qué yo? ¿Para qué?" seguían sin respuestas.

Casi dos años enteros al día después de la muerte de su hijo, recibió una llamada telefónica de un cliente de renombre, en cuanto a la construcción de un nuevo y enorme centro de distribución. Se mantuvieron reuniones, se hicieron los planes para la construcción, se firmaron contratos y se comenzó a trabajar en esta obra de muchos millones de dólares. Después de unas pocas semanas en el proyecto, el hombre comenzó a notar que había programas que se eludían, llamadas telefónicas que no se devolvían y faxes que no se respondían.

Por eso, el hombre realizó un viaje a la oficina central de la corporación de su cliente para reunirse con el arquitecto del proyecto. Pero en vez de ver al hombre vital y enérgico que había conocido, vio una versión desaliñada, descuidada y sin afeitar del mismo hombre. El joven arquitecto se disculpó profusamente por su apariencia y por permitir que el proyecto se retrasaba según lo planificado, luego se sentó y comenzó a llorar. El hombre joven le dijo cómo él y su esposa habían descubierto que su hijo único tenía cáncer. Estaba pasando todo su tiempo en el hospital, y temía que tendría que renunciar a la compañía o tomarse una extensa licencia médica familiar. Como arquitecto clave del proyecto, sabía que dicha decisión retrasaría la construcción del centro de distribución por aproximadamente un año, y que esto casi seguro obstaculizaría su carrera.

– Simplemente no sé qué hacer –se quejó.

El hombre más viejo caminó por la oficina, puso sus manos en las manos del arquitecto y dijo:

– Usted vaya y esté con su hijo, vaya y esté con su familia, vaya y esté al lado de su cama en el hospital. No se preocupe por el centro de distribución y no piense en renunciar. Me encargaré de eso. Déme esa carga.

El hombre más grande enrolló los planos de construcción y regresó a su oficina. Después, entregó todos esos proyectos a otros ingenieros así él podía concentrarse en el centro de distribución. Constantemente usaba el teléfono celular para asegurarse de que el joven arquitecto supiera de todas las decisiones y cambios importantes que tenía que hacer. El hijo del arquitecto finalmente respondió al tratamiento, y sus doctores declararon al cáncer del chico en completa remisión. Durante el último mes de la construcción, el arquitecto regresó a la obra y saludó al presidente de la compañía por la gran apertura del centro de distribución, según lo previsto y dentro del presupuesto.

Por supuesto, el hombre joven se sintió para siempre agradecido a su nuevo amigo, no solo por pararse en la brecha, sino también por darle un tiempo precioso para que estuviera con su hijo cuando más lo necesitaba. En una carta de agradecimiento escribió:

– Mi esposa y yo le pedimos a Dios que nos concediera un milagro, y dentro de la semana de esta oración, usted entró caminando por la puerta e hizo toda la diferencia en el mundo.

El hombre nunca antes había pensado en sí mismo como una respuesta a la oración. Pocos meses más tarde, fue el invitado de honor a la fiesta de cumpleaños número ocho del niño.

Pero este no es el final de la historia.

Dentro del año de completar el centro de distribución, el hombre se encontró con un dirigente de alto rango para considerar la construcción de un hospital nuevo para una ciudad de tamaño medio. La conversación en la cena se veía forzada y poco natural. Cada vez que el hombre trataba de involucrar al potencial cliente en una consideración significativa, la conversación se hacía desarticulada y se desvanecía.

Finalmente, el hombre preguntó gentilmente:

– ¿Cuál es el problema aquí?

El oficial del hospital se disculpó y dijo lentamente:

– Hace unas pocas semanas… mi hijo se suicidó.

Esa declaración me afectó como si me hubieran dado un martillazo. La cena de repente se volvió sin importancia, ya que los dos hombres descubrieron un vínculo terrible. Los minutos se convirtieron en horas, y para cuando se fueron de la compañía, prometieron mantenerse en contacto, no meramente para hablar sobre la construcción del hospital, sino también para ayudarse en los tiempos difíciles de las vacaciones, los cumpleaños y las horas solitarias a la mañana cuando el sueño se va. Aquella noche, el hombre experimentó una grandiosa sanidad. Se sintió como que si se hubiera convertido en las manos de Dios. Para conmemorar su sanidad, hizo que le bordaran dos dichos bordados con punto cruz y que se los colgaran en las paredes de su oficina:

La oscuridad más profunda
no puede apagar la luz
de incluso la más diminuta vela.

y

frecuentemente he estado a la deriva,
pero siempre he permanecido a flote.

El dolor y el sufrimiento pueden de vez en cuando dejarnos a la deriva, pero necesitamos depender de nuestra fe en el amor y la gracia de Dios. Y esa misma fe es la que nos mantendrá a flote en mares tormentosos. Le suplico, en el nombre de Dios, no alejarse de Él, a pesar de cualquiera que sea el dolor que usted pudiese sentir. No piense en su pérdida como algo despiadado de parte de Dios. Puede ser algo redentor y hecho para su bien.

Dios es muy grande y muy bueno, y tiene poder no solo para tocar cada corazón, sino también para sanar cada dolor. Y si escogemos la vida en nuestros tiempos de oscuridad profunda, entonces extenderemos las manos y nos encontraremos seguros en las manos de Dios. Y algunas veces, Él nos permite ser sus manos para alguien más.

12

Transforme el fracaso en fertilizante

Las condiciones de la conquista son siempre fáciles.
No tenemos sino que trabajar mucho durante algún tiempo, soportar
un momento, creer siempre y nunca volvernos atrás.

— MARCUS ANNAEUS SÉNECA

¿Cómo prevalece la gente en medio de la adversidad extraordinaria y reiterada? Colin Powell, el gran líder político y militar estadounidense, lo entendió bien cuando dio esta respuesta a la pregunta: "¿A qué le atribuye su éxito?"

– No existen secretos para el éxito. Es el resultado de la preparación, del mucho trabajo y de aprender de los fracasos.

Sin embargo, los estadounidenses le tienen miedo al fracaso. Nuestra sociedad orientada hacia el éxito desaprueba el fracaso y celebra el ganar. Pero así de doloroso y penoso como es el fracaso, también puede ser un gran maestro si se sabe cómo usarlo. En realidad, el fracaso le ha servido como maestro más veces de las que a usted le gustaría recordar.

Piense en su infancia. Usted se cayó la primera vez que intentó caminar, se hundió la primera vez que intentó nadar, y probablemente bateó fuera la primera vez que levantó un bate de béisbol. Inclusive los bateadores fuertes, los que hacen la mayoría de las bases, también batean fuera muchas veces. Ted Williams, en el mejor momento de su carrera profesional, bateó fuera seis veces de las diez que le tocó. R. H. Macy fracasó siete veces antes de que su negocio en Nueva York se hiciera popular. El novelista inglés John Creasey obtuvo setecientas cincuenta y tres notas de rechazo antes de publicar quinientos sesenta y cuatro libros. Babe Ruth bateó fuera mil trescientas treinta veces, pero también hizo setecientas catorce bases.

Pablo nos dio un buen consejo cuando dijo: *"No nos cansemos de hacer el bien, porque a su debido tiempo cosecharemos si no nos damos por vencidos"*

(Gálatas 6:9, NVI). Algunas personas tienen tanto miedo al fracaso que se vuelven demasiado cautelosas al punto que se desconectan de la vida real. Así, siguen una política de vida reservada y se guardan el tiempo, los talentos y el tesoro correspondientes al servicio a Dios o a los hombres. Su lema es: para evitar el fracaso, ¡no lo intento!

Gracias a Dios que muchos otros voluntariamente cometen errores y se arriesgan al fracaso en su caminar para hacer grandes cosas. En vez de retraerse por temor, avanzan en fe. Ven cada problema como una oportunidad. Y aunque pudiesen fracasar muchas veces a lo largo del camino, estas personas valientes prefieren fracasar temporalmente en algo ligado a tener éxito, que tener éxito en algo finalmente condenado al fracaso. Benjamín Franklin dijo una vez:

– El hombre que hace cosas comete mucho errores, pero nunca comete el error más grande de todos, el no hacer nada.

LOS TRES INGREDIENTES DEL FRACASO

El fracaso no es ningún misterio. Fracasamos en algunas cosas por razones reales y legítimas. He observado tres razones comunes por las cuales fracasamos: la circunstancia, la falta de competencia y la ausencia de carácter.

Algún fracaso es circunstancial

Suponga que usted planifique un picnic gigantesco como centro de su reunión familiar este año. Lo planea todo a la perfección: organiza la comida con carne, pan, verdura, postre y bebida, y también tiene en cuenta todas las edades para los juegos que quiere realizar. No deja nada al azar, pero debido a que no puede controlar el clima y llueve, el picnic fracasa. ¿Qué puede hacer?

O digamos que quiere comenzar un negocio. Practica la "diligencia debida" al investigar el mercado exhaustivamente, e identifica a todos los jugadores del mismo. Armado de conocimiento, construye un plan de negocio magistral. Así, lanza el negocio con todo el entusiasmo que puede demostrar, y la respuesta inicial parece alentadora, pero sin advertencia, los precios caen abruptamente. O encuentra un mercado excelente y una alta demanda de su idea, pero no puede encontrar ni la gente ni los recursos correctos para hacerlo funcionar.

¿Qué ocurrió en todos estos ejemplos? Las operaciones fracasaron debido a circunstancias que están más allá del control de uno. Los planes que mejores trazan los hombres algunas veces se descarrían.

El fracaso desde afuera es una realidad desafortunada de la vida. Uno no puede escaparse del mismo, pero si esperamos a que todas las circunstancias se alineen a nuestro favor, esperaremos y así nuestra espera se hará demasiado larga. Creo en la planificación a largo plazo, pero también creo que los planes a largo plazo son inútiles. La manera más rápida que conozco de hacerle reír a Dios, es contarle sus planes. Y si usted realmente quiere provocar algún alivio cósmico cómico, muéstrele sus horarios. Solamente Dios sabe el tiempo y la época.

Algún fracaso proviene de la incompetencia

Si usted no tiene habilidad para hacer lo que intenta hacer, fracasará. Si usted no tiene un grupo de competencias que se correspondan con la tarea, no la logrará.

Por supuesto que si no tiene las competencias necesarias, la mayoría de las veces puede obtenerlas. Todos nosotros deberíamos ser aprendices durante toda la vida. Podemos crecer. Podemos volvernos más inteligentes a medida que trabajamos más. Un viejo proverbio alemán dice: "Cambiar y cambiar para mejor, son dos cosas diferentes". Al escoger su actitud y al cambiar su aptitud, usted puede obtener conocimiento para comenzar nuevamente, esta vez de manera más inteligente y más sabia. Nunca es demasiado tarde para adquirir el conocimiento y las habilidades necesarias para alcanzar el éxito.

Algún fracaso proviene de la carencia de carácter

He visto más fracaso en base a cuestiones de carácter, que de todas las otras cuestiones circunstanciales y de competencia puestas juntas. Con el correr de los años, he visto a demasiadas personas trabajar mucho y sacrificarse durante mucho tiempo para lograr un nivel de notoriedad y de éxito que no tienen manera de sostener. Cuán triste es ver a una persona cuyos dones la han llevado a lugares en los cuales su carácter no la puede mantener.

Con el tiempo, ninguno de nosotros se comporta de manera diferente al modo en que verdaderamente se ve a sí mismo. Si no nos respetamos, entonces cualquier nivel de éxito que logremos, tarde o temprano, lo autodestruiremos. Desde fuera, las cosas pueden verse bien, pero en nuestro interior una pequeña voz nos dice: "No me lo merezco".

No podemos sostenernos en un nivel de éxito que sobrepase a nuestro nivel de carácter. Todos queremos el éxito, pero no todos estamos preparados para él. La carga del éxito acarrea muchas responsabilidades. Es por esta razón que la clave para el carácter es la confianza.

Según la Biblia, construimos un carácter de confianza con el tiempo, no de la noche a la mañana. Y esto ocurre a través de un proceso y no de una posición. Se centra en el progreso, no en la perfección. Como lo señaló Phillips Brooks:

– El carácter puede ser manifestado en los grandes momentos, pero se lo hace en los momentos pequeños.

Hallamos al carácter en el hombre o la mujer interior. Perseguir el éxito sin antes tomarnos un tiempo para construir una vida interior fuerte, es como intentar construir un rascacielos usando un fundamento poco profundo. Para ir más alto, primero debemos ir más profundo. Cualquier otro enfoque depende del ego antes que del carácter, y el ego no tiene suficiente materia para llenar un vacío así de grande.

El carácter también significa que estamos siendo sabios y que estamos dispuestos a lograr obtener una perspectiva antes de actuar. Un acto descuidado puede deshacer toda una vida de toma de decisiones cuidadosas. Y una vez que perdemos o disminuimos el carácter, no podemos recuperarlo meramente haciendo una oración.

Demasiadas personas tienen un cuadro tan incompleto de la gracia de Dios, que piensan que pueden ignorar cuestiones de madurez espiritual; entonces actúan con impunidad esperando que Dios les dé un "volver a hacer". La película *City Slickers [Urbanitas]* ilustra dicha idea desacertada. Tres tipos deciden recuperar los años de gloria de su juventud pasando dos semanas juntos en una hacienda para turistas antes de cumplir sus cuarentas. Billy Crystal hace el papel de Mitch, Daniel Stern el de Phil y Bruno Kirby el de Ed. Una noche, durante un paseo a caballo, Match y Ed encuentran a Phil perturbado en su carpa y jugando con una pistola. Finalmente, Phil se abre a Mitch y Ed y dice:

PHIL: Estoy en un callejón sin salida. Tengo casi cuarenta y malgasté toda mi vida.

MITCH: Sí, pero ahora tenés una oportunidad para comenzar de nuevo. ¿Te acordás cuando éramos niños y jugábamos a la pelota, y la pelota se quedaba trancada en algún árbol o algo similar? ¡Gritábamos "Volvé"! Tu vida es un volver a hacer. Tenés una página en blanco.

PHIL: No tengo lugar donde vivir. Me van a acabar con el divorcio por cometer adulterio, y quizás por eso nunca más voy a volver a ver mis hijos otra vez. Estoy solo. ¿Cómo se ve esa página en blanco ahora?

El fracaso desde el interior es difícil de explicar, pero las señales son fáciles de descubrir.

UN MODO DE PENSAR DE FRACASO

Mucho antes de que llegue a ser una manera de actuar, el fracaso es un modo de pensar. Un hábito meramente representa una manera de pensar. Cuando con el correr del tiempo las personas fracasan, adoptan una mentalidad de fra-

caso. Un modo de pensar de fracaso generalmente adopta cuatro característi-
cas mortales: la evasión, el echar la culpa, la apatía y el jugar a no perder.

La plaga de la evasión

Las personas con una mentalidad de fracaso evitan las cosas que no les gustan. Expertamente eluden las responsabilidades y huyen de la realidad.
Vivimos en una sociedad del no-fracaso. Todos tratan de culpar a los demás
por el lío en el que nos encontramos. Parece un pasatiempo nacional evitar
asumir la responsabilidad personal. Pero cuando usted y yo nos negamos a mi-
rarnos honestamente y a admitir que somos responsables de lo que hacemos,
nos exponemos al fracaso, y no solo a uno, sino a una serie entera de fracasos
que pueden extenderse durante varios meses, años o incluso durante toda una
vida.

Las personas con una mentalidad de fracaso evitan asumir responsabilidad,
transfiriéndosela a otras personas. Así, ahondan profundamente en la nega-
ción porque no pueden enfrentar o no podrán afrontar el problema evidente y
obvio que todos los demás ven, salvo ellos. Piensan que si puedan evitar la
cuestión, quizás la misma se irá.

Tal debilidad notoria de carácter tiende a repetirse una y otra vez. Si usted
se inclina hacia el lado de la evasión, desentierre la raíz de esta o continuará
creciendo su fruto.

La ruina de echar la culpa

Las personas que fracasan repetidamente tienden a desarrollar una mentalidad
de víctima, ya que les encanta decir: "No es culpa mía". Debido a que han escogido ser víctimas, transfieren la culpa a otra persona, usualmente a alguien
que está ausente.

A estas personas podríamos denominarlas "cojas", ya que andan ren-
gueando por la vida buscando a alguien a quien puedan adjudicarle la causa de sus males. Así se convencen de que nunca podrán ser la fuente de sus
propios fracasos. Es la falla de sus padres, de sus maestros o de su jefe. Pero nunca son ellos. Pudiese ser el modo en el que su madre los tuvo o la forma en que su hermano les gritó, pero nunca son ellos. Y así lloran: "No me
dejarán", o "Ellos me están reprimiendo" o "¡Esas personas de por allá me
lastiman!"

Vi este modo de pensar hace no mucho tiempo, ilustrado en un escrito de
un cartel de anuncios ubicado en una sala de descanso: "Esta oficina no requiere de un programa de buen estado físico. Todos tienen demasiado ejercicio al saltar a conclusiones, al perder los estribos, al correr hasta el jefe, al acu-

chillar a los amigos en sus espaldas, al eludir la responsabilidad y al empujar su suerte". ¡Qué triste es hacer el papel de víctima con la victoria al alcance!

La maldición de la apatía

Un hombre realizó una encuesta buscando responder a esta pregunta: "Algunas personas creen que los problemas más grandes que enfrentan los Estados Unidos son la ignorancia y la apatía. ¿Estaría usted de acuerdo o en desacuerdo con esto?" Un negociante agobiado respondió la pregunta con un conciso: "No sé ni me importa".

A pesar de todas nuestras bendiciones y beneficios, vivimos en un mundo crónicamente cínico. Vivimos en una cultura crítica. Uno no puede encender la televisión sin escuchar a entrevistados altamente pagados, decirnos cuán mal están las cosas y a quién ha de culparse por esto. Cuando me veo tentado a caer en el cinismo y la apatía, releo el consejo de Theodore Roosevelt en cuanto a las críticas:

> No es el crítico el que cuenta, ni la persona que observa cómo el fuerte tropieza, o dónde el hacedor de obras podría haber hecho mejor. El crédito pertenece al hombre que realmente está en el ruedo, cuyo rostro se ve deteriorado por el polvo, el sudor y la sangre, que se esfuerza denodadamente, quien yerra y se levanta rápido una y otra vez, porque no existe esfuerzo sin error ni falla. ¿Quién realmente intenta hacer la obra, quién conoce el gran entusiasmo, la gran devoción y usa sus fuerzas en una causa digna? Mucho mejor es atreverse a cosas poderosas para ganar triunfos gloriosos –aunque con altibajos por el fracaso– que clasificarse con esos pobres espíritus que ya sea ni disfrutan ni sufren demasiado porque viven en la penumbra gris que no conoce ni la victoria ni la derrota.

Usted no puede permitirse el lujo de sentir pena por sí mismo. Y, de todos modos, eso no es efectivo para obtener algo de compasión.

El abismo de la autocompasión es un lugar solitario. Pocos individuos descenderán de buena gana a ese abismo con usted. Incluso Winston Churchill sintió el aguijón de la lapicera crítica y la naturaleza inconstante de la popularidad. Una vez, después de dar un discurso que atrajo a un público de diez mil, un amigo le preguntó:

– Winston, ¿no está usted impresionado de que diez mil personas hayan venido a escucharlo hablar?

Churchill respondió:

– En realidad, no. Cien mil vendrían a verme ahorcado.

El azote de jugar a no perder

Carl Wallenda, uno de las más grandes acróbatas sobre cuerda floja que alguna vez haya existido, escribió en un momento:
– Para mí, vivir es estar sobre una cuerda floja. Todo el resto es esperar. En 1960 declaró que lo más importante de caminar sobre una cuerda floja es estar seguro de que puede hacerlo, y nunca pensar en el fracaso. No obstante, en 1978 Wallenda murió al caer de una cuerda floja de doscientos veintiocho metros que estaba por encima de la ciudad de San Juan, Puerto Rico.

Su esposa, también una acróbata, informó que durante tres meses antes de intentar la hazaña más peligrosa que Carl jamás haya intentado, habló solamente sobre el fracaso. Nunca antes en toda su carrera, dijo ella, Carl había tenido alguna vez un pensamiento en cuanto a caer. Ella notó que él se pasó todo el tiempo antes de su caminar fatal poniendo alambres –algo que nunca se había molestado en hacer–. También se preocupó por los alambres guías, y se pasó horas interminables calculando el viento, otra cosa que nunca había hecho. Después de su muerte, dijo ella:

– Creo que la razón por la que Carl se cayó, fue porque se pasó todo el tiempo preparándose para no caer, en vez de pasarse el tiempo preparándose para caminar sobre la cuerda.

En la vida uno tiende a crear en lo que se centra. Si usted piensa constantemente en el fracaso, entonces ¿cómo puede producir algo sino fracaso?

Fracasamos cuando no vivimos de acuerdo al potencial que nos otorgó Dios. Fracasamos cuando carecemos de la autodisciplina para hacer lo mejor que podemos en un acto aventurado. Hay mucho para decir sobre el hecho de intentar. Si hacemos lo mejor que podemos con las habilidades y el conocimiento que poseemos, y si hacemos el mejor uso de los recursos que nos son disponibles, entonces ganamos.

Por supuesto, eso no quiere decir que siempre sacaremos el primer premio. Quien sea que cruce la línea de llegada primero, a esa persona la llamamos ganadora. Pero, ¿a dónde deja esto a todos aquellos que vienen en segundo, tercero o decimotercer lugar? ¿Como perdedores o fracasados? ¡No! Me niego a creer que solamente aquellos que ganan medallas de oro o Súper Tazones son ganadores.

Usted ha oído el viejo dicho: "Si de salida no tiene éxito, intente, inténtelo nuevamente". Quizás el mismo debiera decir: "Si de salida no tiene éxito, no se sorprenda".

DIOS PUEDE USAR EL FRACASO

Puede ser que a nosotros no nos guste el fracaso, pero a Dios le gusta usarlo para convertirnos en éxitos, más allá de nuestros sueños más descabellados.

Considere la historia de cómo Jesús desafió a Pedro y a su hermano Andrés a un nuevo acto aventurado.

Estos pescadores veteranos habían estado pescando toda la noche, sin tener éxito. Indudablemente, muy temprano esa mañana, se sentían unos fracasados totales. En vez de vender los pescados y de contar el dinero, se pasaron el tiempo limpiando redes y creando excusas. Jesús notó su fracaso y les pidió que volvieran a tirar las redes en lo profundo para pescar. En este momento ellos tuvieron que hacer una elección fundamental: cambiar y aprender, o evitar la cuestión, culpar a las redes y caer en la apatía.

Dios usa el fracaso para detener nuestro avance

Algunas veces Dios nos permite fracasar porque vamos por el camino equivocado o hacemos lo incorrecto. ¿Cuántas veces le supliqué a Dios por algo que pensaba que debía tener, y luego lo culpé por ignorarme cuando no conseguía eso? Pero gracias a Dios, Él me ama lo suficiente como para permitirme fracasar y así detener mi avance por el camino equivocado.

Dios no nos desecha cuando fallamos mediante el descuido o la rebeldía total. El dolor causado por el adulterio, la mentira, el engaño o lo que sea, de todos modos, hiere. Usted no puede caminar impertinentemente por la vida pensando: "Bien, iré y haré esto y luego Dios me perdonará". Sí, Él lo perdonará, pero piense en todo el daño colateral que usted causará. ¡Deténgase y mire el costo! Me gusta orar: "Querido Padre, si estoy yendo por el camino equivocado, detenme. Y por favor Señor, detenme temprano y no demasiado tarde".

La vida con Dios no es un "volver a hacer". Usted puede, por la gracia de Dios, comenzar de nuevo, pero enfréntelo, la vida es demasiado corta como para volver y comenzar de nuevo demasiadas veces. Para conseguir que dejemos la mentalidad del "volver a hacer", Dios nos disciplina: *"Porque el Señor disciplina a los que ama"* (Hebreos 12:6, NVI). Si Dios no lo está disciplinando, si Dios no le está diciendo "no" y deteniendo su avance por el camino equivocado, por favor, supliquele que comience a hacerlo.

Pablo encomendó a un grupo de creyentes jóvenes al regocijarse de que ellos *"se convirtieron a Dios dejando los ídolos para servir al Dios vivo y verdadero"* (1 Tesalonicenses 1:9, NVI) ¡Qué ejemplo vivo de la idea bíblica de arrepentimiento! Arrepentirse significa cambiar su mente de la dirección por la cual va, darse vuelta e ir en otra dirección. Dios usa el fracaso para hacernos dar un giro de ciento ochenta grados.

Dios se niega a decir "sí" cuando el amor demanda un "no". Cuando un niño al cual usted ama se va por un camino que usted sabe lleva a un gran dolor y a la pena, el amor hace que se requiera de disciplina. No disciplina punitiva, sino el tipo de amor que exige que el amado se detenga y dé un giro de ciento ochenta grados. Cada padre sabe de esto. Cualquier padre que diga:

"Oh, simplemente amo demasiado a mis hijos como para disciplinarlos", está engañándolos. Jesús observó que incluso los padres humanos saben que algunas veces el amor exige que ellos digan "no" a esas cosas que ellos saben terminarán hiriendo a las personas que aman (ver Mateo 7:9). El fracaso no significa que usted haya sido un tonto, sino que demuestra que tuvo la fe suficiente como para intentar. El fracaso no quiere decir que usted es inferior. Simplemente significa que es humano, como todas las demás personas lo son. No significa que ha malgastado su vida, ni tampoco que debería renunciar o que nunca logrará algo. Y por cierto, no quiere decir que Dios lo ha abandonado. Puede simplemente significar que Él lo amó lo suficiente como para impedirle de un éxito hiriente a corto plazo, para que así puede triunfar genuinamente a largo plazo.

Dios usa el fracaso para hacer morir nuestro orgullo

Jesús ciertamente sabía que su consejo a Pedro y a Andrés en cuanto a la pesca, tenía que herir su orgullo. Después de todo, ellos eran los profesionales, no Él. Pero algunas veces el orgullo humano necesita ser un poco golpeado.

Jesús lo miró a Pedro y dijo: "Regresen y echen las redes al lado opuesto de donde normalmente pescan" y entonces Pedro respondió: *"Maestro, hemos estado trabajando duro toda la noche y no hemos pescado nada"* (Lucas 5:5, NVI). No obstante, después de señalar lo obvio, Pedro se sometió. Al hacerlo, cayó bajo la bendición de la gracia: *"Pero él nos da mayor ayuda con su gracia. Por eso dice la Escritura; 'Dios se opone a los orgullosos, pero da gracia a los humildes'"* (Santiago 4:6, NVI).

El orgullo infla antes de bajar la moral. Pedro pudiese haber dicho: "Nunca antes lo hicimos así", o "Intentamos eso y no funcionó", o "Ningún pescador bueno echaría una red de ese lado de la barca" o –este hubiera sido un verdadero grito– "¿Quién te creó Dios?" Pero, gracias a Dios, Pedro de buena gana se detuvo en su caminar y comenzó nuevamente en el camino de Dios.

Alexander Graham Bell dijo:

– Algunas veces miramos fijamente durante tanto tiempo a esa puerta que se está cerrando, que vemos demasiado tarde a aquella que se está abriendo.

Pedro y los discípulos voluntariamente tragaron su herida personal sobre la "puerta cerrada" de redes sin pescados, para aceptar a la "puerta abierta" justo en medio de ellos: Jesús el Cristo.

Dios usa al fracaso para transferir nuestra confianza

Pedro fue lo suficientemente inteligente en decir: *"Esta bien, hemos estado trabajando toda la noche y no pescamos nada (...) pero como tú me lo mandas"*

(Lucas 5:5). Pedro se enfrentó con una elección. ¿En quién confiaría? Puso su confianza en Cristo y cosechó resultados mucho más allá de su imaginación desbordante.

El éxito proviene de la obediencia a las palabras de Jesús. Juan Calvino en su comentario sobre ese versículo dice que: "Primero, Cristo mostró su poder en su captura tan grande de pescados; y segundo, Cristo preservó la red por su poder oculto, la cual de lo contrario se hubiese roto y reventado".

Jesús quería enseñarle a Pedro que confiara en Él. Y no llevó mucho tiempo para que su confianza sea validada por resultados espectaculares.

Algunas veces Dios nos permite fracasar para recordarnos: "¿En quién confía usted? ¿Está confiando en su trabajo? ¿Está confiando en sus habilidades? ¿O está confiando en mí?" Me he aferrado a la promesa del versículo que sigue a continuación, así como un hombre que se está ahogando se aferra al salvavidas: *"Así dice la Escritura: 'Todo el que confíe en él no será jamás defraudado'"* (Romanos 10:11, NVI). Deje de intentar entender todo y confíe en que Dios ya lo tiene todo resuelto. Entonces usted también será capaz de dar testimonio de la verdad de otro gran versículo: *"Tú guardarás en completa paz a aquel cuyo pensamiento en ti persevera; porque en ti ha confiado"* (Isaías 26:3, RVR).

El día en que se produjo este milagro, los discípulos rindieron sus barcas, sus redes y sus peces, y no regresaron hasta después de la crucifixión de Cristo, y entonces solo por un corto tiempo. ¿No resulta interesante que lo que Pedro y los otros discípulos solían pensar que era tan importante y central para ellos, pasó a un segundo plano cuando Cristo entró en escena? En un instante, su bendición cambió sus prioridades.

Si las bendiciones de Dios no han hecho que usted esté más enamorado de Cristo y más dispuesto a confiar en Él, entonces no ha entendido nada. ¿Por qué alguien malgastaría su tiempo llorando por redes vacías –o incluso llenas– cuando Aquel que creó los peces y que conoce todas sus tendencias y sus patrones para nadar está parado ante su presencia, ofreciéndole su ayuda? ¿Quién quiere jugar con un juguete de superman cuando el Dios-hombre vivo está en la barca?

Dios usa el fracaso para hacernos crecer

Recuerdo vívidamente cuando mis hijâs tuvieron que aprender a atarse los cordones de las zapatillas. Cuando intentaba ayudarlas, invariablemente decían: "Puedo hacerlo. Puedo hacerlo sola. Déjame hacerlo sola. ¡Déjalo! ¡Detente!" Por eso, las dejaba hasta que se cansaran. Bastante pronto, escuchaba una voz tímida diciendo: "Papito, ¿me atarías los cordones, por favor?"

El Señor Tom Watson, el fundador del IBM, tenía un joven ejecutivo que gastó doce millones de dólares en un proyecto que no funcionó; por eso, este joven puso su renuncia sobre el escritorio del fundador, seguro de que Watson la estaría esperando. Watson respondió:

– Usted no puede abandonar. He gastado doce millones entrenándolo. Ahora vaya a trabajar.

Henry Ford dijo:

– El fracaso es la oportunidad para comenzar nuevamente de manera más inteligente.

Fallar no significa que usted es un fracaso, sino simplemente que aún no ha tenido éxito. Fallar no quiere decir que no ha logrado nada, sino que ha aprendido a qué no hacer. Tomas Edison escribió una vez que buscaba un filamento factible para su lámpara incandescente. En su búsqueda, condujo diez experimentos sin encontrar una solución. Un periodista le preguntó cómo podía seguir adelante a pesar de tantos fracasos.

– Si encuentro diez mil maneras en la que algo no va a funcionar –respondió Edison–, no he fracasado. No me siento desanimado porque cada intento erróneo descartado es otro paso más hacia delante. Simplemente porque algo no hace lo que planificó, no significa que sea inútil.

Tomas Edison había crecido. Sabía que solo una cosa contaba como fracaso, y esa era renunciar.

DESTINADOS PARA GANAR

Los personas propensas al fracaso frecuentemente dicen:

– Si de comienzo usted no tiene éxito, destruya toda la evidencia de que alguna vez haya intentado.

Pero un hombre más sabio una vez describió al fracaso verdadero de este modo:

– Vivir sin saber en qué consiste la vida toda, alimentándose de cosas que no satisfacen, pensando en que usted lo tiene todo, solo para descubrir al final que usted no tiene nada que importe.

Quíteme la capacidad por el dolor, y me roba la posibilidad del gozo. Sáqueme la capacidad de fracasar, y no sabría el significado del éxito. Permítame ser inmune al rechazo y al sufrimiento, y podría no conocer la gloria de vivir.

Lo desafío a salir de sus buenas intenciones, a entrar en batalla y a permanecer en ella. Saque lo mejor de lo que es usted, junto con lo mejor que tiene, y haga lo mejor que pueda. Siempre y cuando se mantenga intentando, aunque los demás le digan que es imposible, usted nunca será un perdedor. Abraham Lincoln dijo:

– Mi gran preocupación no es si usted ha fracasado, sino si está contento con su fracaso.

Vea cada fracaso como una batalla, no toda la guerra, y cada batalla como una oportunidad para volverse más inteligente y para crecer más fuerte.

Cuando esté caído, levántese. Fue creado con un potencial increíble. Está vivo, y solamente usted puede cambiar su futuro. Usted es un hijo favorecido de Dios, ¡y Dios no hace chatarra! Con la ayuda de Dios, tendrá éxito y alcanzará sus sueños. A sus ojos usted no es un perdedor, sino que en realidad está destinado para ganar.

13

Transforme el agotamiento en estar activo

Un hombre no puede más disminuir la gloria de Dios al negarse a adorar, que lo que puede un lunático apagar al Sol garabateando la palabra oscuridad en las paredes de su celda.

– C. S. LEWIS

Cada día, cuando voy a mi trabajo, paso por una cancha de golf diseñada para practicar tiros de salida. Próximo a la entrada, hay un cartel grande y bien iluminado que publicita eventos especiales. Debido a que paso ese cartel todos los días mientras conduzco, usualmente no le presto mucha atención. Pero una mañana decía: "¿Se ha usted vuelto a controlar últimamente?"

El mensaje me pareció raro; pensé que alguien me estaba preguntando acerca del control sobre mi vida. Finalmente, me di cuenta de que el mensaje realmente concernía al control de un club de golf.

Me gusta más mi primera idea; por eso, permítame preguntarle: ¿ha sentido últimamente la necesidad de volver a controlarse? Con el ritmo acelerado de la vida postmoderna y las exigencias que siempre se expanden en cuanto a nuestro tiempo y talento, a todos nos resulta fácil sentirnos abrumados. Y cuando este sentimiento persiste con el tiempo, lo llamamos agotamiento.

¿ESTA USTED AGOTADO?

El "agotamiento" es un término paraguas que cubre varias emociones y sentimientos. Frecuentemente lo confundimos con otras cosas como la depresión, el desaliento, la desilusión y la fatiga crónica. Para comprender mejor lo que es el agotamiento, refirámonos primero a lo que no es.

El agotamiento no es depresión

Todos sufren de estados de ánimos "deprimidos". Hombres y mujeres soportan oscilaciones de altibajos emocionales, algunas veces simplemente debido a cambios en su condición física. Los sentimientos de depresión pueden tener muchas causas, algunas temporarias y otras más perdurables. Quizás un día lluvioso lo haga sentir deprimido. O tal vez una mala noticia le haga sentir melancolía así de rápido, como una buena noticia lo hace sentir eufórico. Cual sea que fuere la causa, un sentimiento de depresión no es el mismo que el de agotamiento. La depresión puede aparecer como síntoma de agotamiento, pero este no lo causa. Además, la depresión puede indicar un mal día o revelar algo más serio.

El agotamiento no es desaliento

Todos, en algún momento de nuestras vidas, atravesamos por el túnel del desaliento, que usualmente tiene raíces circunstanciales. Mejore la circunstancia y se sentirá menos desalentado. Gane la lotería y puede llegar a sentirse completamente nacido de nuevo.

Sin embargo, el agotamiento no cambia para adaptarse a las circunstancias. Es por esto que usted puede visitar Disney World, gastar cantidades pecaminosas de dinero en vacaciones y distracciones, y no sentirse mejor que cuando salió de su casa. El agotamiento es como las aguas de un océano. Con la marea alta, se siente arriba; pero con la marea baja, se siente abajo. El agotamiento se asemeja más a un océano sin olas; usted se siente inactivo y sin movimiento. El mismo se encuentra mucho más profundo que una emoción superficial.

El agotamiento no es desilusión

El agotamiento es más que sentirse decepcionado. Usualmente asociamos la desilusión con un evento o una relación específica. Puede ser tan simple como ir a ver una película muy recomendada, esperando pasar un gran momento, para irse dos horas más tardes sintiéndose engañado. Puede provenir de un compañero de trabajo que no terminó la última parte de lo que tenía que hacer. Puede ser tan común como enterarse de que su auto no va a estar listo para cuando se lo prometieron, o que su equipo favorito está perdiendo un partido que debía ganar.

Los sentimientos de depresión, de desaliento y desilusión usualmente se disipan mediante una buena dieta y circunstancias mejoradas. Todos esos sentimientos, tan devastadores como pudieran ser, surgen en respuesta a eventos que lo rodean; fuerzas externas que generalmente los accionan. Pero el agotamiento ocurre cuando estas tres emociones se transforman en otra emoción más permanente y más destructora: la desesperación.

Piense en la desesperación como la emoción reveladora del agotamiento. El individuo que está desesperado se siente indefenso o desesperanzado, o ambos. La desesperación resulta de una falta de propósito y de perspectiva. Si pierdo el sentir despropósito en mis actividades, entonces lo que siento es el verdadero agotamiento. El agotamiento es un sentir progresivo y penetrante de desesperación, que surge de la pérdida de propósito y de la trivialización de la esperanza.

¿Cómo llega alguien a esta condición? ¿Cómo llega una persona al punto de sentirse demasiado agotada como para preocuparse y demasiado decaída como para no preocuparse? ¿Qué de usted? ¿Vive la vida que esperó y la que Dios se propuso para usted? ¿O lo atrapó el agotamiento en su red?

SÍNTOMAS DE AGOTAMIENTO

El agotamiento genera varios síntomas notables. Consideremos unos pocos.

La señal de advertencia de la fatiga crónica

¿Siente usted más que el cansancio normal después de un día difícil en la oficina? Si se siente tan cansado en el momento en el que sale del trabajo para irse a casa y se queda en casa cansado, se acuesta cansado, se levanta cansado, probablemente algo más que lo físico le está ocurriendo.

Cuando sufre de agotamiento, necesita más que el descanso de una buena noche. Este tipo de fatiga no se va de la noche a la mañana o con el fin de semana. Puede inclusive irse a pasar unas vacaciones prolongadas y gastar miles de dólares pero, no obstante, sentirse todavía no verdaderamente descansado. Esta clase de fatiga crónica es espiritual en naturaleza. Recuerde, usted no es un ser humano en búsqueda de una experiencia espiritual, sino un ser espiritual que tiene una experiencia humana.

Un niñito notó que su papá traía a casa un gran portafolio todas las noches, repleto de un montón de trabajo. Una noche el niño estaba tan curioso que le preguntó:

– Papito, ¿por qué traes eso a casa todas las noches?

– Hijo –respondió el padre–, no puedo hacer todo mi trabajo durante el día; por eso, tengo que traerlo a casa.

El pequeño pensó por un momento, luego miró a su papá y dijo:

– Papito, ¿pensaste alguna vez en pedirles que te pusieran en un grupo más lento?

¿No sería lindo si fuera así de fácil? Pero la vida en el mundo real no funciona de ese modo.

La señal de advertencia de agotamiento emocional

Solía leer una historieta ilustrada que presentaba a un personaje perpetuamente seguido por una nube. ¿Flota usted sobre una nube emocional? Si vive de ánimo deprimido en ánimo deprimido, pudiese estar sufriendo de fatiga emocional.

Sé que me estoy volviendo emocionalmente agotado cuando comienzo a hablar con brusquedad a la gente que me rodea. Cuando empiezo a reaccionar en vez de responder, sé que algo más está ocurriendo en mi interior. Dada la elección, la mayoría de las personas responderá de una manera amable, o al menos de un modo templado. Pero cuando uno se siente emocionalmente exhausto, lo más mínimo puede provocarlo a algo.

Suponga que está en la fila para pagar en la verdulería y la persona que se encuentra delante de usted tiene trece cosas en vez del máximo de doce establecido. Usted pudiese no decir nada, pero regresa a casa todo el camino quejándose y enfurecido, y le echa la bronca a su esposa por algo totalmente no relacionado con ella. ¿Sabe que los Estados Unidos tiene en realidad un problema creciente con respecto a la ira en las verdulerías? Los clientes atacan a otros clientes en la fila de la caja rápida. ¡Solamente en este país puede ocurrir esto!

La señal de advertencia de la falta de sentido

Cuando se siente desorientado, nada parece capaz de sacarlo de ese estado de ánimo deprimido. Constantemente se hace pregunta "¿por qué?", pero encuentra pocas respuestas convincentes. "¿Por qué trabajo aquí?" "¿Por qué estoy atravesando esto?" "¿Por qué soporto aquello?" Si usted cuestiona más de lo que afirma, pudiese estar desorientado. Si nada puede entusiasmarlo, pudiese estar a la deriva.

Usted junta cosas, las mira y las deja. Las recoge, las mira y las deja. Hace esto en el trabajo. Hace esto en casa. Hace esto con sus pasatiempos. Hace esto con sus amigos. Hace esto con todo. Las cosas que alguna vez le importaban y le traían alegría y satisfacción, ahora las recoge y las deja.

La falta de sentido es más que un temor emocional; es desesperación espiritual. Y lo que usted teme en sus emociones, desespera en su corazón. La búsqueda de espiritualidad en los Estados Unidos es, en realidad, una búsqueda de propósito. Los sentimientos de falta de sentido acompañan frecuentemente a un sentido de autoestima. "No soy nada para nadie." Usted se siente más como un hacer humano que un ser humano; y así, se siente menos que importante para alguien o para algo. Los avances en la tecnología y el aislamiento de las personas conspiran para hacerlo sentir como un poquito más que un número.

La señal de advertencia de la crisis de propósito

Mi familia de la infancia miraba religiosamente *El show de Ed Sullivan* todos los domingos a la noche. Me encantaban esas personas que hacían girar los platos. Ellos ponían platos en la punta de unos palos y los giraban interminablemente, seis, siete, ocho o nueve por vez, todos giraban frenéticamente. La vida puede hacerlo sentir como una persona que gira platos. Estamos haciendo girar el plato de alguna otra persona y comenzamos a decir:
  – ¿Por qué está ese plato ahí arriba, y por qué es importante que lo mantenga ahí? ¿Por qué necesito estar haciendo esto día tras día aparentemente de modo interminable?
Usted se despierta un día y dice:
  – ¿Sabe qué? Esto no tiene el propósito que alguna vez tuvo para mí.
Este es, por cierto, un lugar precario en donde estar. Comienza como un sentimiento, luego se vuelve un pensamiento que usted abriga. Entonces un día se escucha decir:
  – Tiene que haber algo más que esto.
Es tiempo pasado para volver a controlar cuando comienza a decir estas palabras reiteradamente.
Inclusive las personas de la Biblia se enfrentaron con una crisis de propósito. Considere a Moisés. Lea una de sus oraciones clásicas:

> *"Yo solo no puedo con todo este pueblo. ¡Es una carga demasiado pesada para mí! Si este es el trato que vas a darme, ¡me harás un favor si me quitas la vida! ¡Así me veré libre de mi desgracia!"* (Números 11:14-15, NVI).

Moisés se había cansado de girar los platos de otras personas. Estaba cansado de las quejas y las murmuraciones. ¿Podían ser estos los hombres y las mujeres que solamente hace unos meses clamaban por un líder? Moisés había llegado al borde del agotamiento. No podía soportar más los pedidos irrazonables del pueblo. ¿Cómo podía alimentar a miles? La verdad era que no podía. No podía alimentar al pueblo y satisfacer sus necesidades. Pero ese no era su verdadero problema. Su verdadero problema era que se había olvidado de que él nunca debía hacer eso y nunca fue esa la intención. Había sido la idea de Dios liberar al pueblo, no la de Moisés. Dios había ganado su liberación, no Moisés.

Como Moisés, nos agotamos cuando asumimos más responsabilidad de la que Dios se propuso que asumamos. Usted tiene que amar a su prójimo, pero no puede esperar que él o ella lo amen a cambio. Usted tiene que criar a sus hijos en el cuidado y el amor de Dios, pero no es responsable de las respuestas de ellos. Usted tiene que mostrar un esfuerzo de calidad en el trabajo, pero no puede controlar los recortes de la empresa.

Cuando comenzamos a asumir más de lo que Dios se propuso que asumamos, pronto llegamos a un punto donde nos sentimos incapaces y desesperados. La desesperación nos hace sentir por encima de la ayuda y la esperanza. Y aquellos que se sienten incapaces y desesperados, recurren a todo tipo de comportamiento destructivo y autodestructivo. Reinhold Nieburh dijo:

– La desesperación es el destino de los realistas, que conocen algo del pecado, pero nada de la redención.

Tiene que haber alguna fuente de buena noticia más grande que de la mala noticia que oímos todos los días.

La desesperación conduce a la autocompasión y a sentirse poco importante. Eugenia Peterson escribe en *Tierra y altar*:

– La autocompasión reduce el universo a una herida personal, que es exteriorizada como muestra de importancia.

El agotamiento se ha vuelto endémico en nuestra cultura. Cristina Maslock, psicóloga y una de las primeras investigadoras sobre el agotamiento, definió al fenómeno como "un síndrome de cansancio emocional, despersonalización y logro personal reducido, que puede ocurrir entre individuos que realizan a otras personas algún trabajo de algún tipo". Estar "agotado" es sentirse consumido. Esto da como resultado un modo de pensar que conduce a una manera autodestructiva de actuar.

Si pienso o creo que soy incapaz y si estoy desesperado, siento que no valgo nada. Si siento que no valgo nada, actúo como si no valiera nada. Escojo entonces actuar de un modo que demuestre que no tengo valor alguno. Mi cuerpo luego asume y siente la emoción que una persona que no vale nada debe sentir. Este camino progresivo y destructivo se convierte en un suelo fuerte para el comportamiento adictivo, haciendo que un espiral en descenso se haga inevitable.

FUENTES INSATISFACTORIAS DE PROPÓSITO

¿Qué hace usted cuando no sabe qué hacer? Hace lo que hace un hombre que se está ahogando cuando ve algo que está flotando: lo agarra. Pero tenga cuidado, no todas las cosas buenas tienen el poder de propósito. Miremos algunos de los puntos más comunes que no pueden proveer propósito.

La trampa de las posiciones, las posesiones y los privilegios

Usted no puede extraer propósito de las cosas, pero puede hallar propósito en ellas siempre y cuando estas reflejen una realidad mayor.

Puede traer propósito a su trabajo, por ejemplo, cuando permanece motivado por agradar a Dios. Pablo lo expresó de este modo: *"Y todo lo que hagáis, hacedlo de corazón, como para el Señor y no para los hombres"* (Colosenses 3:23, RVR). Pero nunca puede extraer propósito del trabajo mismo.

Puede traer propósito a sus relaciones, pero no puede esperar que otra persona lo ratifique, al menos no del modo en que usted necesita ser ratificado en lo profundo de su corazón. Eso sería pedir de otra persona lo que solo Dios puede hacer. Esto es lo que Salomón quiso decir cuando preguntó: *"De hecho, nadie sabe lo que es mejor para el hombre durante los contados días de esta vana ilusión que es su vida (...) ¿y quién podrá decirle lo que ha de ocurrir en este mundo después de su muerte?"* (Eclesiastés 6:12, Dhh). Solamente Dios tiene poder para "estar" dentro de sí mismo. Y debido a que Él solo existió antes que alguien y que todo, Él solo tiene el derecho de dar a todos y a cada uno –lo cual lo incluye a usted y a mí– su valor, importancia y propósito.

Ahora tómese las cosas con calma y considere cuidadosamente la siguiente declaración: "Dios creó su vida sin sentido". Él no lo creó para que sea una persona sin sentido, sino para que descubra más y más su propósito a medida que madura y crece. Es por esto que no fue creado adulto. Es por esto que no dan doctorados a los bebés. Es por esto que la vida es sobre experiencia, confusión, descubrimiento, creencia, duda y convicción, en contraposición a la fría conformidad y a la ortodoxia muerta.

Digamos que me voy a la playa de vacaciones y usted me dice:

– Dave, sé que se va a la playa. Nunca estuve en el océano; por eso ¿puede traérmelo?

Sé que usted está bromeando, pero como chiste, llevo un frasco y le pongo algo de agua del océano. Al regresar se lo doy y digo:

– Aquí está el océano.

Ahora, ¿es lo mismo? Sorber agua de mar de un frasco no es lo que yo llamo experimentar el océano. Uno no escucha las olas, no puede sentir el aire salado, no saborea un atardecer. Usted aún no experimentó un día en la playa.

Dios se propuso que usted disfrutara todas las vistas y las oportunidades de lo que significa estar plena y creativamente vivo. El rey David lo expresa así: *"Señor, hazme saber qué fin tendré y cuánto tiempo voy a vivir, para que comprenda cuán breve es mi vida. Me has dado una vida muy corta; no es nada mi vida delante de ti. ¡Todo hombre dura lo que dura un suspiro! ¡Todo hombre pasa como una sombra! De nada le sirve amontonar riquezas, pues no sabe quién se quedará con ellas. Y así, Señor, ¿qué puedo ya esperar? ¡Mi esperanza está en ti!"* (Salmo 39:4-7, Dhh).

ESTÉ ACTIVO, NO AGOTADO

El verdadero truco es estar activo, no consumirse ni agotarse. Y esto es posible. Hay un modo de mantener un estilo vida saludable y productivo, que sea pleno y satisfactorio al mismo tiempo.

La única manera de volver a tener el control de su vida, es encontrar una vuelta firme en su relación con Dios y su voluntad para con usted, en las experiencias que está atravesando justo en este momento. Usted es quien es, está donde está, atravesando lo que está pasando, por una razón: no es incapaz o incompetente. Dios es bueno y Él tiene cosas buenas reservadas para usted.

Para darse cuenta de todo lo que Él le ha prometido, debe ejercitar su poder para escoger. Escoja una actitud de fe y de asombro, sin temor. Cambie su forma de pensar en cuanto a la falta de sentido de su vida. Usted tiene un propósito. Persiga ese propósito y alcance el éxito. Luego comience a actuar como una persona en una misión de Dios. Para ayudarlo a comenzar, permítame sugerirle tres maneras de estar activo sin agotarse.

Despiadadamente elimine la prisa

Si quiere disfrutar de la vida que Dios se propuso para usted, debe eliminar la prisa. Aprenda del ejemplo de Jesucristo. Él cumplió con su misión terrenal a los treinta y tres años, cuando los romanos lo crucificaron. Él no se hizo público con su misión hasta que cumplió los treinta. En tres años y medio, logró todo lo que vino a lograr en la Tierra. Así, se mantuvo ocupado pero nunca apurado. Él no tenía auto, teléfono, fax, un ministerio televisivo o una página en Internet. ¿Cómo lo hizo?

En 1967 el testimonio de los expertos ante un comité del Senado de los Estados Unidos, afirmó que la tecnología y los aparatos para ahorrar trabajo iban a cambiar nuestra manera de trabajar. Dentro de veinte años, dijeron, la gente va a trabajar un promedio de treinta y dos semanas al año y veintidós horas semanales. La gente ya se va a jubilar al llegar a sus cuarenta. Debido a todo el tiempo ahorrado mediante los avances tecnológicos, el desafío número uno va a ser qué hacer con el tiempo excedente.

En 1989, justo dos años después de que las profecías al Senado tenían que hacerse realidad, Karen S. Peterson escribió un artículo para *USA Today* diciendo que una persona en la década del noventa necesitaría un día de cuarenta y dos horas para lograr todo lo que los expertos requerían de un individuo en buen estado físico, saludable y equilibrado. Este día milagroso incluiría treinta minutos de ejercicio, cuarenta y cinco minutos para el aseo personal, de dos a cuatro horas con los hijos y el cónyuge, cuarenta y cinco minutos para leer el periódico, una hora y cinco minutos para ir al trabajo, de siete a diez horas trabajando, una a dos horas para las tareas y quehaceres domésticos, cincuenta minutos para el sexo y la intimidad, más otros quince minutos acá o una hora allá para realizar actividades como cocinar, cenar, cuidar las plantas, leer un libro, escuchar música y dormir.[1]

Hoy sufrimos de lo que llamamos elocuentemente "mascar el tiempo". Comemos comida rápida mientras conducimos del trabajo a casa durante la "hora pico" por la "autopista". Usamos el "reparto nocturno" y el "tránsito rápido". Decimos que salimos "corriendo como locos" para el centro comercial. Incluso los productos y los servicios que usamos hacen referencia al aceleramiento de la vida. Enviamos paquetes importantes por "Federal Express". Usamos servicio telefónico de larga distancia denominado "Sprint". Administramos nuestras finanzas con un programa de la computadora llamado "Quicken". Leemos las citas en un "Organizador diario" e intentamos perder peso con "Adelgace rápido". Vivimos demasiado rápido... y es tan innecesario. Dios no lo demanda; por eso, ¿por qué deberíamos permitir que alguna otra persona nos lo demande?

Mateo dice de nuestro Señor: *"Después de despedir a la gente, subió a la montaña para orar a solas. Al anochecer, estaba allí él solo"* (14:23, NVI). Antes de tomar cualquier decisión importante, Jesucristo se pasaba la noche orando. En otras palabras, se tomaba las cosas con más calma.

Dañamos prácticamente todas las relaciones por la prisa, especialmente nuestra relación con Dios. Con todas nuestras corridas, simplemente abrimos una distancia aún más grande entre a donde corremos y donde está Él esperándonos. Pero Dios no está bajo ninguna obligación moral de acelerar su horario para acomodarse a nuestra urgencia. Dios nos dice: *"Guarda silencio ante Jehová, y espera en él. No te alteres con motivo del que prospera en su camino, por el hombre que hace maldades"* (Salmo 37:7 RVR).

A pesar de directrices como estas, la vida continúa acelerándose. Citicorp se convirtió en el prestamista número uno de los Estados Unidos, cuando redujo en una mitad el número de días que se toma para aprobar un préstamo. Los restaurantes Denny's ganaron una explosión en sus ventas, cuando lanzaron una campaña que decía que iban a servir el almuerzo dentro de los diez minutos garantizados. Los mozos traían en realidad un pequeño cronómetro a la mesa, así los clientes podían llevar la cuenta de si recibían la comida en diez minutos o no. Domino se convirtió en el vendedor número uno de pizzas, cuando garantizó entregar sus pizzas dentro de los treinta minutos. El presidente de Domino dijo:

– No vendemos pizza, vendemos la entrega.

Un artículo en el periódico relataba sobre un conductor de Domino, el cual informó que los autos realmente se paraban al costado de la ruta para dejarlo pasar, así como se solía hacer con los bomberos. Incluso no hacemos más eso con las ambulancias, pero lo hacemos para los conductores de pizza de Domino. ¿Por qué? Porque somos personas que tenemos prisa.

Jesús se mantuvo ocupado, pero nunca estuvo apurado. Él se apartaba para tener días de descanso y noches de oración. Estar ocupado es bueno; estar apurado es malo. Las personas más atrayentes del mundo son aquellas que le hacen sentir que nunca tienen prisa.

Despiadadamente elimine la prisa de su vida, o el siguiente poema pudiese ser su epitafio:

Esta es la era de la página a medio leer,
del lío rápido y del correr como locos,
de la noche brillante con los nervios destrozados,
de las escalas de los aviones con una parada breve,
del bronceado de lámpara y del intervalo corto de tiempo,
del gran escape a un buen lugar,
de la tensión cerebral y del dolor de corazón,
de la siesta corta hasta que la primavera llega,
y la diversión toca a su fin.

Cultive una fuerte vida interior

Deberíamos ocuparnos de la adoración y jugar en nuestro trabajo, pero la mayoría de nosotros tenemos esto al revés: jugamos en nuestra adoración y adoramos nuestro trabajo. ¿Cuántas veces ha escuchado a alguien decir: "Si no tuviera mi trabajo, no sé lo que haría"?

Hace un par de años llevé a mi hija menor, Paige, a un recital de los 'N Sync. Los organizadores del recital juntaron en un área a un gran grupo de chicas adolescentes. Todas ellas suplicaban la posibilidad de ir detrás del escenario y de estar en el escenario con los 'N Sync. Los organizadores le preguntaban a las chicas: "¿Qué harían para conseguir estar detrás de escenario con los 'N Sync?" y a una voz todas respondían: "Oo-oo-oo, oo-oo-oo, ¡haría *cualquier cosa*, absolutamente cualquier cosa, simplemente por tener la oportunidad de estar en el escenario con los 'N Sync!" ¿Y sabe qué? Literalmente ellas querían decir "cualquier cosa".

Qué triste que tendamos a intentar transformar las cosas buenas en cosas de Dios. No sugiero que de alguna manera me parezca malo disfrutar de un recital, o de un juego o de cualquier otro evento bueno y divertido. Pero cuando la admiración se transforma en adoración, nos arriesgamos a adorar las cosas equivocadas. El primer mandamiento de todos es: *"No tengas otros dioses además de mí"* (Éxodo 20:3, NVI).

No quiero decir aquí que le peguemos en las manos a los chicos, sino reconocer que fuimos creados para adorar a algo o a alguien. Fuimos creados para amar, primero para recibirlo y luego para darlo a los demás. Esas adolescentes en el recital expresaban lo mismo que sus madres y que las madres de sus madres hicieron antes de ellas. Expresaban la necesidad de sentirse vivas y enamoradas. Todos nosotros necesitamos amar a alguien que nos ame completamente, y que sea digno de toda nuestra devoción. Existimos para permanecer en asombro y en temor de algo que nos lleva. Fuimos creados para adorar a Dios. Y no adoramos por temor, sino por deleite. Adoramos a Dios porque solo Él es digno de nuestra adoración y veneración.

La adoración es una cuestión del corazón, y la condición de su corazón determina la fortaleza de su hombre o mujer interior. Un corazón en sintonía con la adoración a Dios, está siendo tanto redimido como renovado. Pablo lo expresó maravillosamente bien:

> *"Por esta causa doblo mis rodillas ante el Padre de nuestro Señor Jesucristo, de quien toma nombre toda familia en los cielos y en la tierra, para que os dé, conforme a las riquezas de su gloria, el ser fortalecidos con poder en el hombre interior por su Espíritu; para que habite Cristo por la fe en vuestros corazones, a fin de que, arraigados y cimentados en amor, seáis plenamente capaces de comprender con todos los santos cuál sea la anchura, la longitud, la profundidad y la altura, y de conocer el amor de Cristo, que excede a todo conocimiento, para que seáis llenos de toda la plenitud de Dios"* (Efesios 3:14-19, NVI).

Cuanto más adoramos a Dios y cuanto más levantamos su valía en nuestras vidas, más fuertes nos volvemos en nuestro interior. Cuanto más grande es su Dios, más pequeños son sus problemas. Cuanto más grande es su Dios, menos teme usted a las personas. La adoración lo hace grande a Dios.

La palabra *adoración* originalmente quería decir "pesado". ¿Ha escuchado alguna vez la frase "tipo pesado"? Bien, Dios es un "tipo pesado". Él es pesado o, en otras palabras, Dios no es solamente el verdadero trato, sino que Él es el gran trato. Él solo es digno de su adoración. Y adorarlo, ya sea en la iglesia o mediante la calidad y el amor que usted trae a su mundo de todos los días, lo fortalece y lo hace estar más enamorado de la vida.

Nada reemplazará la adoración. No importa cuánto intente, nada llenará el vacío de su alma o satisfará el hambre de su corazón como Dios.

Eleve la trascendencia por encima del éxito

En el transcurso de mis años de dar charlas a grupos grandes, he realizado varias encuestas "no científicas". La más común es esta: "¿Cuántos de ustedes quieren ser exitosos?" Casi todas las veces tengo una respuesta unánime.

Aunque todos buscamos el éxito, no todos nos tomamos el tiempo para entenderlo. Para algunos, el éxito es simplemente la tiranía de más. Alguien le preguntó a Howard Hughes, el millonario excéntrico de una generación pasada:

– ¿Cuánto es suficiente?
A lo cual él respondió:
– ¡Simplemente un poco más!
Los niños pequeños responderían lo mismo si pudiesen. ¿Ha leído las nueve leyes máximas de posesión de los niños pequeños?

1. Si me gusta, es mío.
2. Si está en mi mano, es mío.
3. Si puedo quitártelo, es mío.
4. Si lo tuve simplemente hace un momentito, es mío.
5. Si estoy haciendo algo con él, o construyendo algo con él, todas las piezas que van con eso son mías.
6. Si se parece al mío, es mío.
7. Si pienso que es mío, es mío.
8. Si lo quiero, es mío.
9. Solo es obviamente mío.

Dicha lista puede estar bien para los niños, pero los adultos deberían saber mejor. Para ayudarme a conservar la trascendencia antes que el éxito, uso una pequeña ayuda memoria denominada el "Factor YR". La "Y" de "yo" me recuerda que Dios establece mi identidad. La "R" representa mis roles. Aunque tengo solamente una identidad, tengo muchos roles. Soy papá, esposo, amigo, vecino, orador y escritor. La manera en la que llevo a cabo mis tareas, se mide constantemente. Alguien ha dicho que la fórmula para el éxito es la misma que la que se usa para una crisis nerviosa, y la fórmula para una crisis nerviosa es tratar de agradar a todos. Eso es lo que ocurre si todo lo que usted es, es lo que hace.

Mi factor "R" varía, depende de cuál rol se mide en el momento, y quién esté tomando esa medida. Mi esposa Paula pudiese considerarme como esposa en una escala del uno al diez con un "siete". Mis hijas Erin, Lindsey y Paige pudiesen darme un "seis" como padre. Las personas con quienes trabajo pudiesen darme un "cinco". Cual sea que fuere mi clasificación "R" hoy o mañana, nunca será un perfecto "diez".

Mi "Y" por otro lado, es un diez. Soy un hijo de Dios. Soy criatura de Dios. Soy conocido íntimamente y amado completamente. Nunca puedo hacer algo que haría que Dios me ame más de lo que me ama justo ahora. Y, gracias a Dios, nunca puedo hacer algo para hacer que Él me ame menos. En Él estamos completos y seguros. Esto nunca cambiará. Usted no puede cambiarlo. Mi mamá no puede cambiarlo. Nada de lo que haga o logre alguna vez hará que ese número suba o baje. A los ojos de Dios, soy un "diez".

Mantenga bien en mente su factor "YR" y preste atención para no confundirlos. Dios nos aconseja a intercambiar nuestro modelo de éxito por un modelo de trascendencia. Eso fue lo que el apóstol Juan quiso decir cuando advirtió: *"El mundo se acaba con sus malos deseos, pero el que hace la voluntad de Dios permanece para siempre"* (1 Juan 2:17, NVI). Y Jesús enseñó: *"Y en todo caso, por mucho que uno se preocupe, ¿cómo podrá prolongar su vida ni siquiera una hora? Pues si no pueden hacer ni aun lo más pequeño, ¿por qué se preocupan por las demás cosas? Fíjense cómo crecen los lirios: no trabajan ni hilan. Sin embargo, les digo que ni siquiera el rey Salomón, con todo su lujo, se vestía como uno de ellos. Pues si Dios viste así a la hierba, que hoy está en el campo y mañana se quema en el horno, ¡cuánto más habrá de vestirlos a ustedes, gente falta de fe! Por tanto, no anden afligidos, buscando qué comer y qué beber. Porque todas estas cosas son las que preocupan a la gente del mundo, pero ustedes tienen un Padre que ya sabe que las necesitan"* (Lucas 12:25-30, Dhh).

Amy Saltman, editora asociada para *Noticias e informes mundiales*, escribió un libro titulado *Downshifting: Reinventing Success on a Slower Track [Cambiando a una velocidad inferior: reinventando el éxito en un camino más lento]*. Ella sugiere un cambio de paradigma con respecto a la idea de que el éxito significa más cosas y más responsabilidad con menos tiempo para disfrutar cualquiera de ellas, a otro paradigma que valore mejores relaciones y más tiempo para disfrutarlas.

El éxito no es sino un caminar más cerca de Cristo, y relaciones más afectuosas con los hijos de Dios. En su primer capítulo, "La soledad de los porches vacíos", Saltzman habla sobre caminar por la calle Newark en Washington, D.C. Vivir en una de las casas antiguas victorianas de la calle Newark se ha convertido en un símbolo de posición social para los profesionales de Washington D.C. Saltzman dice que los "los porches elegantes y románticos son hechos a la medida como para leer a Faulkner, para conversar con los vecinos, para observar al mundo pasar... es un sueño de un agente inmobiliario, con casas que típicamente se venden por más que un millón de dólares". Pero los porches permanecen vacíos. "En todas las veces que caminé por la calle Newark —escribe—, nunca he visto alguna vez a alguien sentado en incluso uno de aquellos porches de ensueño". La imagen de aquellas "fachadas hermosas y vacías de millón de dólar... en una buena foto... lo decía todo". ¿Y cómo describe ella a aquellos que viven solos dentro de estos hogares? Ella ve "vacío en medio del lujo, riqueza en medio de la desesperación".[2]

Por eso, ¿cuál escoge usted? ¿El éxito o la trascendencia? ¿La desesperación o el gozo? Realmente depende de usted.

RECIBA LAS BENDICIONES DE DIOS

San Agustín dijo:
– Dios está más ansioso en concedernos sus bendiciones que nosotros en recibirlas.

Por eso, si Dios está dispuesto y usted preparado, recuerde que el agotamiento es más que la depresión, el desaliento y la desilusión. Es una pérdida de propósito que conduce solamente a un lugar: la desesperación. Y la desesperación lo lleva a sentirse incapaz e incompetente.

Los síntomas del agotamiento incluyen la fatiga crónica, el agotamiento emocional y la falta de sentido, lo cual conduce a una crisis de propósito. Usted recupera el propósito y la dirección en su vida al eliminar despiadadamente la prisa, cultivando una fuerte vida interior y elevando la trascendencia por encima del éxito.

El poder para prevalecer provee las herramientas y la motivación para estar activo, no para agotarse. Sí, la ruta es larga y el camino está lleno de peligros. Pero Dios no se siente ni cansado ni preocupado. ¡Permítale llevarlo hasta la victoria final!

14

Transforme el arrepentimiento en decisión

El arrepentimiento es un malgastar terrible de energía; uno no puede edificar sobre eso; es bueno solamente para revolcarse.

– KATHERINE MANSFIELD

En su primer día de trabajo, un joven entrenador asistente de fútbol se halló en su primer viaje crucial para contratar jugadores. Quería hacerlo bien; por eso, le pidió al director técnico que le diera una visión clara en cuanto al tipo de jugador que el equipo necesitaba.

– ¿Has visto a esos jugadores que no se levantan después de ser golpeados? –preguntó el director técnico.

– Sí –dijo el novato asistiendo con la cabeza–. ¡Sé que no queremos ninguno de esos tipos!

– Correcto –dijo el director técnico y luego añadió–. ¿También has visto a esos tipos que son golpeados una y otra vez por un gran defensor y son tirados al suelo directamente sobre sus espaldas, pero que rápidamente se levantan por más?

– ¡Sí, los he visto, director! –respondió el nuevo asistente–. Usted quiere que vaya y consiga de estos tipos para usted, ¿cierto?

– No –gruñó el viejo veterano–. ¡Quiero que vaya y consiga a ese defensor!

La vida consiste en un movimiento hacia delante, y si usted espera para actuar, probablemente perderá. En tenis y en voley, se llama servir; en fútbol, se llama ofensiva versus defensa. En la vida, es vivir como si justo este momento ahora contara para siempre. Porque cuenta.

EL HÁBITO DEL ARREPENTIMIENTO

El arrepentimiento intenta avanzar, ya que mira hacia atrás. La decisión vive ofensivamente con una vista hacia el futuro.

El avance y el enfoque hacia delante requieren que dejemos de hablar sobre el pasado y que empecemos a hablar sobre nuestros planes para el futuro. Dejemos de preocuparnos por las cosas que no pueden ser cambiadas. No hay poder en las cosas que no hizo, pero que debería haber hecho; o en las cosas que hizo y que no debería haber hecho. Hacer hincapié en ellas le robará su presente y su futuro.

Si necesita perdón por lo que hizo o no hizo, entonces confiéselo a Dios. Clame por esta promesa: *"Si confesamos nuestros pecados, él es fiel y justo para perdonar nuestros pecados, y limpiarnos de toda maldad"* (1 Juan 1:9, RVR). Si ha confesado los pecados del pasado, entonces regocíjese en otra promesa: *"Feliz el hombre a quien sus culpas y pecados le han sido perdonados por completo"* (Salmo 32:1, Dhh).

Si usted no ha experimentado el poder perdonador de Dios, deténgase ahora y pídaselo. Quizás le ha pedido a Dios que lo perdone, pero le sigue pidiendo perdón por las cosas que ya ha sido perdonado. Me pregunto si Dios algunas veces dice: "Si dejaras de recordármelo, yo también lo dejaría". Estar adheridos a la culpa, es estar asidos por los hábitos del arrepentimiento. El arrepentimiento prospera sobre tres hábitos contraproducentes: echar la culpa, avergonzarme y difamar a los demás.

La culpa me hace una víctima

La culpa consiste todo en transferir responsabilidad. Cuando vivimos con el arrepentimiento, queremos a alguien más a quien culpar. No importa si la persona, lugar o cosa no tiene relación con dónde estamos hoy. Siempre y cuando podamos señalar con el dedo a alguien o a algo y declararlos culpable de lo que sea que nos sucedió, tenemos algún alivio temporal.

Pero echar la culpa es igualmente hacer el papel de víctima. Una vez que adoptamos la identidad de víctima, nos resulta difícil tener alguna esperanza para el futuro. La culpa se origina en una actitud de derecho, una actitud que nunca se siente satisfecha porque nunca cree que tenga todo lo que correctamente se merece.

La vergüenza me hace impotente

Recuerdo llevar mi libreta a casa y oír a mi madre decir:

– Deberías sentirte avergonzado.

Me daban ganas de responderle:

– Gracias, pero no necesito algo de tu ayuda para sentirme de veras realmente mal.

La vergüenza no terminaba con mis libretas, sino que se trasladaba a mis relaciones. Pero no necesito ayuda de los de afuera para un trato vergonzante; estoy en un lugar por mí mismo. Desde hace tanto tiempo como recuerdo, he coleccionado estas cintas vergonzantes en mi cabeza. Y en cualquier momento o lugar cuando arruino algo, un recuerdo de vergüenza confirma que soy tonto, inepto e inferior.

Si usted agarra esas cintas de vergüenza temprana que recibió de sus padres, hermanos, maestros, predicadores o entrenadores, y las escucha una y otra vez, no podrá evitar sino sentirse impotente. La vergüenza es tanto tóxica como debilitadora.

El difamar a los demás transfiere responsabilidad

Cuando difamamos a los demás, intentamos transferir nuestra vergüenza a alguna otra persona. Proyectamos en otro el comportamiento que nos resulta aborrecedor en nosotros.

Una historieta de "Peanuts" mostraba a Peppermint Patty conversando con Charlie Brown.

– ¿Adivina qué, Chuck? –dijo ella–. El primer día de escuela, y ya me enviaron a la oficina del director. Fue tu culpa, Chuck.

– ¿Mi culpa? –se quejó él–. ¿Cómo podría ser mi falta? ¿Por qué decís que todo es culpa mía?

– Sos mi amigo, ¿cierto, Chuck?

– Sí, por supuesto.

– Deberías haber sido una mejor influencia para mí.

Como Peppermint Patty, algunas personas piensan en realidad que alguna otra persona es responsable de sus elecciones.

CÓMO EVITAR EL ARREPENTIMIENTO

¿Le gustaría dominar sus arrepentimientos? Entonces, detenga el comportamiento que los crea. Considere tres tentaciones que usted no se arrepentirá de evitar.

Los atajos que usted nunca tomó

En la vida no hay atajos para ningún lugar que valga la pena ir. No hay atajos para la buena vida que Dios planificó para usted. Usted no puede seguir adelante siendo deshonesto. Dios lleva la cuenta de eso.

No ceda a la tentación. No escuche al encanto de la ganancia rápida, del ascenso rápido, del éxito de la noche a la mañana. Una vez le pregunté a alguien que logró un éxito de la noche la mañana cómo lo hizo.

– Es fácil –respondió–. Simplemente dé veinticinco años de sudor, sufrimiento y sacrificio, y también puede ser un "éxito de la noche a la mañana".

Si está apurado, no lo esté. No permita que su impaciencia por "seguir con la vida" lo conduzca por el camino equivocado. Jesús dio una advertencia severa a aquellos que estaban buscando un caminar corto cerca del kilómetro extra: *"Entren por la puerta angosta. Porque la puerta y el camino que llevan a la perdición son anchos y espaciosos, y muchos entran por ellos; pero la puerta y el camino que llevan a la vida son angostos y difíciles, y pocos los encuentran"* (Mateo 7:13-14, NVI).

La picazón impía que usted no rascó

Tendemos a subestimar cuánta presión podemos soportar, y a sobrestimar cuánta tentación podemos resistir. ¡No confunda esas dos cosas! Todos tenemos una picazón impía que nos sentimos tentados a rascar ¡No lo haga! No vale la pena.

Un joven llamado Marcos era un estudiante mejor en promedio en todo, menos en ortografía. En una prueba de ortografía particularmente difícil, se sintió pisoteado por la gran cantidad de palabras difíciles. Suavemente el tentador le susurró:

– Fíjate en la hoja de Jane; ¡ella es una estudiante de honor y siempre las escribe bien!

Marcos hizo caso a la sugerencia y copió varias respuestas. La maestra notó sus acciones y se sorprendió en gran manera, ya que siempre había pensado en él como un chico honesto.

Cuando llegó el tiempo de recoger el trabajo, ella observó una lucha interior en Marcos. Después de inclinar la cabeza por un momento, él repentinamente rompió su hoja. Aunque al comienzo había cedido a la tentación, finalmente decidió sacarse un cero antes que ser deshonesto.

Después de llamar al niño hasta su escritorio, la maestra dijo:

– Te estuve observando, Marcos, y quiero que sepas que me siento muy orgullosa de vos por lo que acabas de hacer. ¡Hoy aprobaste en realidad un examen mucho más grande que tu prueba de ortografía!

Un proverbio griego dice: "Un minuto de paciencia, diez años de paz". Usted nunca se arrepentirá de no ceder a la tentación.

Niéguese a vengarse

Alguien lo tratará injustamente. Acéptelo. Cualquiera sea la cantidad de tiempo que uno se pase tramando venganza, es demasiado. Como dice el viejo proverbio: "Usted puede perseguir a un zorrillo y atraparlo, ¿pero en realidad vale la pena?"

En su libro *None of These Diseases [Ninguna de estas enfermedades]*, el Dr. S. I. McMillen dice:

– Pudiese escribirse en muchos miles de certificados de defunción que la víctima falleció de rencor-itis. La rencor-itis es responsable de enfermedades tales como úlceras, presión sanguínea alta y ataques al corazón. Desde el momento en que comienzo a odiar a un hombre, me transformo en su esclavo.

No puedo disfrutar de mi trabajo si alguien más domina mis pensamientos. Los sentimientos fuertes de resentimiento producen demasiadas hormonas de estrés. Me fatigo después de solamente unas pocas horas de trabajo. El hombre a quien odio pudiese vivir a kilómetros de mi habitación, pero más cruel que cualquier conductor de esclavos, él azota mis pensamientos con tal frenesí que mi colchón con resortes se convierte en un potro de tortura. Me vuelvo el esclavo de cualquier persona con la que siento que debo vengarme.

¿Es vengarse importante para usted? Entonces cree un hábito de vengarse con aquellos que lo han ayudado, no con aquellos que usted piensa que le hicieron mal. Sea el defensor que libere el golpe en un intento por bajar la pelota al campo, antes que la persona que acepta los golpes. La energía gastada en vengarse siempre será mejor gastada en seguir hacia delante. El pasado es para la reflexión, el presente es para regocijarse y el futuro es para decidir. Y una persona con decisión tiene el poder para prevalecer. Esa persona transforma los arrepentimientos en un movimiento hacia adelante.

Una vez que toma sus decisiones, sus decisiones lo toman. Tome la determinación firme en este mismo momento de ser un defensor.

TRASFORME EL ARREPENTIMIENTO EN DECISIÓN

Hace no mucho tiempo asistí de oyente a un seminario doctoral sobre liderazgo. Un día el profesor le pidió a cada uno de los dieciséis participantes de la clase que dijeran "la" cosa en la cual ellos mejor se superaban. Temo preguntas como estas, porque todavía no estoy seguro de lo que mejor hago y, además, suena como jactancioso.

Cuando llegó mi turno, todo lo que pude pensar para decir era "soy el mejor en no renunciar". Eso al comienzo sonó un poco extraño, pero cuanto más pienso en eso, más feliz estoy de mi respuesta. Al principio no sonó como demasiada habilidad, pero cuando considera todas las adversidades que atravesamos, el poder para prevalecer se convierte en algo que no tiene precio. Cuando usted atraviesa por un infierno en la Tierra, la capacidad para no detenerse y oler el humo, puede hacer la diferencia entre el éxito y el fracaso, entre la trascendencia y el escándalo.

Albert Einstein dijo:

– No es que yo sea tan inteligente, sino que simplemente permanezco con los problemas durante más tiempo.

Einstein ilustra dramáticamente el poder para prevalecer. ¡Poderoso es el hombre o la mujer que conoce cómo hallar la ventaja en la adversidad, y que la usa para prevalecer en contra de todas las probabilidades!

Me resulta más fácil prevalecer cuando uso una lista de decisiones que hice para mí. Me ayudan a recalibrarme cuando me distraigo. Quizás le ayude a usted también.

Decido ser auténtico

El mundo desborda de farsantes y de personas que se las dan de interesantes. Demasiadas personas fingen ser lo que no son. ¿Por qué? El mundo nos dice que nos pongamos una máscara y que nos ocultemos. Dios quiere que salgamos de detrás de la máscara y que seamos auténticos.

Recuerde, lo que sea que revelemos y se lo confesemos a Dios, Él cubrirá y convertirá. El proceso nos hace transparentes y auténticos.

Creo en un Dios que me ama como soy, pero que me ama demasiado como para dejarme donde estoy. Las Sagradas Escrituras nos amonestan: *"No paguen a nadie mal por mal. Procuren hacer lo bueno delante de todos"* (Romanos 12:17, Dhh). Debido a que decido ser auténtico, mi vida gravitará hacia el amor, no a la lujuria; hacia el gozo, no al celo; hacia la alegría, no a la aflicción; hacia la fe, no al miedo; hacia los sueños, no a los temores; y hacia el estar activo, no a estar agotado.

Decido ser correcto

Blas Pascal, el matemático y filósofo francés, una vez escribió:

– Conocer a Dios sin conocer nuestra miseria, conduce al orgullo. Conocer nuestra miseria sin conocer a Dios, conduce a la desesperación.

No quiero pararme ante Dios sobre el terreno de mis buenas intenciones. Quiero descubrir lo que es correcto y vivir de acuerdo a eso. Jesús dijo: *"Yo soy el camino, la verdad y la vida (...) Nadie llega al Padre sino por mí"* (Juan 14:6, NVI). La cristiandad es la única religión en el mundo que dice que no tenemos derecho de obligar a alguien a ajustarse a nuestras creencias. Si no podemos ganar su corazón, no usaremos nuestra mano para hacerlo obedecer.

Todo lo de la vida debería ser una búsqueda de la verdad. Jesús les dijo a aquellos que creían en Él: *"Si se mantienen fieles a mis enseñanzas, serán realmente mis discípulos; y conocerán la verdad, y la verdad los hará libres"* (Juan 8:31-32, NVI). ¡Me fascina esta promesa asombrosa de libertad!

Decido seguir al Cristo que vino a destruir las barreras raciales y el odio entre las clases. Decido amar y obedecer al único Salvador en quien todas las razas tienen el ideal de Dios. Su cruz construye un puente en cada abismo. Su amor vence al odio. Su gozo eclipsa cualquier felicidad. Él le dio a la feminidad su lugar, a la infancia sus derechos y al esclavo su libertad. Cuando lo sigo de todo corazón, ¡nunca me siento confundido ni tengo miedo!

Decido ser redentor

Ser un seguidor de Cristo es ser redentor. Esto quiere decir que nuestra misión en la vida es ser una parte de un esfuerzo global por corregir lo que está mal, por unir a la gente y por derribar barreras artificiales.

En Cristo no hay negro, blanco, púrpura, verde o de lunares. En la cristiandad, el demócrata o el republicano, el bueno o el malo, el rico o el pobre, todos pueden ir al cielo porque solo Cristo ha pagado el precio de nuestra redención. Y ser como Él es difundir la buena nueva del llamado de Dios a quien sea que venga y beba del agua de vida libremente.

Me encanta ser cristiano porque mi trabajo consiste simplemente en encontrar una manera de ayudar a unir a la gente, de ayudar a las personas a encontrar el amor, de ayudarlas a acercarse a Dios, y de ayudarlas a llegar a un punto donde puedan dejar que Dios las ame. A diferencia de la religión, la cual consiste en reglas, la cristiandad consiste en una relación. Dios quiere incluir en su reino tantas personas como sean posibles. La religión excluye y busca separar a las personas. La cristiandad busca salvar e incluir. Jesús lo expresó de este modo: *"Porque el Hijo del hombre vino a buscar y a salvar lo que se había perdido"* (Lucas 19:10, NVI).

Decido ser entusiasta

Si usted no tiene ningún otro talento, simplemente mostrarse y sonreírse le serán un largo camino. Me sorprenden aquellos que a pesar de sus ricas bendiciones, sus dones únicos y su amplia educación, parecieran estar muertos de aburrimiento. Si va a actuar como muerto, ¡entonces cáigase! Pero si va a vivir, entonces actúe como si estuviera vivo. Párese derecho, los hombros rectos, el mentón hacia arriba y escoja ser agradecido. Entusiásmese cada día. Aprecie en gran manera cada momento como un regalo de Dios.

No importa cómo exprese su entusiasmo; ¡simplemente hágalo! ¿Quiere un buen lugar para comenzar a demostrar su gozo? Entonces inténtelo en el trabajo. Lea este mandamiento de Las Sagradas Escrituras: *"Esfuércense, no sean perezosos y sirvan al Señor con corazón ferviente"* (Romanos 12:11, Dhh). Decida ser entusiasta y traerá su propia atmósfera de fiesta al trabajo. La Madre Teresa lo expresó de este modo: "No importa lo que haga. Solamente importa cuánto amor pone en lo que hace".

Quizás no trabaje en el trabajo que soñó. Tal vez no trabaje rodeado de las personas que le gustan. Si no le gustan sus compañeros de trabajo, entonces consígase otro trabajo y Dios llevará a esas personas con usted. Lea esta perspectiva adecuada: *"Hagan lo que hagan, trabajen de buena gana, como para el Señor y no como para nadie de este mundo"* (Colosenses 3:23, NVI).

Decido ser entusiasta en mi mundo laboral porque sé que trabajo para el Señor. Y si trabajo para el Señor, entonces puedo esperar que mi recompensa venga de Él.

Decido ser positivo

Una persona positiva ve la vida a través del filtro de la fe. Usted puede reconocer a estos individuos por las preguntas que hacen. A ellos les gusta las preguntas "qué" y "por qué", preguntas sobre propósito y pasión. Las personas positivas saben lo que hacen y por qué lo hacen. Tienen una mentalidad de gran panorama y una capacidad para "actuar en pequeño". Las circunstancias y las tendencias no influyen ni rancian sus perspectivas. Ellos consideran que su misión es importante, y saben que prevalecerán si permanecen con sus ojos puestos en el premio.

En comparación, una persona negativa mira la vida a través de los lentes del miedo. Puede reconocer a estas personas por su preocupación obsesiva con preguntas "¿cómo?" Se preguntan cómo podría alguna vez funcionar cualquier propuesta nueva, dado la actual carencia de recursos. Las personas negativas se centran en los problemas y en las prohibiciones. No quieren usar su capacidad de creatividad o imaginación; por eso, su esperanza se atrofia. Y a medida que la esperanza se contrae, las semillas de la fe no pueden penetrar en su suelo endurecido.

Conozco hombres que permanecerán solteros durante el resto de su vida porque tienen miedo.

– Si me caso con ella –dicen–, ¿cómo sé que permaneceremos juntos?

Respuesta: ¡usted no sabe! Corra algunos riesgos. Atrévase a arriesgar algo. Presione la pasta dental del miedo de vez en cuando, y vea lo que sucede. ¡Rompa la etiqueta de un colchón y vea cómo aparecerá la policía!

He aprendido que un gran "por qué" atraerá a su propio "cómo". Si comienza con "cómo", se paralizará en la inactividad. Descubrí esto por experiencia propia cuando mi esposa y yo nos atrevimos a plantar una iglesia nueva. Cuando compartimos nuestro sueño de plantar una iglesia sin tener edificio, presupuesto ni respaldo, todo lo que la mayoría de las personas pudo preguntar fue:

– ¿Cómo vas a hacerlo?
– ¡No sé! –respondí.
– ¿Cómo vas a reunir a un grupo comprometido?
– ¡No sé!
– Cómo vas a encontrar un lugar de reunión?
– ¡No sé!
Cuando comenzamos a reunirnos en una escuela, la pregunta fue:
– ¿Cómo vamos a tener nuestro propio edificio?
Solamente podía responder:
– Justo ahora no lo sé, y no necesito saber ese "cómo" justo ahora.

Hoy la iglesia que mi esposa y yo plantamos se encuentra en un campo de ciento trece hectáreas, por donde cruza una carretera importante de nuestra ciudad. Cómo sucedió es un milagro, y una confirmación de que lo que nos propusimos es una aventura legítima.

Decido ser virtuoso

Quiero ser un hombre de honor. Quiero ser conocido como un amante de Dios y un edificador de las personas. Cada día oro:
– Querido Dios, hazme un hombre de Dios.

Un viejo himno expresa mi oración: "Quiero ser un hombre según el propio corazón de Dios". Esto es lo que quiero. Quiero ser "según" el corazón de Dios en el sentido de que lo amo y anhelo ser más como lo que Él tuvo en mente cuando me creó. También quiero ser un hombre "según" el propio corazón de Dios en que reflejo su amor en todos los modos en que conduzco mi vida. Anhelo ser honesto, no meramente porque la honestidad es la mejor política, sino porque honesto es lo que es Dios.

Lea las palabras de Jesús: *"Hagan brillar su luz delante de todos, para que ellos puedan ver las buenas obras de ustedes y alaben al Padre que está en los cielos"* (Mateo 5:16, NVI). Dios se propone que las personas miren nuestras vidas, vean la virtud en ellas y se sientan atraídos por la virtud que ven.

Decido ser peligroso

Hay todavía un poco de rebelde en mí. Quiero ser bueno, pero no aburrido. Quiero ser virtuoso y peligroso.

No quiero ser el lindo Señor Rogers, quiero ser el valiente William Wallace. Quiero hacer algo significativo para con mi vida. Quiero cambiar algo. Quiero una aventura. Quiero ganar una guerra, corregir algo que está mal y rescatar a una señorita en apuros. Creo que eso es lo que todo hombre quiere.

John Eldredg, en su gran libro *Wild at Heart [Salvaje de corazón]*, expresa la misma resolución cuando sugiere:

– En el corazón de cada hombre existe el deseo de una batalla por pelear, una aventura por vivir y una belleza por rescatar.[1]

Anhelo ser peligroso, y al mismo tiempo, virtuoso. La combinación del peligro y la virtud define la nobleza. ¿Cuántas veces nos dice la Biblia "sean de buen ánimo?" ¡No teman! Sean valientes porque el Señor su Dios está con ustedes. Lean las palabras de Jesús: *"Los envío como ovejas en medio de lobos. Por tanto, sean astutos como serpientes y sencillos como palomas"* (Mateo 10:16, NVI). El modo de Dios es ser inteligente y fuerte, sensible y cuidadoso.

Con la ayuda de Dios, fomentaré el *status quo*, me esforzaré a favor de la excelencia y me pararé a favor de la justicia, hasta el día en que muera. Consolaré lo afligido y afligiré lo cómodo. Sacaré a los empujones a las personas que están en los rincones y en las zonas de comodidad, y las moveré a la arena pública de las ideas. Me atreveré a intentar grandes cosas. Me atreveré a intentar algo tan grande, tan audaz y que cambie tanto la vida, que esté condenado al fracaso si es que Dios no se muestra.

Decido ser un constructor

La mayoría de las personas con las que me encuentro se clasifican en una de tres categorías: los quebrantados, los lastimados y los aburridos.

Los quebrantados han visto a sus esperanzas desmoronarse bajo las rocas de la realidad. Alguien ha roto una promesa, los ha traicionado o engañado, y se sienten quebrantados por la dureza implacable de la vida. Ellos en realidad se sienten "quebrantados" en su interior.

Los lastimados dudan en que las cosas alguna vez resultarán para ellos del modo en que se habían imaginado. Se sienten desilusionados con la vida y con Dios. Se sienten ofendidos por la insensibilidad de las personas y la apatía de Dios.

Los aburridos aparentemente han tenido mucha suerte en la vida. Todo lo que tocan se vuelve en oro. Son la envidia de sus amigos y una gran fuente de bronca para sus enemigos. Lo tienen todo. Y en eso se encuentra la fricción. Sufren de la enfermedad del éxito. Cuando examinan su vida, se preguntan:

– ¿Es esto todo lo que hay?

Aquí es donde entra el Evangelio de Cristo. Dios dirige la buena nueva de su gracia a los quebrantados, a los lastimados y a los aburridos. Según el Evangelio, no hay nadie que esté tan quebrantado que Dios no pueda sanarlo; no hay nadie que esté tan lastimado que Dios no pueda consolarlo y no hay nadie que esté tan aburrido que Dios no pueda despertarlo.

He decidido fortalecer a las personas en su relación con Dios. Es por esto que, a la tierna edad de dieciocho años, decidí pasarme la vida intentando fortalecer a los demás mediante el medio que Cristo ordenó: la iglesia. Jesús dijo: *"Sobre esta piedra edificaré mi iglesia, y las puertas del reino de la muerte no prevalecerán contra ella"* (Mateo 16:18, NVI). La iglesia que Jesús previó no está hecha de ladrillo y de mortero, sino de personas. Y aunque los edificios son grandes herramientas, no pueden compararse con los trofeos de la gracia de Dios: las personas sorprendentes y agradables que han sintonizado con el amor de Dios, se han llenado con la gracia de Dios y han entrado en acción en el mundo para fortalecer a los demás al conservar la esperanza.

Decido pasar mi vida fortaleciendo a hombres y mujeres, niños y niñas, no en una línea de montaje, sino como un campesino que planta un cultivo saludable. Planto una buena semilla y Dios da una gran cosecha. Pablo fijó los principios de prioridad para fortalecer a las personas. *"Según la gracia que Dios me ha dado yo, como maestro constructor, eché los cimientos, y otro construye sobre ellos. Pero cada uno tenga cuidado de cómo construye, porque nadie puede poner un fundamento diferente del que ya está puesto, que es Jesucristo. Si alguien construye sobre este fundamento, ya sea con oro, plata y piedras preciosas, o con madera, heno y paja, su obra se mostrará tal cual es, pues el día del juicio la dejará al descubierto. El fuego la dará a conocer, y pondrá a prueba la calidad del trabajo de cada uno. Si lo que alguien ha construido permanece, recibirá su recompensa"* (1 Corintios 3:10-14, NVI).

Decido hacer lo mejor de mí

Anhelo ser el mejor que Dios me creó para que fuera. Dios nos ha dado a todos nosotros un gran potencial. Para Dios, usted no es uno en un millón, sino uno en seis mil millones. Nunca nadie nació con su huella digital o su ADN. Usted está donde está y es quien es por la voluntad de Dios. Por eso, ¡pase el resto de su vida haciendo honor a eso!

Decido, en el nombre de Dios, hacer lo mejor de mí. No voy a pelear mis batallas con las armaduras que usa usted. Voy a vivir mi vida ante Dios como un público de uno.

Si usted intenta hacer lo mejor de alguien más, se volverá infeliz. Usted no puede agradar a las personas así, por eso ni siquiera lo intente. Usted puede amarlas, puede proveer para ellas, pero no puede hacerlas felices. Al final de su vida, usted quiere oír: *"Bien, buen siervo y fiel (...) entra en el gozo de tu señor"* (Mateo 25:21, RVR).

Decido disfrutar el viaje

Frederick Buechner, en su pequeño pero gran libro *The Last Análisis [El último análisis]*, dice:

– Todos los momentos son momentos claves y la vida misma es gracia. Cada momento, los grandes y obviamente dramáticos, los de veras pequeños, aparentemente insignificantes, cada momento es clave. Cada uno es precioso. Cada uno es el regalo de Dios para usted, y usted debe aprender a vivir en él.

A través de la enfermedad, reconocemos el valor de la salud; a través del mal, el valor de la virtud; a través del hambre, el valor de la comida; a través del trabajo, el valor del descanso.

Decido prevalecer

Con la ayuda de Dios y por su gracia, prevaleceré. No intento meramente sobrevivir, sino prosperar. Aquellos que prevalecen se enfrentan lo peor que la vida pueda arrojarles mientras permanecen fuertes, desafiantes en medio de fuerzas que los enterrarían y dependiendo de Dios que busca fortalecerlos.

Pienso en el campesino cuya mula se cayó en un pozo viejo y seco. Quería a esta mula, el animal había estado con él durante mucho tiempo. Reunió a todos sus amigos y preguntó:

– ¿Cómo vamos a sacar a esta mula de aquí?

El grupo estuvo de acuerdo con que él pudiese bien disparar a la mula porque la matarían si intentaran sacarla de ahí. Por eso, buscó su escopeta, la cargó, apuntó y justo antes de que apretara el gatillo, la mula lo miró fijamente con una expresión que decía:

– Soy tu amiga. ¿Cómo podrías dispararme después de todo lo que hemos atravesado juntos?

El campesino no podía disponerse para disparar a la mula. Entonces le surgió la idea de enterrar a la mula estando viva. A medida que paleaba la suciedad, grandes nubes de tierra se fueron levantando. Cada vez que tiraba una pala de tierra sobre el lomo de esa mula, el animal la sacudía e iba ascendiendo. El campesino continuó haciendo esto hasta que la mula salió caminando fuera del pozo seco.

Si usted va a prevalecer, debe aprender la lección de la mula. Todo un montón de personas van a poner suciedad sobre su espalda. Si usted se pasa la vida estirando el cuello para ver quién está haciendo eso, va a ser enterrado vivo. Sacúdase esa suciedad y dé un paso más arriba. Viva según el viejo proverbio japonés: "Si cae siete veces, párese ocho".

El poder para prevalecer le da la capacidad para avanzar en victoria, porque retirarse no es una opción. Cuando Hernán Cortés desembarcó en las costas de México con un ejército pequeño pero bien equipado, hizo algo atrevido para garantizar el éxito de su campaña: le prendió fuego a los únicos barcos que podían regresar a los soldados a España. Con este acto de decisión total, Cortés eliminó la posibilidad de una retirada. Ahora que sus tropas no tenían forma de regresar a casa, no tenían nada que hacer sino comprometerse planamente con la victoria final. Y eso es precisamente lo que hicieron.

Decido terminar bien

En *Alicia en el país de las maravillas*, el rey le dice al Conejo Blanco:
– Empieza por el comienzo y continúa hasta llegar al fin; entonces detente.

El humorista Erma Bombeck dijo:
– Cuando me pare ante Dios al final de mi vida, espero que no me haya quedado ni un poquito de talento y que pueda decir: usé todo lo que me diste.

Thomas Paine lo expresó de este modo:
– Es la cuestión de mentes pequeñas el encogerse, pero aquel cuyo corazón es firme y cuya conciencia aprueba su conducta, perseguirá sus principios hasta la muerte.

J. P. Morgan, comentando sobre la vida de Napoleón Bonaparte, dijo:
– Ningún obstáculo en su camino le parecía insuperable. Él podría estar vencido, como algunas veces lo estuvo, pero nunca se echó atrás en ninguna dificultad mediante la impaciencia; no se escapó de ningún peligro mediante la cobardía.

ROMPA LA CINTA

Oro porque Dios le dé poder para prevalecer, así como un corredor campeón se estira con cada gramo de fortaleza para romper la cinta de la línea de llegada. Oro porque tome las ideas de este libro y la verdad del amor de Dios, y con fortaleza y propósito, cruce la línea de la adversidad y el arrepentimiento... y salga un ganador.

Lo dejo con algunas palabras sabias del poema *"El poco perseverante"* del poeta canadiense Robert Service:

Es fácil gritar que está golpeado, y morir;
es fácil gatear y arrastrarse;
pero luchar y luchar cuando la esperanza está fuera de vista.
¿Por qué? ¡Porque ese es el mejor partido de todos!
Y aunque salga de cada enfermedad penosa,
todo derrotado y golpeado y cicatrizado,
simplemente haga otro intento más, es absolutamente fácil morir,
es mantenerse viviendo lo que es difícil.

Notas

Capítulo 1
1. Stuart Briscoe, *Bound for Joy [Ligado por el gozo]* (Ventura; CA: Regal Books, 1984), 95.
2. Paul Stoltz, *Adversity Quotient [Coeficiente de adversidad]* (Nueva York: John Wiley & Sons, Inc., 1997), 5.
3. Jim Collins, *Good to Great [De buenos a grandes]* (Nueva York: Harper, 2001), 42.

Capítulo 2
1. Gerald Mann, *When the Bad Times Are Over for Good [Cuando los malos tiempos terminan para bien]* (Austin, Texas: Riverbend Press, 1992), 151.

Capítulo 3
1. Jerry Potter, *"Last Call for Palmer at Augusta, [El útimo llamado para Palmer en Augusta]"* USA Today; 14 de abril de 2002

Capítulo 4
1. C. S. Lewis, *Surprised by Joy [Sorprendidos por el gozo]* (Eugene, OR: Harvest House, 1975).
2. C. S. Lewis, *Mere Christianity [Mera cristiandad]* (Nueva York: HarperCollins, 1952), 50.
3. Paul Tillich, *The New Being [El nuevo ser]* (Nueva York: Charles Scribner, 1995).
4. Clyde Reid, *Celebrate the Temporary [Celebrar lo temporario]* (San Francisco, CA: Harper, 1974), 44-45.
5. Prensa Asociada, 2 de marzo de 2001.

Capítulo 5
1. Lisa Beamer con Ken Abraham, *Let's Roll [Rodemos]* (Wheaton, IL: Tyndale House, 2002), 307-8.

Capítulo 6

1. William James, *Energies of Men [Energías de los hombres]* (Kila; MT: Kessinger Publishing, 1998).

Capítulo 8

1. London Reuters, 22 de febrero de 2002.

Capítulo 11

1. Mike Littwin, *"Name That 'Toon: This Warner Brother Production Almost Too Good to be Believed, [Nombre a ese dibujo animado: esta producción de los hermanos Warner casi demasiada buena como para ser creída]"* Denver Rocky Mountain News, 26 de enero, 2000, edición final.
2. Dave y Jan Dravecky; *When You Can't Come Back [Cuando uno no puede regresar]* (Nueva York: HarperCollins, 1992).
3. 20/20, ABC-TV, 25 de Mayo de 1993.

Capítulo 13

1. Karen S. Peterson, *"There's No Way to Beat the Clock! [¡No hay manera de ganarle al Reloj!]"* USA Today, 13 de abril de 1989.
2. Amy Saltzman, *Downshifting: Reinventing Success on a Slower Track [Cambiando a una velocidad inferior: reinventando el éxito en un camino más lento]* (Nueva York: HarperCollins, 1991), 13-15

Capítulo 14

1. John Eldredg, *Wild at Heart [Salvaje de corazón]* (Nashville: Thomas Nelson, 2001), 9.

Esperamos que este libro haya
sido de su agrado.
Para información o comentarios,
escríbanos a la dirección
que aparece debajo.
Muchas gracias.

info@peniel.com
www.editorialpeniel.com